장수 · 부귀 · 행복

명품 전원주택 풍수

감마등이 **황국현** 지음

뱅크북

머릿말

　세상에 태어난 모든 사람들은, 누구나 장수(長壽), 부귀(富貴), 행복(幸福)을 추구한다.
　어떻게 하면 부귀영화(富貴榮華)를 품을 수 있는가?
　이것은 과거, 현재는 물론 미래 역시 동일하다.
　이에 대한 답은, 우리들이 살아가고 있는 전원주택(田園住宅) 풍수(風水)에서 찾을 수 있다.
　요즘은 전원주택이 대세(大勢)이다.
　복잡한 도심을 벗어나, 자신만의 행복을 추구할 수 있는 공간을 만들고 살아간다는 것은 큰 의미가 있다.
　결국 이것은 본인(本人)에게 작용되는 가장 좋은 기(氣)의 흐름을 잡는 것이다.
　아무리 좋은 터에서 좋은 기(氣)가 흐른다고 한들 본인(本人)에게 맞지 않는 천기(天氣)와 지기(地氣)라면, 이것이야말로 오히려 수명(壽命)을 단축시키는 흉물(凶物)에 불과하다.
　따라서, 본 책에서는 전원주택을 통하여, 자신에게 맞는 최적(最適)의 공간을 만들어 가는 방법을 제시하였다.
　이제 독자들은 누구나 이 책 한 권이면, 장수(長壽), 부귀(富貴), 행복(幸福)을 추구할 수 있는 자신만의 전원주택(田園住宅)을 완성(完成)할 수 있다. 독자들의 부귀영화(富貴榮華)를 바란다.

　　　　　　　　　　　2024년 10월 10일
　　　　　　　　　　　　갑진년(甲辰年) 율목교정에서…

　　　　　　감마등이(甘磨登羙)선생　황국현(黃局炫)

목 차

제1장	12운성(포태법)을 알아야 된다	9
제2장	용신(用神) 오행(五行)을 알고, 적용시켜야만 명품 풍수(風水)이다	21
제3장	수맥(水脈)을 판단하자	89
제4장	풍수(風水)에서 사용되는 주요 장비 활용법을 알자	99
제5장	양택(집)을 판단하자	112

| 제6장 | 음택(조상묘)를 판단하자 | 194 |

| 제7장 | 나경(패철) 사용법을 알아야만 풍수대가(風水大家)이다 | 216 |

| 제8장 | 안장, 이장, 합장, 파묘(산신제, 제사, 제문)을 알자 | 361 |

| 제9장 | 장수(長壽), 부귀(富貴), 행복(幸福)은 전원주택(田園住宅)의 기(氣)를 잡는 것이다! | 407 |

| 제10장 | 개운법을 실천하자 | 419 |

[풍수지리(風水地理)]

풍수지리(風水地理)는 사주(四柱)와 동일한 우주(宇宙)의 음양오행(陰陽五行)에 입각된 것이다. 즉, 사주와 풍수는 상호 동일(同一)한 보완(補完) 관계이다.
특히, 12운성(포태법)과 용신(用神)은 풍수(風水)에서 필수 학문이다.
따라서 여기서는 이들에 대한 내용을 풍수에서 적용(適用)하고 활용(活用)시키기 위해서 쉽게 구성하였다.
따라서 독자들은 전원주택이나 APT에 해당되는 양택(집)을 짓거나 혹은 음택(조상묘)을 설정함에 있어서, 본래 풍수지리의 목적(目的)의 정혈법(定穴法)으로 진혈(眞穴)을 찾아서 한치 오차도 없는 곳에 점혈(點穴)시키는데 있다. 또한 자신(주인)에게 최적(最適)의 오행(五行) 제공은 천기(天氣)와 지기(地氣)로 채워주어야만 장수(長壽)는 물론 성공인(成功人)으로써 완성(完成) 된다는 사실을 알고 풍수(風水) 학습(學習)에 임해주길 바란다.

제1장
12운성(포태법)을 알아야 된다

　풍수(風水)에서 12운성(포태법)의 활용은 주로 나경 3층(삼합오행)과 8층(천반봉침)에서 좌향(坐向) 즉 방향(方向)을 판단할 때는 직접적(直接的)으로 활용된다.
　사주(四柱)와 풍수(風水)는 동일한 학문이다. 따라서 사주 용신(用神) 오행(五行)을 풍수에 적용시켜야만 천기(天氣)와 지기(地氣)가 완성된다.
　특히, 음, 양택에서 가장 먼저 수행되어야 될 향법(向法) 즉 좌향(坐向) 판단은 12운성(포태법)을 알아야만 정확(正確度)하게 판단할 수 있다.
　12운성법은 당나라 때 사주 명리학(命理學)을 보다 쉽게 접근시키기 위하여 만들어진 것으로 사주 명리학과 다른점은 태어나기전 단계와 사후세계(死後世界)까지 포함시킨 것이 다르다.
　일단 이러한 문제는 잠시 뒤로 미루고 여기서는 12운성법의 적용법과 활용법을 먼저 알아보도록 하겠다.
　12운성 즉 포태법은 인간이 잉태하여 출생하고 성장하고 병들어 죽는 삶의 과정을 사주의 12간지를 적용한 것으로, 태(胎, 새로운 인연으로 태기가 생김), 양(養, 모체에서 태기가 성장), 장생(長生, 신생아가 태어남), 목욕(沐浴, 신생아 목욕시켜 모체와 분리, 삶의 쓴맛을 최초로 느낌), 관대(冠帶, 성장하고 결혼하는 단계), 건록(建祿, 벼슬을 하고 재물을 모음), 제왕(帝旺, 최고 절정기 단계), 쇠(衰, 내리막길 단계), 병(病, 병이 들고 쇠약 단계), 사(死, 죽음 단계), 묘(墓, 무덤에 묻힘 단계), 절(絶, 세상과 인연이 끊고 무덤 형태가 없어진 상태)의 흐르는 과정을 말한다.

12운성은 크게 태동기, 성장기, 쇠퇴기의 3가지로 구분되는데 태동기(胎, 養)와 성장기(長生, 沐浴, 冠帶, 建祿, 帝旺)때는 시작과 성장 단계가 해당되므로 출세문이 열린 상태가 된다. 따라서 이때는 새로운 사업을 해도 좋은 시기가 된다. 그렇지만 쇠퇴기(衰, 病, 死, 墓, 絶)때는 하는 일이 안 풀리고 실패하는 시기이기 때문에 이때는 삶의 운로 뿐만 아니라, 새로운 사업 역시 성공하기는 어려운 시기가 된다. 이러한 과정은 삶의 운로(運路) 역시 동일하다.

특히 사업이나 승진 등을 운로(運路)를 확인 할 때는 태동기와 성장기때 결정하고 쇠퇴기 때는 불운(不運)이 겹치기 때문에 유의해 주길 바란다. 이러한 과정의 판단은 일간(日干)을 기준으로 12운성표(十二運星表)로 확인한다.

〈12운성표(十二運星表)〉

12운성	일간	甲	乙	丙,戊	丁,己	庚	辛	壬	癸	뜻
태동기	태(胎)	酉	申	子	亥	卯	寅	午	巳	태기가 생김
태동기	양(養)	戌	未	丑	戌	辰	丑	未	辰	모체에서 태기가 성장
성장기	장생(長生)	亥	午	寅	酉	巳	子	申	卯	신생아가 태어남
성장기	목욕(沐浴)	子	巳	卯	申	午	亥	酉	寅	신생아 목욕시켜 모체와 분리
성장기	관대(冠帶)	丑	辰	辰	未	未	戌	戌	丑	성장(결혼)하고 활동 단계
성장기	건록(建祿)	寅	卯	巳	午	申	酉	亥	子	벼슬을 하고 재물을 모음
성장기	제왕(帝旺)	卯	寅	午	巳	酉	申	子	亥	최고 절정기 단계
쇠퇴기	쇠(衰)	辰	丑	未	辰	戌	未	丑	戌	내리막길 단계
쇠퇴기	병(病)	巳	子	申	卯	亥	午	寅	酉	병이 들고 쇠약 단계
쇠퇴기	사(死)	午	亥	酉	寅	子	巳	卯	申	죽음 단계
쇠퇴기	묘(墓)	未	戌	戌	丑	丑	辰	辰	未	무덤에 묻힘 단계
쇠퇴기	절(絶)	申	酉	亥	子	寅	卯	巳	午	무덤형태가 없어진 상태

 12운성표(十二運星表)를 통하여 1986년 6월 11일 밤 22:50분에 태어난 남자 사주를 구성해 보자.

 12운성법으로 구성시키는 방법은 본인에 해당되는 일간(日干)을 기준으로 지지(地支) 오행으로 확인한다.

 때문에 일간(日干) 병(丙)을 기준으로 년, 월, 일, 시에 해당되는 지지를 12운성을 확인해 보면 지지(地支) 寅, 午, 戌, 亥는 12운성표(十二運星表)에 의거 장생(長生), 제왕(帝旺), 묘(墓), 절(絶)이 해당 된다.

 다른 사람들도 위와 같이 구성시켜 주면 된다.

따라서 위 사람의 사주에서 〈12운성표(十二運星表)〉를 바탕으로 구성시키면 아래와 같다.

구분	천간	지지	(12운성 구성)
年	丙	寅	장생(長生)
月	甲	午	제왕(帝旺)
日	(丙)	戌	묘(墓)
時	己	亥	절(絶)

이제 12운성법을 구성시킨 위 사람의 사주를 해석해 보자. 크게는 초년, 성장기, 장년, 노년 시기에 따른 삶의 흐름은 장생(長生), 제왕(帝旺), 묘(墓), 절(絶)이라는 것을 알 수 있다.
 이러한 과정은 대운(大運)은 물론 세운(歲運)에서도 동일하게 적용된다.
 사주 구성에서 나타난 12운성을 해석(解析)하기 위한 세부 내용은 아래와 같다.

구분	〈12운성 해석〉				
태 (胎)	년주 태(胎)	조상복 없음	비겁 태(胎)	형제 번창
	월주 태(胎)	직장 이동	식신 태(胎)	의식주 해결됨
	일주 태(胎)	부부 불화	재성 태(胎)	재복이 생김
	시주 태(胎)	자식복 없음	관성 태(胎)	직장운 번창
			인성 태(胎)	학문적 발전
양 (養)	년주 양(養)	양자될 운명	비겁 양(養)	형제 우애 좋음
	월주 양(養)	부모 갈등	식신 양(養)	의식주 풍부함
	일주 양(養)	주색과 재혼 발생	재성 양(養)	재복 번창함

	시주 양(養)	노후 자식복 있음	관성 양(養)	직장 문제 발생
			인성 양(養)	형제 문제 발생
장생(長生)	년주 장생(長生)	훌륭한 가정에서 성장	비겁 장생(長生)	형제 번창
	월주 장생(長生)	부모, 형제덕 있음	식신 장생(長生)	재복이 생김
	일주 장생(長生)	부부정 좋음	재성 장생(長生)	재복이 생김
	시주 장생(長生)	자식복 있음	관성 장생(長生)	자식 남편이 출세함
			인성 장생(長生)	문학가로 성장
목욕(沐浴)	년주 목욕(沐浴)	조상, 부부 인연이 없음	비겁 목욕(沐浴)	형제운 나쁨
	월주 목욕(沐浴)	극빈하고 이별함	식신 목욕(沐浴)	화류계 진출
	일주 목욕(沐浴)	부부 인연이 없음	재성 목욕(沐浴)	재물 탕진
	시주 목욕(沐浴)	자식복 없음	관성 목욕(沐浴)	구설수 발생
			인성 목욕(沐浴)	부모덕 없음
관대(冠帶)	년주 관대(冠帶)	출세함	비겁 관대(冠帶)	원만한 생활
	월주 관대(冠帶)	성공함	식신 관대(冠帶)	소원 성취함
	일주 관대(冠帶)	이름을 날림	재성 관대(冠帶)	재복이 생김
	시주 관대(冠帶)	자식이 성공함	관성 관대(冠帶)	승진운 있음
			인성 관대(冠帶)	재물에 손해 발생
건록(建祿)	년주 건록(建祿)	조상 복 좋음	비겁 건록(建祿)	형제 출세함
	월주 건록(建祿)	재복이 생김	식신 건록(建祿)	재복이 생김
	일주 건록(建祿)	가정이 행복함	재성 건록(建祿)	재물 풍족함
	시주 건록(建祿)	자식 복 좋음	관성 건록(建祿)	관직에 오름
			인성 건록(建祿)	관직에 오름

제왕 (帝旺)	년주 제왕(帝旺)	조상복 좋음	비겁 제왕(帝旺)	형제운 나쁨
	월주 제왕(帝旺)	승진하나 형제운 나쁨	식신 제왕(帝旺)	식복 좋음
	일주 제왕(帝旺)	타향 생활	재성 제왕(帝旺)	재복이 생김
	시주 제왕(帝旺)	자식 출세	관성 제왕(帝旺)	승진운 있음
			인성 제왕(帝旺)	소원 성취함
쇠 (衰)	년주 쇠(衰)	조상복 없음	비겁 쇠(衰)	형제복 나쁨
	월주 쇠(衰)	부모, 형제복 없음	식신 쇠(衰)	궁핍한 생활
	일주 쇠(衰)	가정에 충실함	재성 쇠(衰)	재물이 나감
	시주 쇠(衰)	자녀 문제 발생	관성 쇠(衰)	직업운 없음
			인성 쇠(衰)	문서에 문제 발생
병 (病)	년주 병(病)	조상복 없음	비겁 병(病)	형제 문제 발생
	월주 병(病)	부모복 없음	식신 병(病)	질병 발생
	일주 병(病)	병이 들어옴	재성 병(病)	가족들 질병 발생
	시주 병(病)	자식이 약함	관성 병(病)	직위에 타격 발생
			인성 병(病)	부모덕 없음
사 (死)	년주 사(死)	조상 빈천	비겁 사(死)	형제운 나쁨
	월주 사(死)	부모복 없음	식신 사(死)	가정운 나쁨
	일주 사(死)	조실부모	재성 사(死)	재물운 나쁨
	시주 사(死)	자식복 없음	관성 사(死)	직장 문제 발생
			인성 사(死)	부모덕 없음
묘 (墓)	년주 묘(墓)	조상을 섬김	비겁 묘(墓)	형제 불운 발생
	월주 묘(墓)	부모복 없음	식신 묘(墓)	재물 나감
	일주 묘(墓)	타향살이	재성 묘(墓)	재물운이 다소 발생

			시주 묘(墓)	자식이 약함	관성 묘(墓)	직장 문제 발생
					인성 묘(墓)	부모덕 없음
절(絶)			년주 절(絶)	타향살이	비겁 절(絶)	형제 우애 없음
			월주 절(絶)	부모복 없음	식신 절(絶)	의식주 궁핍
			일주 절(絶)	배우자와 인연 나쁨	재성 절(絶)	재물 나감
			시주 절(絶)	자식복 없음	관성 절(絶)	직장 문제 발생
					인성 절(絶)	부모덕 없음

이제 위 사람의 사주를 12운성법을 적용해서 구체적으로 해석(解析)해 보자.

일간 병(丙)을 기준으로 사주(四柱), 대운(大運), 년운(年運)에 해당되는 12운성을 〈12운성표(十二運星表)〉를 통하여 세우고, 이를 바탕으로 해석해 보면 아래와 같다.

사주(四柱)

구분	천간	지지	12운성
年	丙(비견)	寅(편인)	장생(長生)
月	甲(편인)	①午(겁재)	②제왕(帝旺)
日	(丙)	③戌(식신)	④묘(墓)
時	己(상관)	亥(편관)	절(絶)

〈사주 해석〉
초년과 중년에는 장생(長生)과 제왕(帝旺)의 삶으로 절정기에 해당된다. 하지만 ①午와 ③戌는 공망과 양인살 그리고 백호대살이 성립된다. 그렇지만, ①午와 ③戌는 합(合)이 성립되지만 이것 역

시 공망이 작용되어 기능을 상실함에 따라 중년의 시간은 다소 쓸모없이 방탕하게 흘러가게 된다. 또한 형제간 우애도 없어진다. 중년 이후는 묘(墓)와 절(絶)로 구성되어 있기 때문에 고향을 떠나 살게 되고, 하던 일 역시 실패를 거듭하고 경제적으로 어렵게 보내게 되며. 노후에는 자식과의 인연을 끊고 외롭게 살아가게 된다.

대운(大運)

89	79	69	59	49	39	29	19	9
癸	壬	辛	庚	己	戊	丁	丙	乙
⑤卯	寅	③丑	①子	亥	戌	酉	申	未
⑥목욕(沐浴)	장생(長生)	④양(養)	②태(胎)	절(絶)	묘(墓)	사(死)	병(病)	쇠(衰)

〈대운 해석〉

9세에서 58세까지 삶의 흐름은 쇠(衰), 병(病), 사(死), 묘(墓), 절(絶)로 구성되어 있어 무엇이든지 뜻대로 이루어지는 것이 없다. 이후 59세부터 ②태(胎)의 태동기가 시작되어 하던 일이 이루어지고 점차적으로 삶의 활력이 싹트기 시작하나 문제는 ②태(胎)에 해당되는 ①자는 사주 원국과 충(沖)이 성립되는 관계로 물거품처럼 사라지게 된다. 이후 69세부터는 ④양(養)이 성립되나 ③축은 형(刑)과 해(害)가 성립되어 구설수와 더불어 어려움이 찾아오게 되고, 79세 이후는 장생(長生)으로 다시 행운이 찾아오나 오래 가지 못하고, 이어서 89세부터 ⑥목욕(沐浴)이 되나 이것역시 파(破)가 성립되어 외롭고 어려운 시간을 보내게 된다. 위 사람은 1986년생 이므로 현재 상태를 확인해 보면 대운(大運)에서 사(死)에 해당되는 시기가 해당 되므로 부모덕이 없고, 부인과 가정생활이 어렵고, 돈을 벌수가 없을 뿐만 아니라 부부간에도 서로 싸우고 이혼(離婚)할 경우도 발생된다.

년운(年運)

2027年	2026年	2025年	2024年	2023年	2022年	2021年	2020年
丁	丙	乙	甲	癸	壬	辛	庚
未	午	巳	辰	卯	寅	丑	①子
쇠(衰)	제왕(帝旺)	건록(建祿)	관대(冠帶)	목욕(沐浴)	장생(長生)	양(養)	②태(胎)

〈년운 해석〉
2020년은 ②태(胎)로서 이미 고생은 끝이 났고, 새로운 봄을 만났으니, 사업을 해도 성공하고 아울러 직장 생활과 가정생활 역시 활력과 재물(財物)이 들어오는 시기가 된다. 하지만 천간 ①子는 사주 원국 ①午과 子午冲이 성립되어 모두 허사로 돌아간다.

지금까지 12운성법을 통하여 양력으로 사주(四柱)는 물론 대운(大運) 그리고 세운(歲運)을 판단하고 해석해 보았다.

물론 12운성 판단 역시 이들에게 적용되는 합(合), 충(沖), 공망(空亡), 파(破), 해(害), 형(刑) 및 통근(通根) 등의 연결고리의 강도를 적용하여 강약(强弱)으로 판단함은 당연한 것이다.

독자들은 이제 다른 사람들의 12운성 판단법도 위와 동일하게 적용하면 되기 때문에 또 하나의 삶의 운로(運路)를 판단할 수 있는 새로운 방법을 터득하게 된 것이다.

사실 12운성 즉 포태법은 당나라 때 사주 풀이를 보다 쉽게 접근시키기 위하여 만들어진 것이지만 몇 가지 의문점이 존재하는 것은 사실이다.

사주 명리학의 경우 농경사회(農耕社會)를 바탕으로 태어난 이후 시간부터 죽는 시간까지의 시간 즉 사람이 살아있는 시간 동안 삶의 운로(運路)를 판단하는 순수한 자연과학(自然科學) 학문이지만, 12운성 즉 포태법은 태어나기전 단계에 해당되는 태(胎)와 양(養) 그리고 사후세계(死後世界)에 해당되는 묘(墓)와 절(絶)까지 포함되고 있다. 문제는 이러한 시기에도 삶의 절정기가 발생된다는 것으로 보아 이것은 불교의 윤회사상(輪廻思想)과 상통되는 부분이며, 풍수지리(風水地理)에서 생로병사(生老病死)의 순환과정 즉 나경 3층에서 12포태법(一二胞胎法)을 통한 삼합(三合)을 적용시켜 길흉(吉凶)을 판단하는 것과 비유된다.

즉 사주 오행(五行)에서 인(寅)에 해당되는 장생(長生)부터 유(酉)에 해당되는 사(死)까지는 사주 명리학(命理學) 이론처럼 탄생부터 시작되어 죽음까지 살아있는 동안의 학문적 이론으로 볼 수 있겠으나, 이후에 적용되는 묘(墓)에서 양(養)까지는 사후세계(死後世界)에 해당되므로 사주 이론과는 차이가 있다.

또한 사주 오행에서는 상극(相剋)으로 이루어지는 목극토(木剋土)의 경우 12운성법은 寅(목)과 戌(토)의 관계는 극(剋)의 관계가 아니라 장생(長生) 작용이 이루어진다. 이것들은 사주 명리학과 모순(矛盾)되는 또 다른 부분이기도 하다.

그렇지만, 12운성법도 태어나기 전과 사후세계(死後世界)의 과정(묘, 절, 태, 양)을 제외한 나머지 부분 즉 장생(長生), 목욕(沐浴), 관대(冠帶), 건록(建祿), 제왕(帝旺), 쇠(衰), 병(病), 사(死)는 사주 명리학과 상통한 부분이라고 보는 견해가 우세하다.

따라서, 독자들은 적어도 사주 명리학(命理學)을 공부하는 사람이라면 마땅히 12운성법을 알고 이것은 또 다른 사주 해석에 따른 접근 방법이라는 것을 알길 바란다.

  12운성법은 동남아 및 일본 등의 국가에서 이용되고, 우리나라의 경우도 사주 전체 흐름을 판단할 때 손쉽게 활용할 수 있는 방법이기 때문에 활용되고 있다.

  독자들은 이러한 사실을 알고 이어서 학습되는 사주 용신(用神) 공부에 매진하여 삶의 흐름은 물론 사주 명리학의 최종 목적인 길흉화복(吉凶禍福)을 판단해주면 되겠다.

제2장

용신(用神) 오행(五行)을 알고, 적용시켜야만 명품 풍수(風水)이다

 풍수(風水)와 사주(四柱)는 동일한 학문이지만, 사주에서 적용되는 개인(個人) 용신(用神)을 알고, 풍수(風水)에 적용시켜야만 자신에게 맞는 천기(天氣)와 지기(地氣)가 비로소 완성되는 것이다.
 예를 들면 음, 양택에서 주인(主人)의 사주(四柱) 용신 오행(五行)을 적용시켜 주어야만 전체적인 오행들의 균형이 성립되고, 결정되기 때문이다.
 아무리 좋은 풍수(風水) 터에서 좋은 기(氣)가 흐른다고 한들 본인(本人) 사주(四柱)에 맞지 않는다면, 이것이야말로 흉물(凶物)에 불과한 것이기 때문이다.
 그래서 우리는 자신에게 맞는 사주(四柱) 오행(五行) 용신(用神)를 알고 풍수(風水)에 적용시켜주어야만 음, 양택이 완성되는 것이다.
 이제부터 사주 용신에 대해서 기초부터 응용까지 전개해 보도록 하겠는데, 독자들은 이를 적극 활용해서 운세(運勢)는 물론 전원주택(田園住宅)에서 부귀영화(富貴榮華)를 누려보길 바란다.

사주(四柱)에서 년월일시(年月日時)를 통하여 초년, 청년, 장년, 노년기의 사주의 흐름 즉 사주의 형성 과정을 근묘화실(根苗花實)이라고 한다. 즉, 뿌리(根, 초년기)가 있어야 싹(苗, 청년기)이 트고, 싹이 있어야만 꽃(花, 장년기)이 피며, 꽃이 피어야만 열매(實, 노년기)를 맺는 것이다.

사주를 배우는 최종 목적은 앞날을 예지하는데 있는데 이것은 용신(用神)으로 판단한다고 해도 틀린 예기는 아닐 것이다. 용신은 사주 구성에서 가장 필요로 하는 오행을 말하는데 이것의 역할은 사주에 작용하는 힘의 균형 즉 중화를 만들어 운로(運路)를 판단해보기 위함에 있다.

따라서, 용신 판단은 신강(身强)과 신약(身弱)은 물론 내외격(內外格) 그리고 무더운 조열(燥熱)과 추운 한습(寒濕) 사주에서 편중된 오행의 강약(强弱) 등에서 이들에게 작용되는 일간(日干) 변화 및 사주 구성에서 작용되는 길흉성(吉凶星)으로 작용되는 오행(五行) 들의 운로(運路)를 판단하고 결정하는데 의미가 있다. 용신은 사주 구성에서 정신(精神)으로 용신(用神)의 흐름을 알아야만, 사주 해석은 물론, 이름 짓기, 방향(方向), 택일 등을 판단하고 알 수 있기 때문에 용신을 결정할 수 있는 능력(能力)을 갖추어야만 사주 해석(解析) 즉 통변(通辯)을 쉽게 할 수 있는 것이다.

용신(用神)이란? 자신에게 가장 필요로 하는 오행(五行)을 찾는 것을 말한다. 용신을 찾았다면, 삶의 운로(運路)를 판단할 수 있는 만능키가 용신(用神)이 된다. 사주 구성하는 8개 및 지장간의 오행 중에서 1개의 용신을 찾는 것은 무한대(無限大)

학문이기 때문에 10년 이상 사주 공부를 집중적으로 배운 명리학자들도 용신 찾기에서 고전하는 이유가 여기에 있다.

 특히, 우리 주위에 보면 이름 짓기는 물론 개명(改名)에서 가장 중요한 용신(用神)을 오히려 극(剋)하는 오행(五行)들로 구성시켜 놓고 형격(亨格), 정격(貞格), 개척운(開拓運) 등으로 그럴듯하게 겉치레만 미사여구(美辭麗句)로 표현된 경우를 흔히 발견할 수 있는데, 이러한 행위는 상대방의 운로(運路)를 오히려 망가트리는 행위이므로 명리학자(命理學者)로서 도리(道理)가 아니다.

 저자는 독자들의 이러한 애로사항을 잘 알고 있기 때문에 용신(用神)을 찾는 방법 모두를 보기를 들고, 체계적(體系的)으로 설명했기 때문에 독자들은 그저 한 두번 읽음으로서 용신(用神) 오행(五行)을 찾을 수 있도록 구체화시켰다.

<<용신(用神) 오행(五行)을 찾자>>

 전체 사주의 흐름을 예지하고, 판독하는 것은 용신(用神) 오행(五行)을 찾고 적용하는 것이다.

 즉, 용신을 알고 적용시켜 주어야만 전체 사주의 운로(運路)는 물론 궁합, 이름 짓기, 상호(商號), 택일 등을 정확하게 판단할 수 있다.

 이것은 풍수(風水)에서도 동일하다.

 사실 사주(四柱)에서 용신(用神)은 사람의 정신(精神)에 해당되기 때문에 핵심(核心)이며, 용신의 흐름만 정확하게 판단하고 활용할 수 있다면 사주 공부는 끝난 것이기도 하다. 그러나 용신 판단이 어렵기 때문에 격국(格局)이 나왔고, 또한 일간(日干)의 강약(强弱), 조열(燥熱)과 한습(寒濕) 등의 사주 판단법이 제시되었다.

통상적으로 풍수지리학(風水地理學)에서 용(龍)을 찾는데 3년 걸리고, 혈(穴)을 찾는 데는 10년 이상 걸린다는 말이 있다.

사주에서는 용신(用神)이나 길성(吉星)과 흉성(凶星) 오행을 찾는 것은 바로 혈을 찾는 것처럼 난해(難解)한 것이기도 하다. 하지만, 사주에서 용신을 판단할 때 사람마다 혹은 시간마다 각각 틀린다면, 사주를 판독하고 해석하는 것이 아니라, 엉터리 사주를 간명하는 것이다.

용신을 정확하게 찾고 적용하지 못하는 사주는 그만큼 정확도가 떨어지는 것이니 앞날을 예지하기가 어렵다. 이러한 결과가 왜 발생하는가? 그 이유는 간단하다.

그만큼 정확한 용신(用神)을 찾는다는 것이 어렵다는 것이다. 보는 책마다 자신만의 방식으로 풀이해 놓은 경우도 있기 때문이다.

따라서 저자는 독자들을 위하여 용신 찾기를 체계적(體系的)으로 보기를 들어 설명했으므로 읽어봄으로써 용신이나 길흉성(吉凶星) 오행 찾기에 자신감(自信感)이 생길 것이다.

용신을 찾는 방법으로, 억부법(抑扶法), 조후법(調侯法), 병약법(病藥法), 부법(扶法), 통관법(通關法), 원류법(源流法), 전왕법(專旺法), 종왕격(從旺格), 격국(格局) 용신 찾기 등이 있다.

이 중 현실적인 조건에서 가장 많이 활용되고 판단하는 억부법과 전왕격 용신 그리고 기후 조건에서 판단하는 조후법 그리고 격국(格局) 용신 찾는 법을 많이 사용된다. 특히 본 책에서는 내격(內格)과 외격(外格) 등의 용신 판단법은 격국에서 제시되었으니 독자들은 이들을 참고해서 용신 판단법을 마무리해주길 바란다.

이제 독자들은 용신을 찾고, 이를 통하여 삶의 운로(運路)를 판단해 보기 바란다.

(1) 용신 찾기의 선행 조건

용신(用神) 찾기의 선행 조건으로 오행(五行)의 상생(相生)과 상극(相剋) 작용에 따른 힘과 사주 구성에서 상호 작용하는 힘 그리고 용신(用神)의 구성 조건을 알아보자.

■ 오행의 작용하는 힘

오행들의 상생(相生)과 상극(相剋) 작용에서의 힘을 알아보면 다음과 같다(※火 기준).

- 동일한 오행(五行)이 만나면 힘이 강(强)해 진다(예, 水와 水, 木과 木, 火와 火, 土와 土, 金과 金).
- 화(火)는 금(金)을 극(剋)하므로(이기므로) 화(火)의 힘이 강(强)해지고, 금(金)의 기운은 절대적으로 약(弱)해진다.
- 수(水)는 화(火)를 극(剋)하므로(이기므로) 수(水)의 힘은 강(强)해지고, 화(火)의 기운은 절대적으로 약(弱)해진다.

- 화(火)는 토(土)를 상생(相生)해 주므로, 화(火)기운은 약(弱)해지고, 토(土)기운은 강(强)해진다(※상생(相生) 작용으로 힘이 빠지는 것을 설기(泄氣)라고 한다).
- 목(木)은 화(火)를 상생(相生)해 주므로, 목(木)기운은 약(弱)해지고, 화(火)기운은 강(强)해진다.

▣ 사주 구성에서 작용하는 힘

사주 구성에서 본인에게 가장 많은 영양을 미치는 것은 월지(月支)로서 약 30%의 영향을 미친다. 그 다음이 일지(日支) 20%, 시지(時支) 20% 순이고, 나머지는 아래와 같다.

구분	천간	지지	지장간(支藏干)
년주(年柱)	5%	5%	○(약8%)
월주(月柱)	10%	(30%)	○(약8%)
일주(日柱)	본인(10%)	20%	○(약10%)
시주(時柱)	10%	20%	○(약8%)

▣ 용신을 선택하는 순서는 천간(天干), 지지(地支), 지장간(支藏干) 순이다.

사주에서 용신(用神) 오행을 선택하는 순서는 힘이 자장 쎈 천간(天干)에 존재하는 오행이 최우선이다. 이때 천간(天干)은 지장간(支藏干)과 같은 오행(五行) 즉 통근(通根) 관계가 성립되어 뿌리가 강한 것을 용신으로 선택해야 한다.

천간에 용신이 없을 경우 지지(地支)에서 용신을 선택하고,

천간과 지지에도 용신 오행이 없는 경우에 한하여 지장간(支藏干)에서 용신을 선택한다. 지장간에도 용신 오행이 없다면, 사주 구성에 없는 오행을 선택해서 보조 용신으로 사용하기도 한다. 특히 독자들이 실수하는 것은 사주 원국 8개의 오행 즉 천간과 지지에 용신 오행이 없는 경우 지장간에서 용신을 선택한다는 것이지, 지장간이 천간과 지지를 우선해서 용신을 선택할 수 없다.

사람에 따라서 용신은 1개만 존재하는 것이 아니라, 2개 혹은 3개가 존재하는 경우도 있는데, 이런 사람의 경우는 한 가지 일에 매진하지 못하지만 팔자는 좋은 사람이 된다.

용신 찾기가 어려운 사람일수록 혹은 본인에 해당되는 일간(日干)과 거리가 멀리 용신이 위치한 경우 즉 용신의 위치가 년주(年柱)에 존재하는 경우 또는 지장간과 통근 즉 뿌리가 약(弱)한 사람일수록 대부분 병고(病苦)에 시달리며, 승진(昇進), 돈, 건강(健康), 사업(事業), 경쟁(競爭)에서 승기를 잡지 못하고 풍파(風波)가 심하고 실패하는 경우가 많다.

또한, 사주 구성에서 일간(日干)이 용신(用神)이나 희신(喜神)으로 쌓여져 있는 사주라면 틀림없이 좋은 사주이고, 이와 반대로 일간 주위에 나쁜 기신(忌神)이나 구신(仇神)으로 구성된 경우라면 나쁜 사주가 된다.

용신을 선택할 때는 지장간(支藏干)과 통근 즉 뿌리가 강(强)한 것을 선택해 주어야 되는 것이지, 지장간과 통근(通根)되지 않는 용신은 그 만큼 작용력이 약(弱)하기 때문에 용신(用神)으로서 작용을 기대 할 수 없다,

용신의 경우 합(合)으로 오행 기운이 변화(化)된 경우 이거나, 사주 원국 오행에서 용신을 찾지 못하고 지장간에서 용신을 찾는 경우 이거나 혹은 충(沖)이나 공망(空亡) 등이 작용 되어 용신의 기능을 상실된 경우에 해당되는 사람들은 절대 좋은 운로(運路)가 되지 못한다.

따라서, 독자들은 이러한 용신 선택 조건을 바탕으로 지장간과 통근되어 뿌리가 강한 용신(用神)을 선택하고 적용해 주길 바란다.

◘ 일간(日干)은 용신(用神)으로 사용할 수 없는가?

사주에서 자신에게 해당되는 일간(日干)은 용신(用神)으로 사용할 수 없다. 사주를 구성하는 8개의 오행 구성 중 일간과 동일한 오행이 다른 곳에 존재한다면 용신으로 사용할 수 있다.

용신을 바탕으로 이와 함께 작용되는 희신, 기신, 구신, 한신을 정리하면 아래와 같다.

길신(吉神)	• 용신(用神) : 나에게 가장 필요한 오행이다(※최고 길신(吉神)이다). • 희신(喜神) : 용신(用神)을 생(生)해주는 오행이며, 한신을 극(剋)하는 오행이다(※길신(吉神)이다).
흉신	• 기신(忌神) : 용신을 극(剋)하는 오행이다(※용신

(凶神)	을 극(剋)하기 때문에 제일 나쁜 흉신이다). • 구신(仇神) : 기신을 생(生)해 주는 오행이다(※흉신(凶神)이다). • 한신(閑神) : 희신이 극(相剋)하는 오행이다(※운로에 따라 흉신과 길신의 성격을 갖고 있다).

사주에서 용신이 선택되었다면 희신, 기신, 구신, 한신을 결정해야 한다.

예를 들면, 용신이 화(火)라면, 희신은 용신 화(火)를 생(生)해 주는 오행이므로 목(木)이고, 기신은 용신 화(火)를 극(剋)하는 수(水)가 되고, 구신은 기신 수(水)를 생(生)해주는 오행이므로 금(金)이며, 한신은 희신 즉 목(木)이 극(剋)하는 오행이므로 토(土)가 된다.

하나 더 해보자, 용신이 토(土)라면, 희신은 용신 토(土)를 생(生)해 주는 화(火)이고, 기신은 용신 토(土)를 극(剋)하는 목(木)이 되고, 구신은 기신 목(木)을 생(生)해주는 수(水)이며, 한신은 희신 즉 화(火)가 극(剋)하는 금(金)이 된다.

사주에서 작용하는 오행 중 용신이 제일 좋고 그 다음은 희신이 되며, 기신은 절대적으로 나쁘고 구신 역시 나쁜 것이 되며, 한신은 운로(運路)를 보고 판단하면 된다.

이때, 용신(用神)과 희신(喜神)은 희신이 용신을 생(生)하는 상생(相生)관계가 이루어져야 하고, 기신(忌神)과 구신(仇神) 관계 역시 구신이 기신을 생(生)하는 상생(相生)관계가 이루어져야 한다.

그러나, 희신(喜神)의 선택은 마냥 용신을 생(生)해주는 오행으로 결정하지는 않는다. 이것을 명리학에서는 순용(順用)과 역용(逆用)의 원칙이라고 하는데, 일간(日干)이 뿌리가 지장간(支藏干)에 강(强)하게 연결된 신강(身强) 사주에서의 희신(喜神) 판단은 일간(日干)이 용신(用神)을 생(生)해주거나 혹은 일간이 용신을 극(剋)하는 경우 혹은 용신이 일간을 생(生)해주는 경우 혹은 일간(日干)과 용신(用神)이 같은 오행일 경우에는 일간(日干)의 힘이 너무 크게 작용하기 때문에 이때의 희신 판단은 용신이 생(生)해주는 오행이 희신이 된다. 그러나 용신이 일간을 극(剋)하여 일간의 힘을 다소 약(弱)하게 되었을 경우에는 용신이 생(生)해주는 오행이 희신이 된다.

이러한 신강(身强) 사주에서 희신(喜神) 찾기를 정리하면 다음과 같다.

(신강(身强) 사주에서 희신(喜神) 판단법)	
〈신강 사주에서 용신과 일간과의 관계〉	〈희신 판단법〉
• 용신(用神) 오행이 일간(日干) 오행을 극(剋)하는 경우	⇒ 용신(用神)을 생(生)하는 오행이 희신(喜神)이 된다. 이때 기신(忌神) 판단은 용신을 극(剋)하는 오행이며, 구신(仇神)은 기신(忌神)을 생(生)해

	주는 오행이 된다. ※ 예) 용신이 화(火)이면, 희신은 목(木)이며, 기신은 수(水)이고 구신은 금(金)이 된다.
• 용신(用神) 오행이 일간(日干) 오행을 생(生)하는 경우 • 용신(用神) 오행과 일간(日干) 오행이 같은 경우 • 일간(日干) 오행이 용신(用神) 오행을 생(生)하는 경우 • 일간(日干) 오행이 용신(用神) 오행을 극(剋)하는 경우	⇒ 용신(用神)이 생(生)해 주는 오행이 희신(喜神)이 된다. 이때 기신(忌神) 판단은 용신을 극(剋)하는 오행이며, 구신(仇神)은 기신(忌神)이 생(生)해 주는 오행이 된다. ※ 예) 용신이 화(火)이면, 희신은 토(土)이며, 기신은 수(水)이고 구신은 목(木)이 된다.

 이렇게 일간(日干)의 뿌리가 강(强)한 신강 사주에서 희신 판단 방법을 다르게 적용하는 이유는 아무리 좋은 일간(日干)일 경우 용신으로 인하여 힘이 너무 강(强)하게 작용하게 되면 사주의 중화됨을 방해하기 때문에 이를 방지함에 있다. 희신 판단에 대한 구체적인 방법은 이어서 설명될 억부법 용신 찾기 〈2〉를 참조해주기 바란다.
 특히 독자들은 뒤에서 설명된 조후용신표(調侯用神表)를 이용한 용신 찾기를 이용한다면 더욱 폭넓은 용신을 확인할 수 있다. 사주를 배우는 목적은 일부이긴 하지만, 용신(用神)을 찾아서 인생 운로(運路)를 판단하기 위함에 있다. 만약 용신이 편관(偏官)이라면 편관처럼 인생(人生)을 살아가게 되고, 정관

이라면 높은 관직에 오르는 사람으로 판단한다. 이제부터 용신을 찾아보자. 독자들을 위하여 용신 찾는 방법 중 우선 가장 광범위하게 적용되고 있는 억부법(抑扶法) 용신 찾기를 바탕으로 전체 용신 찾기를 체계적(體系的)으로 쉽게 전개시켰으니, 독자들은 더욱 정진(精進)해 주길 바란다.

(2) 억부법(抑扶法) 용신 찾기

용신(用神) 찾기 중 억부법(抑扶法) 용신 찾기가 가장 많이 사용되고 있다. 억부법 용신을 판단하려면 우선 사주가 강(强)한 것인가? 아니면 약(弱)한 것인가? 이것을 먼저 알아야 한다.

이러한 종류는 일간(日干)을 기준으로 작용하는 힘의 구성이 신왕(6:2)과 신강(5:3) 그리고 신약(3:5)과 신쇠(2:6) 그리고 중화(4:4) 사주가 있다. 여기서는 이들의 분류를 신강(身强)과 신약(身弱) 사주로 구분하고 용신(用神)을 판단해보고자 한다.

이들의 판단 방법은 본인에 해당되는 일간(日干)을 기준으로 천간과 지지에 포함된 7개 오행(五行)과의 관계를 따져 주어, 일간과 같은 편(일간과 같은 오행 이거나 혹은 일간을 생(生)해 주어 일간에 힘을 주는 오행)과 일간과 다른 편(일간을 극(剋)하는 오행 이거나 혹은 일간이 생(生)해 주어 일간의 힘을 빼는 오행)으로 작용되는 관계를 확인하여 판단하는데 이들의 작용이 일간과 같은 편이 강(强)하면 신강(身强) 사주로 판단하고, 일간과 다른 편이 강(强)하면 신약(身弱) 사주로 판단한다.

이것을 다른 말로 표현하면 일간(日干)과 동일한 오행이거나 혹은 일간을 생(生)해 주는 오행 즉 비겁(비견, 겁재)이거나 혹은 인성(편인, 정인=인수)이 사주 구성에 많은 경우는 신강(身强) 사주이고, 이 외의 경우는 신약(身弱) 사주로 판단한다.

신약 사주의 경우 일간(日干)의 힘을 빼주는 즉 설기(泄氣)시키는 오행, 일간을 극(剋)하는 오행, 일간이 생(生)해주는 오행에 해당된다. 즉 식상(식신, 상관)과 재성(편재, 정재) 그리고 관성(편관, 정관)이 사주 구성에 많은 경우 신약(身弱) 사주가 된다.

사주 구성에서 오행들의 힘은 다음과 같다.

제일 큰 힘을 발휘하는 것은 월지(月支)인데 이것은 약 30%의 힘을 가지고 있다. 이런 이유 때문에 사람의 성향을 판단하는 격국(格局)은 월지로 판단하는 경우가 많다. 따라서 일간과 월지와의 비교 하나만으로 신약과 신강 사주(월지=비겁과 인성)를 판단해도 무방하다고 볼 수도 있다. 그러나 추가적으로 본다면 월지(月支)와 일간(日干)이 강(强)하면 신약 사주일 경우도 신강 사주로 판단하고, 이들이 약(弱)하면 신강 사주가 신약 사주로 판단한다.

그 다음은 일지(20%)와 시지(20%)이고, 나머지는 5~10%의 힘을 발휘한다. 지장간(支藏干)은 해당 사주 지지의 1/3정도의 힘을 발휘하게 되고, 그 중에서 힘이 가장 큰 주권신(主權神)을 찾아서 반영해주면 된다.

사주 구성의 8개의 오행과 지장간 모두를 일간(日干)과 비교해서 신약과 신강 사주를 판단할 필요 없이, 우선 힘이 가장 센 월지(月支), 일지(日支), 시지(時支) 3개와 일간(日干)과 비교해서 내 편인 오행(같은 오행, 일간을 생(生)해주는 오행)이 많으면 신강 사주로 판단하고, 내 편이 아닌 오행 즉 일간을 극(剋) 하거나 일간이 생(生) 해주는 오행이 많으면 신약 사주로 판단하면 된다.

그러나 월지, 일지, 시지로 판단하기 어려운 경우는 사주를 구성하고 있는 전체 오행은 물론 지장간(支藏干)까지 작용되는 힘의 작용을 확인해서 판단해야 한다.

또한 신약과 신강 사주 판단은 합(合)이나 충(沖)으로 월지(月支)와 일간(日干)에 영향을 주는 경우 변화된 오행으로 신강과 신약 사주를 판단하고 이에 따른 용신을 선택해야 한다.

이렇게 신강과 신약 사주를 판단했다면, 이것을 바탕으로 용신(用神)을 판단해야 한다.

신강 사주에서의 용신 판단은 강(强)해진 일간에 힘을 설기(泄氣) 즉 빼주는 오행(五行)이 용신(用神)이고 길성(吉星)이 된다. 따라서 신강 사주에서는 일간(日干)에 가장 강한 힘의 영향을 주는 월지(月支) 오행을 약(弱)하게 만들어 주는 오행이 용신이 되는데, 이때 일간(日干)과도 비교해서 일간과 월지 모두 약(弱)하게 만들어 주는 오행이 최종 용신이 된다.

신약 사주는 약(弱)해진 일간에 힘을 강(强)하게 만들어주는 오행이 용신이고 길성(吉星)이 된다. 즉 신약 사주에서는 일간(日干)에게 힘을 강(强)하게 만들어 주는 오행이 용신이 되는데 이것 역시 월지(月支) 오행과 비교해서 일간을 강(强)하게 만들어 주는 오행이 최종 용신이 된다.

용신 선택은 비겁(비견, 겁재)이나 혹은 인성(편인, 정인=인수)의 힘이 강(强)하게 적용되어 일간(日干)의 힘이 강(强)한 신강 사주에서의 용신 선택은 식상(식신, 상관)과 재성(편재, 정재) 그리고 관성(편관, 정관)에서 선택하고, 식상(식신, 상관)과 재성(편재, 정재) 그리고 관성(편관, 정관)의 힘이 강(强)하게 적용되어 일간(日干)의 힘이 약(弱)한 신약 사주에서의 용신 선택은 비겁(비견, 겁재)이나 혹은 인성(편인, 정인=인수)에서 용신을 선택한다는 뜻이기도 하다.

또한 무더운 기운에 해당되는 丙, 丁, 戊, 巳, 午, 未와 추운 한습 기운에 해당되는 己, 壬, 癸, 亥, 子, 丑는 중화가 될 수 있도록 상호 변환하여 용신을 판단하기도 한다.

이렇게 판단하는 이유는 오행들의 상호 균형(均衡) 즉 중화를 맞추기 위함에 있다.

여기서는 독자들에게 용신 판단에서 가장 많이 활용되는 억부법 용신(用神) 판단 방법을 보다 쉽게 확인할 수 있도록 억부법(抑扶法) 용신 판단법(1)과 용신 판단법(2)를 구분해서 소개하고자 한다. 둘은 모두 동일하다. 따라서, 독자들은 쉬운 것을 선택하고 활용해 주길 바란다.

억부법(抑扶法) 용신 판단법(1)

억부법 용신을 판단하기 위한 선행 조건은 신강(身强) 과 신약(身弱) 사주를 구분하는 것인데 이들의 판단은 일간(日干)을 기준으로 비겁(비견, 겁재)과 인성(편인, 인수)이 강(强)하게 작용되면 신강 사주로 판단하고, 그 외 나머지 모두는 신약 사주로 판단하면 된다.

그러나 굳이 이렇게 육친(六親)을 적용하여 신약과 신강을 판단하지 않아도, 일간(日干)을 기준으로 힘이 가장 강하게 작용되는 월지(月支)와의 관계 하나만으로 신약과 신강 사주를 판단해도 무방하다. 즉 월지가 비겁이나 인성인 경우 신강 사주로 판단하고, 월지가 그 외 나머지 육친(식상, 재성, 간성)이면 신약 사주로 판단한다.

또한 이것과 동일한 방법이지만 일간과 월지가 같은 오행이거나 혹은 월지가 일간을 생(生) 해 주어 일간의 힘이 강(強)해지는 경우에는 신강 사주로 판단하면 되고, 이와 반대로 일간과 월지(月支)를 비교해서 월지가 일간을 극(剋)하거나 혹은 일간이 월지를 생(生) 해 주어 일간의 힘이 약(弱)해지는 경우는 신약 사주로 판단하면 된다.

이렇게 신약과 신강 사주가 판단되었다면 용신(用神) 판단은 다음과 같다.

신약 사주에서 용신 판단법은 힘이 약(弱)한 일간을 강(強)하게 만들어 주는 것이 용신이기 때문에 사주를 구성하고 있는 오행(五行) 중 일간(日干)을 생(生) 해 주거나 혹은 일간과 동일한 오행이 용신인데 최종 판단은 월지(月支)와 비교해서 일간(日干)의 힘을 강(強)하게 만들어 주는 오행이 용신이 된다.

이와는 반대로 신강 사주에서 용신 판단법은 일간(日干)의 힘을 가장 강(強)하게 만들어 주는 것이 월지(月支)이므로 월지의 힘을 빼주는 오행이 용신이 되는데 최종 판단은 일간(日干)

과 비교해서 일간의 힘 역시 약(弱)하게 하는 오행이 최종 용신이 되는 것이다.

이제 이러한 용신 판단 기준을 바탕으로 아래 사주에서 용신을 선택해보자.

구분	천간	지지	오행		육친		지장간
년주 (年柱)	己	巳	토	화	편관	정재	戊, 庚, 丙
월주 (月柱)	③辛	②未	금	토	편인	편관	丁, 乙, 丙
일주 (日柱)	①(癸)	巳	(수)	화	·	정재	戊, 庚, 丙
시주 (時柱)	己	未	토	토	편관	편관	丁, 乙, 丙

본인에 해당되는 일간 ①(癸)를 기준으로 힘이 가장 강한 월지(月支) ②未는 편관이며 나머지 일지 및 시지의 경우도 각각 정재와 편관이기 때문에 신약(身弱) 사주이다. 또 다른 판단법은 일간 ①(癸)는 수(水)이고 월지 ②未는 토(土)이므로 월지와 일간과의 이들 관계는 토극수(土剋水)가 되어 일간의 힘을 약(弱)하게 작용되니 신약 사주가 된다. 따라서 신약 사주에서 용신(用神) 판단은 약(弱)한 일간 ①癸(수)의 힘을 강(强)하게 만들어주는 오행이 용신이 되는 것이다. 따라서 일간 ①癸(水)을 강(强)하게 만들어주는 오행이 용신이 되는 것이므로, 용신 오행은 금(金)과 수(水) 둘 중에 있다.

이제 이들 중 어느 것이 위 사주에서 용신이 되는 것 인지 판단해 보자.

먼저 월간의 ③辛(금)은 일간 수(水)와 관계를 판단해 보면 금생수(金生水)가 성립되어 일간의 힘을 강(强)하게 만들어 주기 때문에 용신은 월간의 금(金)이 된다. 아울러 이것은 월지 ②未(토)와는 토생금(土生金)이 되어 처음 ②未(토)의 기운보다 작아지므로 일간 ①(癸)의 수(水) 기운을 보다 적게 토극수(土剋水)가 작용하게 되어 신약 사주에서 필요충분 조건이 되므로 용신(用神)으로서 합당한 조건을 갖춘 오행이 되는 길성(吉星)이 된다.

또한 위 사주는 신약 사주이므로 용신은 비겁(비견, 겁재)이나 혹은 인성(편인, 정인=인수)에서 용신을 선택하므로 금(金)은 편인에 해당되므로 이렇게 판단해도 용신의 조건에 맞다.

이제 또 하나의 용신 후보군에 있는 수(水) 오행이 위 사주에서 용신이 될 수 있는 오행인지 판단해 보자.

수(水)의 경우도 위 사주는 신약 사주에서 일간 癸(수)를 수생수(水生水)의 조건이 성립되어 일간의 힘을 강(强)하게 만들어 주는 오행이고, 위 사주는 무더운 화(火)기운이 강(强)할뿐더러 특히 6월(未월)에 출생된 사람이라 수(水)기운을 절대적으로 필요한 사람이다. 그러나, 위 사주는 사주 원국은 물론 지장간까지 찾아보아도 수(水)기운은 없다. 따라서 수(水)는 용신으로 사용할 수 없다.

또한 위 사주는 수(水)의 경우 월지 ②未(토)와의 관계를 판단해 보면 토극수(土剋水)가 성립되어 더욱 강력한 토(土)기운이 성립되는 관계로 이것은 일간 癸(수)를 극(剋)하는 역할을 하므로 일간의 힘을 약(弱)하게 만드니 신약 사주에서의 조건에 맞지 않기 때문에도 수(水)는 용신이 될 수 없다.

따라서, 위 사주에서 용신은 금(金) 즉 ③辛(금)이 용신이 되며, 희신은 용신 금을 생(生)해주는 토(土)이고, 나쁜 기신은 용신 금을 극(剋)하는 화(火)이며 구신은 기신 화를 생(生)해주는 목(木)이다. 한신은 수(水)가 된다.

독자들은 이러한 논리를 적용하면 용신(用神) 찾는 것 역시 어렵지만은 않는 것이다. 사주 구성에서 용신(用神)을 찾는 것이나 길성(吉星)을 찾는 것은 동일하다.

따라서, 위 사주는 신약 사주이므로 일간 癸(수)의 힘을 강(强)하게 만들어 주는 것이 용신이며 이것이 길성 오행이 되는 것이다.

일간 ①癸(수)의 작용을 확인해보면 금생수(金生水)와 수생수(水生水)는 일간의 힘을 강(强)하게 만들어 주는 오행(五行)이기 때문에 길성(吉星)이자 용신 되며, 이를 육친(六親)으로 판단해보면 금(金) 기운은 인성이 되고, 수(水)기운은 비겁이다. 따라서 사주 해석(解析)에서 인성과 비겁은 길성(吉星)으로 작용되며 이러한 것은 대운(大運)이나 세운(歲運) 판단에서도 동일하게 적용된다. 이러한 논리 전개로 판단하는 것이 곧 사주 해석(解析)이며 통변술(通辯術)이다.

여기서 독자들이 알아야 될 사항이 있다.

나쁜 구신으로 판단된 목(木)은 일간 癸(수)를 극(剋)하여 완전 소멸시키는 것을 아니지만 일간과의 관계는 수생목(水生木)의 상생 작용이 되어 일간의 힘을 빼주는 역할을 하는 것이므로 도움이 되지 않는 흉성(凶星)이지만 이 경우 사주에서 해석(解析)은 목(木)기운은 위 사주에서 식상(식신, 상관)이 되므로 투자에서 돈을 잃는 논리로 판단해 주거나 혹은 여자의 경우 자식(아들, 딸)에게 재물을 잃거나 손해를 본다고 해석하면 된다. 아울러 신강 사주에서 용신 판단법은 힘이 강(强)하게 작용 되는 월지(月支)의 힘을 빼주고 또한 강(强)한 일간을 약(弱)하게 만들어 주는 오행이 용신(用神)이자 길성(吉星)이 되므로 사주를 구성하고 있는 오행(五行) 중 일간(日干)을 극(剋)하거나 혹은 일간의 힘을 설기(泄氣)시키는 즉 빼주는 오행이 용신이 된다.

따라서, 신약과 신강 사주에서 이러한 작용 들을 적용시켜 주는 것이 사주 해석(解析) 즉 통변(通辯)이 되는 것이다. 이러한 것들은 앞으로 이어지는 사주 해석에서 자세히 설명하였다. 이렇게 하여 용신(用神)은 물론 용신과 동일한 길성(吉星) 오행을 판단해 보았다. 물론 이들은 사주 구성에서 뿌리 즉 통근이 강(强)해야 한다.

억부법(抑扶法) 용신 판단법(2)

독자들은 위에서 소개된 억부법 용신 판단법(1)을 학습하였음으로 용신(用神) 판단법은 물론 사주 구성에서 길성(吉星)을 선택하고 찾는 방법과 적용 방법을 알았다. 그러나 여기서 소개하는 용신 판단법(2)는 용신 판단법(1)과 동일선상으로 이들은 모두 같은 것이다. 그러나 여기서 독자들을 위하여 용신 판단법(2)를 소개하는 목적은 사주 구성에서 용신 판단의 선택 폭을 넓일 수 있도록 하기 위함에 있다. 따라서 억부법 용신 판단법(2)에서 제시된 억부법 용신 찾기〈1〉, 〈2〉, 〈3〉, 〈4〉, 〈5〉를 통하여 용신 판단에 자신감(自信感)을 갖기 바란다.

▣ 억부법 용신 찾기〈1〉

신약(身弱) 사주에서 용신 판단법
신약(身弱) 사주에서 용신 판단은 일간(日干)의 힘을 강(强)하게 만들어 주는 오행을 선택 후, 선택된 오행과 월지(月支)의 힘을 비교해서 일간의 힘을 강(强)하게 만들어 주는 오행이 용신이 된다.

이러한 신약(身弱) 사주에서 용신 선택법을 바탕으로 아래 사주에서 용신을 판단해보자.

구분	천간	지지	육친		지장간
년주	辛	酉	비견	비견	庚, 辛
월주	甲	①午(화)	정재	편관	丙, ⓐ己(토), 丁
일주	㉮辛(금)	②巳(화)	·	정관	ⓑ戊(토), 庚, 丙
시주	㉠戊(토)	③子(수)	정인	식신	壬, 癸

우선 위 사주가 신강(身强) 사주인지? 아니면 신약(身弱) 사주인가? 확인 후 용신(用神)을 판단해 보자.

첫째, 사주 구성에서 약 3배의 힘을 가지고 있는 월지(月支) 그리고 그 다음의 일지(日支) 그리고 시지(時支) 이들 3개와 일간(日干)과의 관계로 판단한다. 즉 일간 ㉮辛

(금)과 월지, 일지, 시지 3개와의 작용 관계를 아래 표를 이용하여 내편과 내편이 아닌 경우로 판단해 보자.

구분	내 편인 경우	내 편이 아닌 경우
일간 (日干)과 다른 오행과의 비교	• 일간과 같은 오행 • 일간을 생(生)해주는 오행	• 일간과 서로 극(剋)하는 오행 • 일간이 생(生)해주는 오행
	• 비겁(비견, 겁재), 인성(편인, 정인=인수)인 경우	• 식상(식신, 상관), 재성(편재, 정재), 관성(편관, 정관)인 경우
	※〈참고〉 1. 신강 사주 판단 ; 내 편이 많은 경우 2. 신약 사주 판단 ; 내 편이 아닌 경우가 많은 경우	

- 일간 ㉮辛(금)을 기준으로 월지 ①午(화)와는 화극금(火剋金)이 되므로 일간을 극(剋)하니 내편이 아니다.
- 일간 ㉮辛(금)을 기준으로 일지 ②巳(화)와는 화극금(火剋金)이 되므로 일간을 극(剋)하니 내편이 아니다.
- 일간 ㉮辛(금)을 기준으로 시지 ③子(수)와는 금생수(金生水)가 되어 일간이 오히려 시지를 생(生)해 주어 힘이 빠지는 설기(泄氣) 작용이 이루어지므로 내편이 아니다.

따라서, 일간 ㉮辛(금)과 사주 구성에서 힘이 가장 강(强)한 월지, 일지, 시지의 3개와의 관계만 확인해보면 3개 모두 내편이 아니므로 일간 ㉮辛(금)은 힘을 잃어 약(弱)하게 되었으므로 위 사주는 신약(身弱) 사주가 된다.

여기서 이들 일간과의 관계 판단에서 지지 3개 중 2개~3개가 내편이고 힘이 가장 강한 월지(月支)가 포함되어 있다면 신강 사주로 판단하고, 1개가 내편인 경우는 사주 전제를 구성하는 7개 전체 오행의 힘 모두를 일간(日干)과 판단해서 신강(身强)과 신약(身弱) 사주를 판단해 주면 된다.

둘째, 위의 첫째 방법에서 적용된 월지, 일지, 시지 중 가장 강(强)한 힘을 발휘하는 월지(月支) 하나만으로 일간과 비교해서 판단해도 무방하다. 즉, 위 사주의 일간 ㉮辛(금)과 사주 구성에서 가장 강(强)한 힘을 발휘하는 월지(月支) ①午(화)와 비교해보니 월지의 화(火)는 일간 금(金)을 화극금(火剋金)으로 극(剋)하는 관계가 성립되므로 일간의 힘을 약(弱)하게 만들기 때문에 위 사주는 신약(身弱) 사주가 된다. 또는 위 사주는 월지 ①午(화)가 편관이므로 신약(身弱) 사주가 된다. 만약 월지 ①午(화)가 비겁이나 인성이면 신강(身强) 사주가 된다.

셋째, 본인에 해당되는 일간 ㉮辛(금)을 기준으로 천간과 지지 오행 7개 모두를 조사하여 일간과 같은 편(일간과 같은 오행 이거나 혹은 일간을 생(生)해 주어 일간에게 힘을 실어주는 오행)과 일간과 다른 편(일간을 극(剋)하는 오행 이거나 혹은 일간이 생(生)해 주어 일간의 힘을 빼주는 오행)을 전부 확인해서 신강과 신약 사주를 판단한다. 그래도 판단하기 어려운 경우 지장간의 힘을 반영해서 신강과 신약을 판단해야 한다. 위 사주의 경우 일간 ㉮辛(금)과 천간과 지지 오행 7개 그리고 지장간 오행 모두를 일간과 비교 판단해 보면 일간 ㉮辛(금) 기운이 약(弱)하게 되므로 위 사주는 신약(身弱) 사주이다. 또는 위 사주는 일간 ㉮辛(금) 주위에 비겁이나 인성보다는 식상, 재성, 관성이 많으므로 신약(身强) 사주이다.

넷째, 만약 위 사주에서 신약과 신강 사주를 판단할 수 있는 일간 ㉮辛(금)과 월지 ①午(화)가 합(合), 공망(空亡), 충(沖) 등으로 변화(化)되었을 경우 혹은 이들이 다른 오행들의 작용으로 이들에게 영향을 주어 변화되었을 경우, 일간과 월지는 변화된 오행 작용으로 신약과 신강 사주를 판단하고 용신을 선택해야 된다.

다섯째, 위 사주는 신약(身弱) 사주로 판단되었으므로, 이제 이를 토대로 용신(用神)을 판단해 보자. 판단 방법은 신약 사주에서 신약 사주가 된 이유를 찾아서 아래와 같이 일간과 나머지 오행들의 조건을 만족시킬 수 있도록 균형(均衡)을 유지시켜 주면 된다.

구분	일간(日干)	일간(日干) 외 오행
신강 사주 용신 선택	• 일간(日干)의 힘을 빼주는 오행을 선택한다.	• 월지, 일지, 시지 등에서 신강으로 판단된 것들의 힘을 빼주는(설기) 오행을 선택한다.
신약 사주 용신 선택	• 일간(日干)의 힘을 더해주는 오행을 선택한다.	• 월지, 일지, 시지 등에서 신약으로 판단된 것들의 힘을 더해주거나 혹은 힘을 빼주는(설기) 오행을 선택한다.

즉, 신강 사주에서는 일간의 힘을 약(弱)하게 하고, 아울러 핵심 오행들의 힘을 빼주는 오행이 용신이 되고, 신약(身弱) 사주에서는 일간의 힘을 더해주어 강(强)하게 하고, 아울러 핵심 오행들의 힘을 더해주거나 혹은 빼주는 오행이 용신이 된다.

위 사주는 신약 사주이므로 신약 사주가 된 이유는 ①午(화)와 ②巳(화) 즉 관성(편관, 정관)의 화(火)기운이 강(强)하기 때문에 일간 ㉮辛(금)을 화극금(火剋金)이 되어 극(剋)하여 무력화시켜서 일간이 힘이 약(弱)해졌기 때문에 신약 사주가 되었다. 따라서 ①午(화)와 ②巳(화) 즉 관성(편관, 정관)의 힘을 빼주고 일간(日干)의 힘을 더해주는 오행(五行)이 용신이 되는 것이다. 따라서, 관성(편관, 정관)의 힘을 빼주는 방법은, 식상(식신, 상관)으로 관성을 극(剋)하든지 아니면, 관성이 생(生)해주는 인성(편인, 인수)을 적용시켜서 힘을 빼주면 된다. 즉 설기(泄氣) 시켜주면 된다.

이제 위 사주를 다시보자. 용신이 될 조건은 관성(편관, 정관)과 인성(편인, 인수)으로 압축되었으므로 이들을 위 사주에서 찾아보면 시간(時干)의 정인 ㉠戊(토) 아니면, 시지(時支)의 식신 ③子(수)의 둘 중에 하나가 용신이 된다.

이들 중 시지의 식신에 해당되는 ③子(수)는 본인에 해당되는 일간 ㉮辛(금)과의 관계를 확인해 보면 금생수(金生水)가 되어 일간의 힘을 빼주게 되어 신약사주 조건에 맞지 않는다. 신약 사주의 용신 조건은 일간(日干)의 힘을 강하게 만들어 주는 것이어야 하기 때문이다. 따라서 위 사주에서는 ③子(수)는 용신이 될 수 없다.

이번에는 시간(時干)의 정인 ㉠戌(토)를 확인해보자. 일간 ㉮辛(금)과의 관계를 확인해 보면 토생금(土生金)이 되어 일간의 힘을 강(强)하게 만들어 주고 또한 월지와 일지의 화(火)와는 화생토(火生土)가 되어 힘을 빼주니 신약 사주의 중화 조건이 맞다. 따라서 용신은 정인 ㉠戌(토)가 된다.

또한 다른 방법으로 용신을 찾는 방법은 위 사주는 식상(식신, 상관)과 재성(편재, 정재) 그리고 관성(편관, 정관)의 힘이 강(强)하게 적용되는 신약 사주가 된다. 따라서 신약 사주에서 용신은 인성이 된다. 이렇게 간단하게 판단해 봐도 용신은 정인 ㉠戌(토)가 맞다.

지금까지 신약 사주인 위의 조건에서 용신 찾기를 종합해 보면 일간 ㉮辛(금)의 힘을 강(强)하게 만들어 주는 오행이 용신이 되므로 금생금(金生金)의 금(金) 아니면 토생금(土生金)의 토(土)가 된다. 그러나 최종 용신 선택은 월지(月支) ①午(화)와 비교해서 일간 ㉮辛(금)을 강(强)하게 만들어 주는 오행이 용신이 되는 것이다.

따라서, 토(土)의 경우 일간 금(金)을 토생금(土生金)으로 강하게 만들어 주고, 또한 월지 ①午(화)와 관계는 화생토(화생토)로서 화(火)의 기운을 약(弱)하게 만들어 주기 때문에 이것은 일간 ㉮辛(금)을 작게 극(剋) 하므로 용신으로 합당한 것이다.

이제 용신을 찾았으니 길(吉)하게 작용되는 희신(喜神)과 흉(凶)으로 작용되는 기신(忌神), 구신(仇神) 그리고 한신(閑神)을 판단해 보자.

용신이 토(土)이니, 희신은 용신 토(土)를 생(生)해 주는 화(火)이고, 기신은 용신 토(土)를 극(剋)하는 목(木)이 되고, 구신은 기신 목(木)을 생(生)해주는 수(水)이며, 한신은 희신 화(火)가 극(剋)하는 금(金)이 된다.

이렇게 용신을 판단했다면 최종 확인해야 될 사항이 있다. 용신으로 선택된 오행은 탄탄한 뿌리 즉 통근(通根)이 형성되어야 하고, 공망(空亡)과 충(沖)이 작용되지 말아야 하고, 합(合)으로 변화(化)되는 기능이 없어야만 용신으로 선택할 수 있다. 그 이유는 용신으로 판단된 오행은 힘이 있어야만 용신으로 기능을 할 수 있기 때문이다. 만약 이러한 조건을 갖추지 못한 용신이라면 성공(成功)이나 출세(出世)할 수가 없다. 아울러 용신이 천간(天干)에 존재하는 것이 가장 좋고, 그 다음은 지지(地支) 그리고 지장간(支藏干)에 존재해도 무방하며, 사주 구성에 없는 용신은 밖에서 선택할 수도 있다.

위 사주는 용신으로 판단된 시지(時支)의 정인 ㉠戊(토)은 같은 토(土)로써 지장간 ⓐ己(토)와 ⓑ戊(토)에 뿌리를 내리고 있다. ⓐ己(토)의 경우 자오충(子午沖)이 성립되어 기능을 상실하지만 ⓑ戊(토)에 튼튼한 뿌리를 내리고 있기 때문에 용신으로 적합하다. 또한 용신으로 선택된 ㉠戊(토)은 정인이므로 길성 용신(정관, 재성, 정인, 식신)에 해당되고 어머니 복은 물론 지능이 뛰어난 사람으로 판단 할 수 있다. 또한 용신 토(土) 주의에 용신을 생(生)해주는 오행 즉 화(火) 등이 존재하면 좋은 팔자로 보기 때문에 위 사주의 경우 화(火)가 존재하므로 살아가는데 무난한 사주로 판단할 수 있다.

또한 신약 사주에서 용신 찾는 방법은 일간 기준으로 월지를 비교해서 일간을 강(强)하게 만들어 주는 오행(五行)이 용신(用神)이 된다.

일반적인 신약이거나 신강 사주에서 용신 선택 오행은 2개로 압축할 수 있으나,

그러나 유일하게 신약 사주에서 일간이 화(火)이고 월지가 토(土)인 경우, 일간(日干)을 강(强)하게 만들어 주면서 용신(用神) 조건을 만족시켜 주는 오행(五行)은 총 3개가 된다. 아래 사주를 보자.

구분	천간	지지
년주(年柱)	○	○
월주(月柱)	○	②토
일주(日柱)	①화	○
시주(時柱)	○	○

《용신 선택 조건》 일간 ①화를 강(强)하게 만들어 주는 오행 ⇒ 화(火), 목(木)이며, 또한 금(金)의 경우 일간 ①화가 금(金)을 극(剋)하여 일간 화(火)가 더욱 강(强)해지고, 아울러 금(金)은 월지(月支) ②토를 토생금(土生金)하여 ②토의 기운을

약(弱)하게 만들어 주니 일간 ①화와 월지 ②토의 관계에서 일간 ①화의 힘을 강(强)하게 만들어 주니 위 사주에서 금(金) 역시 용신 사용으로 합당하다.

따라서, 신약 사주에서 일간이 화(火)이고 월지가 토(土)인 위 사주에서 용신 선택 조건은 총 3개(火, 木, 金)가 된다.

이러한 조건으로 본다면 위 사주에서의 용신은 1개가 아니라 2개 이상인 경우로 판단 할 수 있으며, 이 중에서 계절(조우), 통근(通根) 등을 고려해서 가장 합당한 오행을 용신으로 판단할 수 있다.

▣ 역부법 용신 찾기〈2〉

신강(身强) 사주에서 용신 판단법				
신강(身强) 사주에서 용신 판단은 월지(月支)의 힘을 약(弱)하게 만들어 주는 오행을 선택 후, 선택된 오행과 일간(日干)의 힘을 비교해서 일간의 힘을 약(弱)하게 만들어 주는 오행이 용신이 된다.				

이러한 신강(身强) 사주에서 용신 선택법을 바탕으로 아래 사주에서 용신을 판단해 보자.

구분	천간	지지	육친		지장간
년주	㉠辛(금)	卯	상관	정관	甲, 乙
월주	甲	①午(화)	편관	정인	丙, ⓑ己(겁재), 丁
일주	㉯戊(토)	②寅(목)	·	편관	ⓒ戊(비견), 丙, 甲
시주	ⓐ戊	③午(화)	비견	정인	丙, ⓓ己(겁재), 丁

우선 용신 판단에 앞서 신약(身弱)과 신강(身强) 사주를 판단

하기 위하여 일간(日干)과의 작용되는 힘을 판단해 보자.

우선 일간 ㉮戊(토)를 기준으로 작용 힘이 가장 강한 월지(月支)의 ①午(화), 일지(日支)의 ②寅(목) 그리고 시지(時支)의 ③午(화)와의 작용 관계를 확인해 보자.

우선 일간 ㉮戊(토)를 기준으로 월지 ①午(화)는 화생토(火生土)가 되어 일간에게 힘을 실어 주는 것이므로 내편이 된다. 일지 ②寅(목)은 목극토(木剋土)가 되어 일간을 극(剋)하므로 내편이 아니며, 시지 ③午(화)는 화생토(火生土)가 되어 일간에게 힘을 실어 주는 것이므로 내편이 된다.

따라서, 힘이 가장 강(强)하게 작용되는 월지와 시지가 내편이 되어 일간(日干)에 힘을 실어 주는 것이므로 위 사주는 신강(身强) 사주이다.

또는, 힘이 가장 강한 월지(月支)의 ①午(화)가 일간 ㉮戊(토)를 화생토(火生土)로 생(生)하여 일간의 힘을 강(强)하게 만들어 주니 신강 사주가 된다. 그리고 힘이 가장 강한 월지(月支) ①午(화)가 정인이므로 신강 사주이며, 또한 일간 ㉮戊를 기준으로 식상, 재성, 관성보다는 내편에 해당되는 비겁과 인성이 많은 사주로 구성되어 있으므로 이렇게 판단해도 위 사주는 신강(身强) 사주이다.

이제 신강 사주를 알았으니 이를 토대로 용신(用神)을 판단해 보자.

신강 사주에서 용신 판단은 신강 사주가 된 이유에 해당되는 일간에 힘을 강하게 만들어 준 오행(五行)이 있었으므로 이들을 찾아서, 이들과 일간의 힘을 빼주는 즉 설기(泄氣) 시키는 오행이 용신이 된다.

즉, 월지 ①午(화)와 시지 ③午(화)는 일간 ㉮戊(토)에게 화생토(火生土)로써 힘을 실어 주었기 때문에 신강 사주가 되었기 때문에 이들의 균형(均衡)을 맞추려면 이들의 힘을 설기 즉 빼주는 것이 용신이 된다.

이들은 둘다 모두 정인이므로 정인의 힘을 설기(泄氣) 즉 빼주려면 비겁(비견, 겁재)를 생(生)해주든지, 아니면 재성(편재, 정재)으로 정인을 극(剋)하여 정인의 힘을 빼주면 된다.

따라서, 위 사주에서 용신을 선택하기 위하여 우선 비겁을 찾아보니 비겁은 시간(時干) ⓐ戊(토)는 물론 지장간(支藏干)에 ⓑ己(겁재), ⓒ戊(비견), ⓓ己(겁재)가 존재하여 뿌리를 내리기 때문에 ⓐ戊는 물론 지장간의 오행들도 용신으로 사용할 수 있다. 그러나 이들은 모두 토(土)이기 때문에 일간 ㉮戊(토)에게 오히려 힘을 강(强)하기 만들어주기 때문에 신강 사주에서의 용신(用神) 선택에 위배된다. 따라서, 비겁 토(土)는 위 사주에서 용신을 될 수 없다.

비겁(비견, 겁재)이 용신으로 사용할 수 없으므로 이때는 비겁 다음 오행(五行)을 찾아서 용신을 결정해 주면 된다. 즉, 비겁-식상-재성-관성-인성 순(順)에서 비겁 다음의 식상(식신, 상관)이 용신이 된다.

따라서 이 사주에서 식상은 연간의 상관 ㉠辛(금)이 해당되므로 용신은 ㉠辛(금)이며 이것은 육친으로 보면 상관이며 이것이 길성(吉星)으로 작용되는 것이다.

용신으로 선택된 ㉠辛(금)의 경우 위의 신강 사주에서 일간

㉮戊(토)와는 토생금(土生金)가 되어 일간의 힘은 빼주니 용신으로 합당하다.

특히 독자들은 첫 번째 용신 선택이 성립되지 않는 경우는 반드시 다음 육친 오행을 선택하여 용신으로 결정해 주면 된다.

이번에는 위 사주에서 두 번째 다른 방법으로 용신을 판단해 보자. 재성(편재, 정재)으로 일간과 월지 정인 즉 ①午(화)를 극(剋)하게 하여 신강 사주에서 용신을 찾아보자. 재성에 해당되는 수(水)는 사주 원국은 물론 지장간에도 없다. 이런 경우 즉 재성 다음 오행을 찾아서 용신을 선택해 주면 된다. 이때는 역순(逆順)이 되므로 인성-관성-재성-식상-비겁 순(順)으로 적용한다. 재성 다음 오행은 식상이다. 따라서 위 사주에서 용신은 상관 ㉠辛(금)이 된다.

물론 위 사주는 비겁과 인성이 강(强)한 신강 사주이므로 용신은 식상(식신, 상관), 재성(편재, 정재), 관성(편관, 정관) 중에서 용신이 결정되므로 상관 ㉠辛(금)은 용신으로 합당한 것이다.

따라서, 독자들은 위의 용신 찾기에서 첫 번째 방법이나 두 번째 방법 모두 동일한 용신 찾는 방법이다. 이번에는 같은 방법이지만 오행(五行)의 순환으로 용신을 찾아보자.

위의 사주는 신강 사주이므로 신강에서의 용신 선택법은 가장 힘이 강(强)하게 미치는 월지(月支) 즉 ①午(화)의 힘을 약(弱)하게 해주는 오행 즉 수극화(水剋火)의 수(水) 혹은 화생토(火生土)의 토(土)가 용신이 되는데 최종 결정은 일간 ㉮戊(토)

와 비교해서 일간을 약(弱)하게 하는 오행이 최종 용신이 되는 것이다.

토(土)의 경우 월지(月支) ⓛ午(화)의 관계는 화생토(火生土)가 되어 힘을 약(弱)하게 해주니 용신으로 합당하나, 문제는 일간 ㉮戊(토)와는 토생토(土生土)가 되어 힘을 오히려 강(強)하게 만들어 주니 용신 오행이 되지 못한다. 이 경우는 오행의 순행 작용으로 토(土) 다음 오행인 금(金)이 용신이 된다.

이번에는 수(水) 오행을 판단해 보자. 수(水)는 월지(月支) ⓛ午(화)의 관계는 수극화(水剋火)가 되어 힘을 약(弱)하게 해주니 용신으로 합당하나, 문제는 일간 ㉮戊(토)와는 토극수(土剋水)가 되어 힘을 오히려 강(強)하게 만들어 주니 용신 오행이 되지 못한다. 이 경우는 월지를 극(剋)했으므로 오행의 역행으로 다음 오행이 최종 용신으로 판단한다. 즉 수⇒금⇒토⇒화⇒목이 되어 수(水) 다음 역 오행의 금(金)이 최종 용신이 된다.

따라서, 용신 선택은 월지나 일간 모두 필요 충분 조건이 성립되지 않는 경우 순기능 다음 오행을 선택하거나 혹은 역기능 다음 오행을 선택하거나 용신은 모두 동일하다.

이렇게 하여 위 사주에서 용신으로 선택된 연간 ㉠辛(금)은 상관(傷官)으로 위 사람은 상관 운으로 살아가게 된다. 또한 용신 ㉠辛(금) 주위에 금(金)을 생(生)해주는 토(土)가 존재하여 좋은 사주이기도 하나, 용신 금(金)을 극(剋)하는 화(火) 등도 존재하고 있다.

특히 위 사람의 용신으로 선택된 ㉠辛(금)은 지지(地支)나 지장간에도 같은 금(金)이 없기 때문에 통근(通根) 즉 뿌리를 내리지 못했으므로 용신(用神)으로서의 기능은 물론 상관에 해당되는 아들, 조모, 손녀들로 부터 아무런 역할이나 영향력이 없이 들러리 삶으로 살아가고 있는 사람이다.

이제 신강 사주에서 용신이 금(金)이란 것을 알았으니, 희신, 기신, 구신, 한신을 판단해 보자.

일반적인 사주에서 희신(喜神) 판단은 용신을 생(生)해 주는 것을 희신으로 선택한다. 그러나 일간(日干)이 지장간(支藏干)에 강(强)하게 통근(通根) 즉 뿌리가 내리고 있는 신강 사주에서의 희신 판단은 용신(用神)과 일간(日干)과의 관계를 판단해서 결정하는데 이때는 용신이 생(生)해 주는 오행을 희신으로 선택하기도 하고, 용신을 생(生)해 주는 오행을 희신으로 선택하기도 한다.

이에 대한 내용을 확인하기 위해서 위 사주를 보자. 위 사주의 용신은 금(金)이다. 그러나 일간 ㉮戊(토)는 용신 금(金)을 토생금(土生金)으로 생(生)해 주므로 이때의 희신은 토(土)가 아니라, 용신 금(金)이 생(生)해주는 수(水)가 희신이 된다. 기신은 화(火), 구신은 토(土), 한신은 목(木)이다.

이렇게 신강 사주에서 희신(喜神) 판단은 순용(順用)과 역용(逆用)의 원칙에 준하여 판단하는데 그 이유는 사주 구성에서 용신 오행의 힘이 너무 강(强)한 것을 중화시키기 위함에 있다. 이것을 위의 사주에서 구체적으로 확인해보자.

월지(月支)가 인성이어서 강(强)한 신강 사주이며 일간(日干)이 강(强)하게 지장간(支藏干)에 통근(通根) 즉 뿌리가 내린 사주이다. 즉 일간 토(土)와 용신 금(金)과의 관계는 일간이 용신을 생(生)해 주므로 이때의 희신 판단은 용신을 생(生) 해주는 오행에 해당되는 토(土)가 아니라, 용신이 생(生) 해주는 오행 즉 수(水)가 희신이 된다. 이것을 다시 쉽게 설명하면, 일간(日干)의 힘이 강(强)한 신강 사주에서 희신 판단 방법은 용신이 일간을 극(剋)하는 경우에는 용신을 생(生)해 주는 오행이 희신이 되지만, 일간(日干)이 용신을 생(生)해 주거나 혹은 일간이 용신을 극(剋)하는 경우 혹은 용신이 일간을 생(生)해 주거나 혹은 일간과 용신이 같은 오행인 경우에서의 희신 판단은 용신이 생(生)해 주는 오행이 희신이 된다. 아래 사주를 보자.

A사주			B사주		
丙	寅	戊,㉮丙,甲	庚	子	壬癸
甲	②午(화)	㉯丙,己,㉰丁	己	⒝卯(목)	戊,㉠丙,甲
①丙(화)	申	戊壬庚	⒜丁(화)	卯	戊,㉡丙,甲
壬	辰	乙癸戊	丁	未	㉢丁,乙,己

A사주의 경우 월지 ②午(화)가 겁재이고 화(火)가 되어 일간 ①丙(화)와의 관계는 서로 같은 화(火)가 되고, 또한 일간은 화(火)로서 지장간의 ㉮丙, ㉯丙, ㉰丁와 같은 화(火)로서 통근 즉 뿌리가 강(强)하게 구성된 신강 사주이다.

따라서, 용신은 월지 ②午(화)의 힘과 일간 ①丙(화)의 힘을 빼주는 수(水)를 사용하면 필요 충분 조건이 성립되므로 용신은 수(水)이다.

이제 희신을 판단해 보자. 신강 사주에서 용신 수(水)는 일간 ①丙(화)를 수극화(水剋火)하여 일간을 극(剋)하므로 이때 희신 판단은 용신 수(水)를 생(生)해주는 금(金)이 희신이 된다.

그러나 B사주를 보자. B사주는 월지 ⓑ卯(목)이 편인이자 목(木)이 되어 일간 Ⓐ丁(화)의 관계는 목생화(木生火)가 성립되고, 또한 일간 Ⓐ丁(화)는 지장간의 ㉠丙, ㉡丙, ㉢丁과는 같은 화(火)로서 통근 즉 뿌리가 강(强)하게 구성된 신강 사주이다.

이 때 용신 선택은 월지 ⓑ卯(목)의 힘을 빼주는 것이 용신이 되는데 이 경우 월지를 극(剋)하는 금(金) 아니면, 월지를 설기 시키는 화(火)가 용신이 된다.

화(火)를 용신으로 판단해 보면, 월지 목(木)의 힘은 빼주나, 일간 화(火)의 힘을 오히려 강(强)하게 만들어 주기 때문에 필요충분조건이 성립되지 못하므로 화(火) 다음 오행에 해당되는 토(土)가 용신이 된다.

이제 희신을 판단해 보자. 신강 사주에서 용신 토(土)는 일간 Ⓐ丁(화)와 관계를 확인해 보면 화생토(火生土)가 성립되어 일간 화(火)가 용신 토(土)를 극(剋)하지 않고 생(生)해 주므로 이때의 희신 판단은 용신 토(土)를 생(生)해주는 화(火)가 아니라, 용신 토(土)가 생(生)해 주는 토생금(土生金)의 금(金)이 희신이 된다. 이때 기신은 용신을 극(剋)하는 목(木)이며 구신은 기신 목(木)이 생(生)하는 화(火)이고 한신은 수(水)이다.

이렇게 일간(日干)의 뿌리가 강(强)한 신강 사주에서 용신이 일간을 극(剋)하는 경우와 그 외의 경우 희신 판단 방법을 다르게 적용하는 이유는 용신으로 인하여 너무 강(强)한 일간(日

干)의 작용은 전체 사주가 중화됨을 방해하기 때문이란 사실을 잊지 말자.

그러나 신강 사주일 경우도 일간(日干)이 지장간(支藏干)에 강(强)하게 통근(通根) 즉 뿌리가 내리고 못하는 경우에는, 일간이 용신을 생(生)해 주든지 아니면 일간이 용신을 극(剋)해 주든지 아니면 일간과 용신이 같은 경우 혹은 용신이 일간을 생(生)해 주거나 혹은 용신이 일간을 극(剋)하는 경우에 상관없이 이때의 희신(喜神) 판단은 용신을 생(生)해 주는 오행이 희신이 된다.

■ 억부법 용신 찾기〈3〉: 지장간(支藏干)에서 용신 찾기

구분	천간	지지	육친		지장간
년주	丁	未	겁재	상관	丁, 乙, 己
월주	ⓐ庚	①戌(토)	편재	식신	辛, 丁, 戊
일주	㉮丙(화)	②辰(토)	·	식신	乙, ㉠癸(水, 정관), 戊
시주	丙	③申(금)	비견	편재	己, ㉡壬(水, 편관), 庚

위 사주는 일간 ㉮丙(화)를 기준으로 월지(月支) ①戌(토), 일지(日支) ②辰(토) 그리고 시지(時支) ③申(금)의 작용 관계를 판단해 보면, 화생토(火生土) 및 화극금(火剋金)이 성립되어 일간과 다른 편이 더 많으므로 신약(身弱) 사주이다.

아울러, 일간 ㉮丙(화)는 힘이 가장 강한 월지(月支) ①戌(토)와의 관계는 화생토(火生土)가 되어 일간의 힘이 약(弱)해지기 때문에 신약 사주이며, 그리고 사주 구성에서 힘이 가장 강한

월지(月支) ①戌(토)가 식신이므로 신약 사주이다. 또한 일간 ㉮丙(화)를 기준으로 비겁과 인성보다는 재성, 관상, 식상이 많은 사주로 구성되어 있으므로 이렇게 판단해도 위 사주는 신약(身弱) 사주이다.

이제 신약 사주를 알았으니 용신을 판단해 보자.

위 사주는 ①戌(토)와 ②辰(토)의 기운이 강(强)하기 때문에 일간 ㉮丙(화)의 힘이 약해져서 신약 사주가 되었으므로 용신 오행은 일간 ㉮丙(화)에게는 힘을 강(强)하게 만들어 주는 오행이 되어야 하고, 월지와 일지의 ①戌(토)와 ②辰(토)에게는 힘을 약(弱)하게 만들어 주는 오행이 용신이 된다. 즉 월지와 일지의 식신의 힘을 설기(洩氣) 즉 빼주어야 한다.

우선 인성(인수, 편인)으로 극(剋)하여 식신의 기운을 빼보자. 위 사주는 인성이 없으므로 이것은 해당이 없다.

이제 재성(편재, 정재)을 적용시켜 식신을 생(生)하여 힘을 빼보자. 재성 즉 ⓐ庚(편재)는 금(金)이므로 이것으로 월지와 일지와의 관계는 토생금(土生金)이 되어 월지와 일지에 힘을 빼주니 용신의 조건으로 합당하다. 다음은 일간에 금(金)을 적용시켜 보자. 화극금(火剋金)이 되어 일간의 힘을 강(强)하게 만들기 주니 신약 사주에서 용신으로 재성의 금(金)은 합당하다.

그러나 위 사주를 다시 한번 보자.

위 사주는 화(火) 기운이 년간, 일간, 시간에 3개가 존재하는 매우 강한 불덩어리 사주이다.

따라서, 용신으로 선택된 금(金)은 화극금(火剋金)이 되어 녹아 없어지므로 용신으로 사용할 수 없다.

따라서, 위 사주에서 용신은 재성(편재, 정재)의 금(金)은 합당하지 못하다.

이 경우 재성 다음의 순환 오행에 해당되는 관성을 적용시켜 월지와 일지에 있는 식신의 힘을 설기(泄氣) 즉 빼주고 이것을 용신을 선택한다.

즉, 비겁-식상-재성-관성-인성의 순환구조에서 재성 다음의 수(水)의 관성(편관, 정관)을 용신으로 적용해 주어야 한다.

위 사주에서 관성은 사주 원국에는 없고, 지장간(支藏干) ㉠癸(수)와 ㉡壬(수)에 존재한다. 이제 이들 둘 중에 하나를 선택해 한다.

이렇게 사주 원국의 8개의 오행 중에 수(水) 오행이 없는 경우에 한해서 지장간에서 용신을 찾는다.

월지 ①戌과 일지 ②辰는 진술충(辰戌沖)이 성립되어 ㉠癸(수)의 정관은 용신으로 사용할 수 없고, ㉡壬(수)의 편관이 용신이 된다. 아울러 위 사주는 강한 불덩어리 사주이므로 수(水) 중에서도 작은 이슬 등에 해당되는 ㉠癸(수)는 합당하지 못하고, 큰 강물에 해당되는 ㉡壬(수)가 용신이 되는 이치(理致)이기도 하다.

위 사주에서 다른 방법으로도 쉽게 용신을 판단 할 수 있다.

우선 월지(月支) ①戌(토)가 식신이므로 신약 사주이다. 일간 ㉮丙(화)과 월지 ①戌(토)와의 관계를 판단해 보면 화생토(火生土)로 일간의 힘이 빠지는 설기 현상이 발생되므로 이를 중화시켜주는 것이 용신이 된다.

즉, 용신은 일간 화(火)를 강(强)하게 하고, 월지 토(土)를 약(弱)하게 해주는 것이 용신이 된다. 따라서 용신은 월지 토(土)를 극(剋)하는 목(木)을 사용하면 월지는 목극토(木剋土)로 약(弱)해지고 일간은 목생화(木生火)로 강(强)한 힘이 발생 되므로 신약 사주에서 필요충분조건이 성립되어 용신은 목(木)이다. 그러나 사주 원국에는 목(木)이 없고 ②辰의 지장간에 목(乙)이 존재하기 때문에 이것을 용신으로 사용할 수 있다. 그러나 ①, ②는 진술충(辰戌沖)이 성립되어 지장간의 목(乙) 기운은 소진되어 용신으로 사용할 수 없다. 그것뿐만 아니라 지장간의 목(乙)은 천간에 투출(透出, 같은 木이 없음)되지 못했기 때문에 용신으로 사용할 수 없다(※만약 천간에 같은 木오행이 존재한다면 투출이 성립되어 木을 용신으로 사용할 수 있다). 위 사람은 인수 즉 木오행이 존재하지만 유명무실(有名無實)하기 때문에 어머니는 물론 누구에게 도움을 받을 수 없는 사람이란 뜻이다. 따라서 목(木) 다음 오행이 용신이 되는데 월지를 목(木)으로 극(剋) 했으므로 용신은 목(木) 이전의 오행에 해당되는 수(水) 즉 지장간의 ㉡壬(수)가 용신이 된다.

　또한 용신을 선택함에 있어서 하나 더 알아야 될 사항은 위 사주처럼 사주 구성에서 화(火)기운이 3~4개의 강한 사주(水, 木, 土, 金도 동일함)인 경우 용신 선택은 강(强)한 화(火)를 극(剋)하여 중화시켜주는 수(水) 오행이 용신(用神)이 된다. 이렇게 용신을 선택하는 방법을 병약법(病藥法) 용신 찾기라고 하는데 이것은 이어서 배운다.

　서울 가는 방법은 여러 가지가 있듯이 용신 찾는 방법 역시 여러 형태가 있다. 독자들은 쉽고 정확하게 찾을 수 있는 방법을 선택하여 용신을 판단해 주면 되겠다.

위 사주는 용신이 수(水)이니, 희신은 용신 수(水)를 생(生)해 주는 금(金)이고, 기신은 용신 수(水)를 극(剋)하는 토(土)가 되고, 구신은 기신 토(土)를 생(生)해 주는 화(火)이며, 한신은 희신 금(金)이 극(剋)하는 목(木)이다.

■ 억부법 용신 찾기〈4〉: 합(合)으로 변화(化)되는 용신 찾기

구분	천간	지지	육친		지장간
년주	ⓐ甲	ⓑ辰	식신	편관	乙, 癸, ㉠戊(土)
월주	丙	①子(수)	편재	겁재	壬, 癸
일주	㉮壬(수)	②子(수)	·	겁재	壬, 癸
시주	乙	③巳(화)	상관	편재	㉡戊(土), 庚, 丙

위 사주는 일간 ㉮壬(수)를 기준으로 월지(月支) ①子(수), 일지(日支) ②子(수) 그리고 시지(時支) ③巳(화)의 작용 관계를 판단해 보면, 수(水)와 수(水) 그리고 수극화(水剋火)가 되어 월지와 일지는 같은 수(水)이므로 내편이지만 시지는 극(剋)이 작용되므로 내편이 아니다. 따라서 내편으로 작용되는 힘이 강(强)하므로 신강(身强) 사주이다.

또는, 힘이 가장 강한 월지(月支)의 ①子(수)가 일간 ㉮壬(수)를 수생수(水生水)로 생(生)하여 일간의 힘을 강(强)하게 만들어 주니 신강 사주가 된다. 그리고 힘이 가장 강한 월지(月支) ①子(수)가 겁재이므로 신강 사주이며, 또한 일간 ㉮壬(수)를

기준으로 식상, 재성, 관성보다는 내편에 해당되는 인성과 비겁이 강(强)한 사주로 구성되어 있으므로 이렇게 판단해도 위 사주는 신강(身强) 사주이다.

또한 월지 ①子와 년지 ⓑ辰는 자진합(子辰合)으로 수(水)기운으로 변화되므로 월지 ①子는 더 큰 수(水)기운이 되어 이것 역시 신강 사주가 된다.

이제 신강 사주를 알았으니 이를 토대로 용신(用神)을 판단해 보자.

신강 사주가 된 동기는 월지 ①子(수)와 일지 ②子(수)가 일간과 같은 수(水)로써 일간에게 큰 힘을 실어 주었기 때문이다.

따라서 ①子(수)와 일지 ②子(수)의 겁재의 힘을 빼주고, 아울러 강(强)해진 일간 ㉮壬(수)의 힘을 빼주는 것이 용신이 된다.

겁재 힘을 빼주려면, 식상(식식, 상관)을 적용시키거나 혹은 관성(편관, 정관)으로 겁재를 극(剋)해주면 된다. 위 사주에서는 ⓐ甲(식신)과 ⓑ辰(편관)이 존재하므로 이들 둘은 용신 조건에 해당되므로 각각 확인해야 한다.

우선 년간에 존재하는 ⓐ甲(식신)을 확인해 보자. 이것은 목(木)이므로 월지 및 일지의 수(水)기운과 일간의 수(水)기운을 수생목(水生木)이 작용되어 이들의 힘을 빼주니 용신(用神)으로 합당하다.

다음은 년지에 존재하는 ⓑ辰(편관)을 확인해 보자. 이것은 토(土)로써 월지, 일지 그리고 일간과의 관계는 토극수(土剋水)

가 되어 수(水)를 제압하여 힘을 빼주는 것이므로 이것 역시 용신(用神)으로 합당하다.

따라서 ⓐ甲(목)과 ⓑ辰(토) 중 용신을 선택해야 한다.

위 사주는 월지가 자월(子月)이니 추운 11월이고 수(水)기운이 강한 사주이므로 목(木)을 용신으로 잡는다는 것은 추위를 이길 수 없다. 따라서 ⓐ甲(목)은 용신으로 합당하지 못한다.

ⓑ辰(토)는 수(水)를 강하게 극(剋)하여 제압하니 추위를 이길 수 있는 조건이므로 위 사주에서 용신은 당연 토(土)가 용신(用神)이 된다.

그러나 용신으로 선택된 년지(年支)의 진(辰) 토(土)는 월지(月支) 자(子)와 자진합(子辰合)이 성립되어 수(水)로 변환(化)되므로 이것 역시 용신으로 선택하기란 다분이 문제가 있다.

따라서, 위 사주는 토(土)를 찾아서 용신으로 선택해야 한다. 사주 원국에 토(土)가 없으므로 지장간에 다른 토(土)를 찾아서 용신으로 선택해야 한다.

년지 지장간에 존재하는 ㉠戊(토)는 지지 ⓑ辰가 자진합(子辰合)이 되므로 불순물이 가득 찼기 때문에 용신으로 사용하기는 곤란하다. 따라서 용신은 지지 지장간에 존재하는 ㉡戊(토)가 위 사주에서는 진정한 용신이 된다.

위 사주는 신강 사주이고 용신은 토(土)이다. 그러나 용신 토(土)는 일간(日干) ㉮壬(수)를 극(剋) 하므로 이때의 희신은 용신을 생(生) 해주는 오행이 희신이 되므로 위 사주에서 희신은 화(火)가 된다. 기신은 용신 토(土)를 극(剋)하는 목(木)이 되고, 구신은 기신 목(木)을 생(生) 해주는 수(水)이며, 한신은 금(金)이다.

독자들은 용신을 선택할 때 사주 원국에 용신 오행이 없는 경우 혹은 용신이 합(合)이나 충(沖) 등으로 불순물이 많은 사람의 경우 인생 운로는 절대적으로 나쁘다는 것을 알아야 한다.

위와 같이 합(合)으로 변화(化)되어 다른 오행(五行)으로 전환되는 것들은 용신으로 선택할 경우 참고하여 판단해 주길 바란다.

■ 억부법 용신 찾기〈5〉

천간(天干)과 지지(地支)가 합(合)이나 충(沖)으로 인하여 다른 오행으로 변화(變化)되었을 경우는 변화된 오행으로 신강(身强)과 신약(身弱) 사주를 판단하고 이에 따른 오행을 찾아 용신(用神)을 적용해 주어야 한다.

아래 사주는 최초 신약 사주에서 지지가 합(合)이 되어 신강 사주로 전환된 사주로 이에 맞는 용신을 판단해 보자.

구분	천간	지지	육친		지장간
년주	戊	②戌	식신	식신	辛, 丁, 戊
월주	己	①未	상관	상관	丁, 乙, 己
일주	㉮丙	③午	·	겁재	丙, 己, 丁
시주	庚	④寅	편재	편인	戊, 丙, 甲

위 사주는 일간 ㉮丙(화)과 월지 ①未(토)와 비교해보면 신약(身弱) 사주이다. 그러나 지지의 ②, ③, ④는 인오술(寅午戌)의

합(合)이 되어 월지 ①未를 포함해서 지지 전체가 화(火)기운으로 변화(化) 되었으므로, 월지 ①未(토)기운 역시 토(土)기운이 아니라, 화(火)기운으로 본다. 따라서 일간 ㉮丙(화)와 월지 ①未(토)는 화(火)와 토(土)관계가 아니라, 화(火)와 화(火)관계가 성립되기 때문에 신약 사주가 아니라 신강(身强) 사주가 된다.

따라서 용신은 월지 화(火)기운을 약(弱)하게 하는 토(土) 아니면 수(水)가 용신이 된다. 그러나 6월(未月)은 무더운 날씨이므로 용신은 수(水)가 된다. 그런데 수(水)기운은 사주 원국은 물론 지장간에도 없다. 따라서 수(水)는 월지의 화(火)기운을 극(剋)했으므로 수(水) 이전의 오행인 금(金)이 최종 용신이 된다.

이제 천간(天干) 합(合)으로 변화되는 오행에서 용신을 판단해 보자.

구분	천간	지지	육친		지장간
년주	癸	巳	편인	상관	戊庚丙
월주	ⓐ庚	①辰	정관	정재	乙癸戊
일주	㉮乙	巳	·	상관	戊庚丙
시주	己	酉	편재	비견	甲乙

위 사주는 천간 ㉮乙과 ⓐ庚는 을경합(乙庚合)이 성립되어 금(金)기운으로 변화됨으로서 일간(日干) ㉮乙는 목(木)이 아니라 금(金)이 된다.

따라서 위 사주는 신약(身弱) 사주가 아니라 신강(身强) 사주가 된다.

이제 용신을 찾아보자.

일간(日干) ㉮乙은 금(金)이 되고, 월지 ①辰는 토(土)가 되어 신강 사주가 되므로 월지 토(土)의 힘을 빼주는 금(金) 혹은 극(剋)하는 목(木)이 용신이 된다. 이중 금(金)으로 판단해 본다면 월지 토(土)의 힘을 빼주는 대신 일간의 금(金)은 힘을 쌔게 만든다. 따라서 금(金) 다음 오행에 해당되는 수(水)가 용신이 된다.

이렇게 용신을 판단할 때는 천간(天干)과 지지(地支)에서 합(合)이나 충(沖)으로 인해서 변화된 오행들은 이를 적용해서 용신을 판단해 주어야 한다.

■ 억부법 용신 찾기〈6〉

이제 1986년 6월 11일 22:50 출생(亥時)에 출생한 사람의 용신을 찾아보자.

구분	천간	지지
년주	丙	①寅(목)
월주	ⓑ甲	②午(화)
일주	㉮丙(화)	③戌(토)
시주	ⓐ己	④亥(수)

일간 ㉮丙(화)를 기준으로 힘이 가장 강한 월지(月支) ②午(화)가 겁재이므로 신강 사주가 된다.

혹은 지지 ①, ②, ③은 인오술(寅午戌)의 합(合)으로 화(火) 기운으로 전환되기 때문에 월지 ②午는 더욱 강력한 화(火)기운이 된다. 이렇게 판단해도 신강 사주가 된다.

이제 신강 사주에서 용신(用神)을 판단해 보자.

신강 사주가 된 결정적인 동기는 가장 강한 월지(月支) 겁재가 일간에게 미치는 힘이 결정적인 역할을 하였으므로 월지의 힘을 빼주고, 아울러 강한 일간(日干)의 힘 역시 빼주는 오행이 용신이 된다.

따라서, 겁재의 힘을 빼는 방법은 식상(식신, 상관)을 생(生)하여 주든지, 아니면 관성(편관, 정관)으로 겁재를 극(剋)하여 제압하는 방법이 있다.

이것을 오행으로 나타내보면 토(土)기운의 식상을 적용하거나 혹은 수(水) 기운의 관성을 적용해서 용신을 찾으면 된다.

먼저, 시간(時干)에 존재하는 상관 ⓐ己(토)를 월지 ②午(화)에 적용시켜 보자. 지지 모두는 ①②③의 인오술(寅午戌) 삼합의 화(火)기운으로 변화(化)되기 때문에 지지 전체가 더욱 강력한 화(火)기운으로 변화(化)된다. 따라서 己(토)는 월지 ②午(화)와의 관계는 화생토(火生土)가 되어 월지의 힘을 빼주기 때문에 설기(泄氣)시키고, 아울러 일간 ㉓丙(화)기운 역시 화생토(火生土)가 성립되어 힘을 빼주니 신강 사주에서 일간과 월지 모두 힘을 빼주는 관계로 토(土)는 용신으로 합당하다.

다음은 관성 즉 시지에 존재하는 편관 수(水)를 적용시켜 용신을 판단해 보자. 신강 사주에서 편관 ④亥(수)는 월지 ②午(화) 포함해서 지지의 강(強)한 화기운을 수극화(水剋火)로 제압하기 때문에 일간과 월지(지지 포함) 모두 힘을 약(弱)하게 해주니 수(水)역시 용신으로 합당하다.

따라서, 위 사주의 용신 판단은 토(土) 아니면, 수(水)가 된다. 이제 이들 오행 중 하나를 선택해야 한다.

그런데 5월(午)에 출생한 무더운 사주이므로, 더위를 확실하게 식혀줄 수 있는 오행은 토(土)보다는 수(水)가 되므로 용신은 시지에 존재하는 편관 ④亥(수)가 최종 용신이 된다.

용신이 수(水)이니 희신 판단은 용신을 생(生) 해주는 오행이 희신이 되므로 금(金)이다. 기신은 용신 수(水)를 극(剋)하는 토(土)가 되고, 구신은 기신 토(土)를 생(生)해주는 화(火)이며, 한신은 희신 금(金)이 극(剋)하는 목(木)이다.

이러한 억부론(抑扶論) 용신을 찾는 방법을 독자들에게 다시 한번 더 정리해 보면, 신약(身弱)과 신강(身强) 사주로 분리해서 용신을 찾을 수 있다.

즉, 신약(身弱) 사주는 월지(月支)가 식상, 관성, 재성인 경우이다. 때문에 일간(日干)에 작용되는 힘이 약(弱)한 경우이다. 따라서 신약 사주에서 용신은 일간(日干)의 힘을 강(强)하게 작용시켜주는 비겁과 인성을 용신으로 판단한다.

신강(身强) 사주는 월지(月支)가 인성이나 비겁인 경우이다. 때문에 일간(日干)에 작용되는 힘이 강(强)한 경우이다. 따라서 신강 사주에서 용신은 일간(日干)의 힘을 약(弱)하게 작용시켜주는 식상, 관성, 재성을 용신으로 판단한다.

따라서 용신(用神) 판단은 사주 구성에서 균형을 유지시켜서 중화시켜 주는 오행(五行)이 용신(用神)이 되는 것이다.

그러나 신약 사주일지라도 힘이 가장 쎈 월지(月支)와 일간(日干)에 뿌리가 있는 강(强)한 사주라면 신약 사주일 경우라도 신강(身强) 사주로 판단하고, 신강(身强) 사주에서 월지와 일간에 뿌리가 없고 약(弱)하면 신약(身弱) 사주로 판단한다.

따라서, 사주 구성에서 용신을 판단하는 방법은 앞 절에서 배웠던 용신 판단 방법은 물론 아래와 같은 기준으로 적용하고 판단하면 쉽게 확인할 수 있다.

> 1. 신약(身弱) 사주에서 용신 판단법 ⇒ 일간(日干)의 힘이 약(弱)하기 때문에 신약 사주가 되었으니, 일간의 힘을 강(强)하게 만들어 주는 비겁, 인성을 용신(用神)으로 판단한다.
> 2. 신강(身强) 사주에서 용신 판단법 ⇒ 일간(日干)의 힘이 강(强)하기 때문에 신강 사주가 되었으니, 일간의 힘을 약(弱)하게 만들어 주는 관성, 식신, 재성을 용신(用神)으로 판단한다. 그러나 신강 사주에서 월지(月支)가 인성인 경우는 재성은 제외하고 관성, 식신이 용신이 된다.
> 3. 또한 사주에서 추운 겨울(10월 亥, 11월 子, 12월 丑)에 태어난 경우의 용신은 더운 화(火) 기운이 추가되고, 무더운 여름(4월 巳, 5월 午, 6월 未)에 태어난 경우의 용신은 시원한 기운의 수(水) 혹은 금(金)이 추가된다. 또는 사주 구성에서 무더운 화(火)기운이나 혹은 추운 수(水)기운이 많은 사주의 경우에는 수(水)기운과 화(火)기운이 추가된다.
> ※ 〈참고〉 남녀 궁합(宮合) 판단도 신약, 신강 사주의 용신으로 확인하면 쉽게 판단할 수 있다.

(3) 전왕격(專旺格) 용신 찾기

전왕격(專旺格) 용신(用神)은 억부(抑扶) 용신(用神)으로는 판단하지 않으며 왕성한 기세를 보고 판단한다. 따라서 격(格)중에서 용신을 취하는 경우를 말하며 일행득기격(一行得氣格) 혹은 독상(獨像) 이라고도 한다. 즉 외격이며 한쪽으로 편중된 것으로 정격이 일간을 월지와 대조하여 용신을 정하는 것과 달리 전국(全局)의 기세를 보고 결정하기 때문에 통상적으로 전왕격 용신은 천간에 존재하는 식상이나 인성이 된다. 전왕격 용신의 종류는 5가지가 있으며 이들의 특징은 아래와 같다.

첫째, 곡직인수격은 목(木) 일간으로 봄에 태어나고 월지(月支)에 목(木)을 바탕으로 목(木) 국이나 목방을 이루는 것으로 용신은 천간의 식상이나 인성이 된다.

둘째, 염상격은 화(火) 일간으로 여름에 태어나고 월지(月支)에 화(火)를 바탕으로 화(火) 국이나 화방을 이루는 것으로 용신은 천간의 인성이 된다. 만약 식상은 용신으로 삼지 않지만, 식상이 용신인 경우에는 부자는 되지만 관운은 없다.

셋째, 가색격은 토(土) 일간으로 시계에 태어나고 월지(月支)에 토(土)를 바탕으로 토(土) 국이나 토방을 이루는 것으로 용신은 월지가 진(辰)일 때는 가색격으로 보지 않고 잡기 재관격으로 처리하며, 월지가 술(戌)과 축(丑)월에는 병(丙)의 인성을 용신으로 삼고, 월지가 미(未)에는 경신(庚申)의 식상을 용신으로 삼는다.

넷째, 종혁은 금(金) 일간으로 가을에 태어나고 월지(月支)에 금(金)을 바탕으로 금(金) 국이나 금방을 이루는 것으로 용신은 천간의 식상을 우선적으로 취하고, 식상이 없거나 관살을 인화할 때만 인성을 용신으로 판단한다.

다섯째, 윤하격은 수(水) 일간으로 겨울에 태어나고 월지(月支)에 수(水)를 바탕으로 수(水) 국이나 수방으로 이루는 것으로 용신은 천간의 화(火)를 용신으로 삼는다.

특히, 전왕격 용신은 사주 구성에서 전왕격 용신에 맞게 구성된 사주일 경우 귀격(貴格) 사주로 판단하는 특징이 있다. 이제 이들을 보기를 들어 설명해 보자.

(가) 곡직인수격

구분	천간	지지	육친	
년주	㉠壬	戌	인수	정재
월주	ⓐ甲	②寅	겁재	겁재
일주	①乙	亥	·	인수
시주	己	ⓑ卯	편재	비견

위 사주는 ①목(乙) 일간에 월지(月支)는 목(木)으로 ②봄(寅)에 태어났으며, 또한 지지 ②寅, ⓑ卯 및 천간 ⓐ甲은 목(木) 방을 이루고 있으므로 곡직인수격이다. 따라서 천간에 존재하는 인수 즉 ㉠壬이 용신이다. 위 경우 사주 구성이 모두 곡직인수격의 조건에 맞는 사주이므로 귀격(貴格)이다.

(나) 염상격

구분	천간	지지	육친		지장간
년주	㉠甲	ⓐ戌	편인	식신	
월주	②丙	ⓑ寅	비견	편인	戊, ㉡丙, ㉢甲
일주	①丙	ⓒ午	·	겁재	
시주	庚	子	편재	정관	

위 사주는 ①화(火) 일간에 월지(月支)는 ⓑⓒⓐ(寅午戌) 합

(合)으로 화(火)기운으로 변화(化)되니, ⓑ(寅)는 봄(寅)이 아니라 지지 모두 여름의 강(强)한 화(火)기운이 되었다. 또한 천간의 ㉡丙역시 화(火)기운으로 화방을 이루고 있으므로 염상격이다. 용신은 천간의 인수 ㉠甲(목)이 되며, 위 사주는 염상격 조건에 맞는 사주이므로 재상이며 귀격(貴格)이다.

또한 월지 ⓑ寅의 지장간 ㉡丙과 ㉢甲는 천간 ㉡丙과 ㉠甲(목)에 투출이 성립되었다. 이중 지지(地支)가 모두 화(火)기운이 되었으므로 ㉡丙(화)가 ㉠甲보다 힘이 더쎈 관계로 ①丙(화)-화(火)기운의 비견격이 된다. 따라서 월지 ⓑ寅(목)은 목(木) 다음의 화(火)기운으로 전환되므로 최종 적용되는 격국은 ①丙(화)-화(火)기운의 비견격이 된다. 또한 화(火)기운은 천간 ㉡丙(화)에 투간이 성립되므로 유정사주가 되어 귀격이다.

따라서 위 사주의 경우 격국의 고저(高低)로 판단해 보면 화(火)기운이나 화(火)기운을 생(生)해주는 목(木)기운에서 발복하게 된다. 이는 염상격 용신 즉 인성의 ㉠甲(목)과 희신의 수(水)기운과 격국의 고저에서 판단된 화(火), 목(木)기운은 좋은 운로이니 이들을 서로 비교해서 사주 전체 운로를 판단해 주면 된다.

(다) 가색격

구분	천간	지지	육친		지장간
년주	癸	ⓑ未	편재	비견	
월주	壬	ⓐ戌	정재	겁재	辛, 丁, 戌

일주	①己	ⓒ丑	·	비견	
시주	甲	㉠午	정관	편인	

위 사주는 ①己(土) 일간에 월지(月支)는 ⓐ戌(土)으로 9월의 초가을에 태어났다. 또한 ⓑ未, ⓒ丑 역시 모두 토(土) 방으로 구성되어 있어 가색격이다. 따라서 월지가 술(戌)이 되므로 용신은 병(火)의 인성 ㉠午(화)를 용신으로 삼는다.

(라) 종혁격

구분	천간	지지	육친		지장간
년주	㉠壬	辰	식신	편인	
월주	己	ⓐ酉	인수	겁재	庚, 辛
일주	①庚	ⓑ申	·	비견	
시주	ⓒ庚	戌	비견	편인	

위 사주는 ①庚(金) 일간에 월지(月支)는 ⓐ酉(金)으로 8월의 초가을에 태어났다. 또한 ⓑ申, ⓒ庚 역시 모두 금(金)방으로 구성되어 있어 종혁격이다. 따라서 천간의 식상 즉 ㉠壬(수)이 용신이다.

(마) 윤하격

구분	천간	지지	육친		지장간
년주	ⓓ壬	ⓑ子	비견	겁재	

월주	ⓔ壬	ⓐ子	비견	겁재	壬, 癸
일주	①壬	申	·	편인	
시주	戊	ⓒ子	편관	겁재	

위 사주는 ①壬(水) 일간에 월지(月支)는 ⓐ子(水)로 12월의 한겨울에 태어났다.

또한 ⓑ子, ⓒ子, ⓓ壬, ⓔ壬 역시 모두 수(水)방으로 구성되어 있어 윤하격이다. 따라서 용신은 화(火)이다.

위와 같이 전왕격(專旺格) 용신(用神)은 억부(抑扶) 용신(用神)으로는 판단하지 않는다, 따라서 독자들은 전왕격 용신의 5가지에 맞는 용신을 선택을 선택하고 판단해 주길 바란다. 특히 전왕격은 사주 구성에서 조건에 맞는 전왕격 사주일 경우 귀격(貴格) 사주로 판단하는 특징이 있다. 또한 다른 전왕격 역시 위의 염상격에서 제시된 격국(格局)의 고저(高低)를 판단해서 서로 비교하고, 전체 사주에 따른 운(運)의 흐름을 판단해 주면 된다.

(4) 조후법(調侯法) 용신 찾기

조후법은 기후(氣候)를 적용하여 용신(用神)을 찾는 것으로 적용 범위가 넓다. 앞 절에서 설명한 억부법(抑扶法)으로 용신 찾기가 어려운 것들은 조후법(調侯法)으로 찾는 것이 현명한 방법이 된다. 그 이유는 우주(宇宙)와 인체(人體) 작용은 동일하며 사주(四柱) 태동 과정은 농경(農耕)과정으로 보기 때문이다.

 따라서, 조후(調侯)는 수(水)와 화(火)를 기본으로 목(木), 금(金), 토(土)의 조화를 이용하여 용신(用神)을 찾는 방법이다.
 이것은 춘하추동(春夏秋冬)의 한난조온(寒暖潮溫)과 풍한서습(風寒暑濕)의 기후 변동에 따라 용신(用神)을 판단하는데, 겨울에 태어나면 기본적으로 따뜻한 기운을 필요로 하고, 봄에는 시원한 기운, 여름에는 찬 기운을 필요로 한다고 보는 것이다. 가을과 겨울도 마찬가지로 부족한 온기를 보완해야 한다.
 즉, 조열(燥熱)과 한습사주(寒濕四柱)를 말한다.
 이러한 이유로 조후 용신법은 용신(用神)을 찾는 것은 물론 조후용신표(調侯用神表) 이것 하나만으로 사주 해석(解析) 즉 통변(通辯術)을 활용하는 경우도 있기 때문에 폭넓게 적용되고 있다.
 조후(調侯) 용신(用神)을 찾기 위해서는 조후용신표가 필요하고 여기서 파생된 것이 수(水)와 화(火)의 조화를 이용한 용신 찾기와 조후(調侯) 순환(循環)을 이용한 용신 찾기 등으로 표시할 수 있다.
 조후 용신이 사주 명리학에서 큰 의미는 조후용신표에 제시된 오행(五行)을 기준으로 용신(用神)을 찾는데 있다.
 즉, 조후용신(調喉用神)과 보좌용신(補佐用神)이 사주 원국 내에 존재하는 사람의 사주라면 좋은 사주이고, 이와는 반대로 조후용신과 보좌용신이 사주 구성에 없거나 혹은 멀리 떨어져 약(弱)한 사주라면 나쁜 사주로 본다. 이제 조후(調侯) 용신 찾기를 알아보자.

이것은 본인에 해당되는 일간(日干)을 기준으로 가장 영향을 많이 미치는 월지(月支)와의 관계 및 조후(調侯)의 순환(循環)을 이용하여 용신(用神)을 찾는 것이다. 이것이 기초가 되어 왕상휴수사(旺相休囚死) 원리가 완성되었고, 이는 용신(用神) 찾는 잣대이자, 사주 해석(解析) 즉 통변술의 핵심이기도 하다.

이것은 水, 木, 火, 土, 金의 강약과 허실을 구별하여 판단하는데 조후에 따른 균형을 잡아주는 용신이 사주 원국 내에 있으면 조후용신(調侯用神)을 사용하고, 조후 용신이 충(沖), 공망(空亡) 등으로 소멸되었거나 혹은 사주 구성에서 사용할 수 없는 경우에는 보좌용신(補佐用神)을 사용한다.

예를 들면, 일간(日干)이 기(土)이고, 子月(11월)에 태어난 경우 동절기 이므로 당연 화(丙)를 용신(用神)으로 사용하고, 사주에 화(丙)가 없거나 화(火)를 사용할 수 없는 경우, 추위를 막아주는 무(戊) 토(土)와 곧 태동하는 갑(甲) 목(木) 즉 보좌용신을 용신(用神)으로 사용하면 된다.

만약 사주 구성에서 조후용신과 보좌용신 중에서도 알맞는 용신이 없다면 그때는 '억부법(抑扶法) 용신 찾기'에서 제시된 신약과 신강 사주를 판단하여 용신을 찾거나 혹은 격국(格局)에서 제시된 용신을 판단해 주면 된다.

그렇지만 사주 구성에서 특정 오행이 3개~4개 이상으로 구성된 사주는 조후용신표 대신 병약법(病藥法) 용신을 적용시키는 것이 현명한 판단법이다. 조후용신표(調侯用神表)는 아래와 같다.

〈조후용신표(調侯用神表)〉

일간	월지	寅	卯	辰	巳	②午	未	申	酉	戌	亥	子	丑
甲	조후용신	丙	庚	庚	癸	癸	癸	庚	庚	庚	庚	丁	丁
甲	보좌용신	癸	戊丙己丁	壬丁	庚丁	庚丁	丁	丁	丁	壬甲癸丁	戊丁丙	丙庚	丙庚
乙	조후용신	丙	丙	癸	癸	癸	癸	丙	癸	癸	丙	丙	丙
乙	보좌용신	癸	癸	戊丙	·	丙	丙	己癸	丁丙	辛	戊	·	·
①丙	조후용신	壬	壬	壬	壬	③壬	壬	壬	壬	甲	甲	壬	壬
①丙	보좌용신	庚	己	甲	癸庚	庚	庚	戊	癸	壬	庚戊壬	己戊	甲
丁	조후용신	甲	庚	甲	甲	壬	甲	甲	丙	甲	甲	甲	甲
丁	보좌용신	庚		庚	庚	癸庚	壬庚	丙戊庚	丙戊庚	戊庚	庚	庚	庚
戊	조후용신	丙	丙	丙	甲	壬	庚	丙	丙	丙	甲	丙	丙
戊	보좌용신	癸甲	癸甲	癸丙	癸丙	丙甲	丙甲	癸甲	癸甲	癸甲	戊甲	戊甲	戊甲
己	조후용신	丙	甲	丙	癸	癸	癸	丙	丙	甲	丙	丙	丙
己	보좌용신	甲庚	癸丙	癸甲	丙	丙	丙	癸	癸丙	癸丙	戊甲	戊甲	戊甲
庚	조후용신	戊	丁	甲	壬	壬	丁	丁	丁	甲	丁	丁	丙
庚	보좌용신	甲丁丙壬	甲丙庚	丁壬癸	戊丙丁	癸	甲	甲	丙甲	壬	丙	丙甲	丁甲
辛	조후용신	己	壬	壬	壬	壬	壬	壬	壬	壬	壬	丙	丙
辛	보좌용신	壬庚	甲	甲	庚甲	癸己	庚甲	戊甲	甲	丙	戊甲壬	壬戊己	
壬	조후용신	庚	戊	庚	壬	癸	辛	戊	甲	丁	戊	戊	丙
壬	보좌용신	戊丙	辛庚	庚	庚辛	辛庚	甲	丁	庚	丙	庚丙	丙	丁甲
癸	조후용신	辛	庚	丙	辛	庚	庚	丁	辛	辛	庚	丙	丙
癸	보좌용신	丙	辛	辛甲		壬辛癸	壬癸辛		丙	壬癸丁	辛戊	辛	丁

이제 조후용신표(調候用神表)를 이용하여 아래 사주의 용신(用神)을 찾아보자.

구분	천간	지지
년주	丙	寅
월주	甲	②午
일주	①丙(화)	戌
시주	己	亥

위 사주는 일간(日干)이 병(①丙)이고, 월지(月支)는 오(②午)가 되므로, 임(③壬, 수)이 용신이 된다. 즉, 이길동의 용신(用神)은 수(水)라는 것을 〈조후용신표〉를 통하여 확인할 수 있다.

여기에 적용된 조후 용신은 사주 오행이 전체적인 균형을 이루고 있다는 가정에서 작성된 것이기 때문에 이것이 실질적인 용신이 될 수도 있지만, 그렇지 않는 경우도 있다는 사실을 염두해 두길 바란다. 예를 들면, 신약 사주에서는 조후와 관계없이 인성을 용신으로 판단하고, 신강이나 중화된 사주의 경우 더운 사주이면 물(水)을 사용하고, 추운 사주라면 불(火)를 용신으로 사용한다. 예를 들어보자.

구분	천간	지지	육친	
년주	戊(토)	子(수)	편재	인수
월주	癸(수)	亥(수)	인수	편인
일주	甲(목)	辰(토)	·	편재
시주	庚(금)	午(화)	편관	상관

위 사주는 일간이 甲(목)이고 다소 추운 해(亥)월 즉 10월이 므로 용신은 午(화)가 된다.

그렇지만 독자들은 조후용신표(調侯用神表) 이것 하나만으로 사주 전체를 해석(解析)하고, 용신(用神)을 찾는데 유용하게 활용된다는 사실을 알아야 한다. 이러한 조건을 바탕으로 현실 적용에 따른 용신 판단은 억부법(抑扶法)용신 찾기를 적용함이 좋겠다. 그 이유는 남극(南極) 펭귄에게 추운 곳에서 산다고하여 무조건 화(火)기운이 맞다고 할 것이 아니라, 남극에 적응하여 살아가고 있는 펭귄에게 맞는 오행을 적용함이 현명한 방법이기 때문이다. 이러한 사실을 잘 활용하여 독자들은 용신 찾기에 정진(精進)해 주길 바란다.

사주명리학(四柱命理學)을 공부하는 독자라면 조후용신표를 바탕으로 인체(人體) 순환(循環)구조를 알아야 한다.

인체의 순환 기능은 동지(冬至)에서 하지(夏至)까지는 양(陽)기운이 태동하고, 하지(夏至)부터 동지(冬至)까지는 서늘하거나 추운 음(陰)의 기운이 태동하게 된다.

따라서, 동지에서 하지까지는 목(木)과 화(火)기운이 왕성하고, 하지에서 동지까지는 서늘하거나 추운 금(金)과 수(水)기운이 왕성하게 된다.

이것들과 신체(身體) 장기(臟器)를 보자. 목(木)은 간장(肝臟)으로 1, 2, 3월에 왕성하고, 화(火)는 심장(心臟)으로 4, 5, 6월에 왕성하며, 금(金)은 폐(肺)로 7, 8, 9월에 그리고 수(水)는 신장(腎臟)으로 10, 11, 12월에 왕성하게 된다.

이들을 좀더 쉽게 설명하면, 1월의 날씨는 매서운 영하 날씨이지만, 목(木) 기운의 왕생으로 인하여 고로쇠 수액은 절정에 이르고, 태양의 화(火)기운은 6월 하지(夏至)이면 성장이 끝난 것이며, 6월 하순부터는 금극목(金剋木)이 되어, 금(金)기운은 목(木)기운을 더 이상 키우지 않고, 열매를 맺게 한다. 이후 가을부터는 수(水)기운이 화(火)기운을 수극화(水剋火)로 극(剋)하여 다음 연도에 목(木)기운을 태동시킬 때 필요한 수(水)를 확보해 놓는다.

우리가 사주명리학(四柱命理學)을 배우는 목적은 단순히 앞날의 길흉(吉凶)을 예측하기 위함도 있겠으나, 우주(宇宙)와 인체(人體)의 순환구조(循環構造)를 바탕으로 인간(人間)은 누구나 생로병사(生老病死; 사람은 태어나서 성장하고 병들어서 죽는다)의 이치(理致)를 알기 위함에 있다.

(5) 병약법(病藥法) 용신 찾기

병약법 용신은 특정 오행(五行)이 사주에 차지하는 비중에 절대적으로 강(强)하거나 많을 때 적용하는 것이다.

8개의 오행으로 구성된 사주에서 최소한 3개 혹은 4개 이상 동일한 오행(五行)이 구성되어 있다면, 힘이 너무 쌘 오행이 되므로 이때는 강(强)한 오행에 대하여 힘을 극(剋)하거나 빼주어 오행간의 균형을 맞추어 주는 것이다. 즉, 관련 오행에 대하여 약(藥)을 주고 병(病)을 주어 사주의 균형(均衡) 즉 중화를 맞추는 것이다.

구분	천간	지지	육친		오행		지장간
년주	己	未	정재	정재	토	토	丁, ②乙, 己(火, 木, 土)
월주	戊	辰	편재	편재	토	토	③乙, 癸, 戊(木, 水, 土)
일주	(甲)	辰	·	편재	(목)	토	④乙, 癸, 戊(木, 水, 土)
시주	①甲	子	비견	인수	목	수	壬, 癸(水, 水)

위 사주는 전체 구성에서 재성의 토(土)가 5개로 토(土)기운이 매우 강(强)하다.

토(土)기운을 극(剋)하는(이기는) 오행은 비견의 목(木)이 된다. 따라서 비견 ①목(木)이 용신(用神)이 된다. 따라서 사주 구성에서 비견 ①甲(목)은 지장간(支藏干)에서 같은 목(乙)에 해당되는 ②乙(목), ③乙(목), ④乙(목)이 각각 3개가 통근(通根) 즉 강(强)한 뿌리가 존재하므로 용신(用神) 기능으로 합당하다.

참고적으로 용신 선택의 우선순위는 천간, 지지 그리고 지장간이며 이때 이들은 지장간과 통근 즉 사주 뿌리가 형성되어야 이상적인 용신이 된다.

대부분 사주는 특정 오행이 강(强)한 경우 병약법 용신 찾기를 적용하면 된다. 그러나 그렇지 않는 경우도 있다는 것을 독자들은 알아야 한다.

예를 들면, 수(水) 기운이 강(强)한 수다목부(水多木浮) 사주의 경우 토(土)가 용신이지만, 토(土)기운이 약(弱)한 경우에는 둑이 터지는 경우가 있기 때문이다.

구분	천간	지지	육친		오행		지장간
년주	癸	丑	비견	편관	수	토	癸, 辛, 己
월주	癸	亥	비견	겁재	수	수	戊, ①甲(목), 壬
일주	癸	亥	·	겁재	수	수	戊, 甲, 壬
시주	癸	丑	비견	편관	수	토	癸, 辛, 己

위 사주는 수(水)기운이 강한 수다목부이기 때문에 토(土)를 용신으로 사용하나, 이 경우 토(土)기운은 강(强)한 수(水)기운을 감당할 수 없기 때문에 이 때는 지장간에 존재하는 ①甲(목)을 용신으로 사용한다.

독자들은 병약법(病藥法) 용신에서 추가적으로 알아야 될 사항은 사주 구성에서 병(病)을 치료해 줄 수 있는 오행 즉 용신이 없거나, 지장간과 뿌리가 약한 사람의 경우 평생 병고(病苦)로 시달리거나 혹은 단명(短命)하는 사람들이 많다.

예를 들면 위의 사주 모두는 용신에 해당되는 목(木)기운이 존재하지 않는 사주라면 치료약도 없을 뿐만 아니라, 단명(短命)하게 된다.

용신 찾기 중 이러한 병약법(病藥法) 용신 찾기와 비슷비슷하게 적용되는 것들이 많이 존재하는데 독자들은 이러한 것들을 응용해서 용신 찾기에 이용해 주어야 한다. 예를 들면 신약 사주에서 재성(편재, 정재)이 강(强)한 재다신약(財多身弱)사주의 경우 재성을 극(剋)하는 비겁(비견, 겁재)을 용신(用神)으로 사용하고, 비겁이 없으면 인성을 용신으로 사용하는데 이 경우 비겁운이 세운(歲運)에 들어오면 재물(財物)을 얻게 된다.

식상(식신, 상관)이 강(强)한 경우 인성(편인, 인수)을 용신으로 사용하는데, 차선책으로 재성을 용신으로 사용하는 경우도 있다. 또한 관성(편관, 정관)이 강(强)한 경우 인성이나 식상 혹은 비겁으로 중화시켜 용신으로 선택한다.

또한 신강 사주에서 비겁이 강(强)한 경우 관성이나 식상을 용신으로 사용하고, 인성이 강(强)한 경우 극(剋)하는 재성이나 식상을 용신으로 사용한다.

이러한 것들 중 신약 사주에서 식상(식신, 상관)이 강(强)한 아래 사주에서 용신을 선택해보자.

구분	천간	지지
년주	○	○
월주	○	①申(금, 상관)
일주	㉮己(토)	○
시주	○	○

용신은 일간 ㉮己(토)의 힘을 강(强)하게 만들어 주는 것을 용신으로 사용하므로 화생토(火生土)의 작용에서 인성에 해당되는 화(火) 또는 토생토(土生土)의 작용에서 비겁의 토(土)가 용신이 된다. 그러나 이중 토(土)는 월지 ①申(금)을 토생금(土生金)으로 강(强)하게 만들어 주기 때문에 신약 사주에서 용신으로 합당하지 못하다. 따라서 용신은 인성의 화(火)가 된다. 그러나, 일간(日干) ㉮己(토)가 극(剋)하는 재성의 수(水) 오행의 경우 일간 ㉮己(토)의 힘을 강(强)하게 할 뿐만 아니라, 월지 ①申(금)을 금생수(金生水)의 작용으로 약(弱)하게 만들기

때문에 이것 역시 용신으로 합당하다. 따라서 식상이 강(强)한 위 사주는 인성의 화(火)가 용신이 되는 것이지만, 그러나 신월(申月) 즉 가장 무더운 7월에 태어났으므로 이것을 고려한다면 재성의 수(水)도 용신으로 사용할 수 도 있다. 따라서 이러한 경우 사주 전체 구성과 작용을 보고 용신을 판단해야 하는데 인성의 화(火)가 사주 조건에서 용신으로 합당하다면 화(火)를 용신으로 사용하고, 사주 원국이나 지장간(支藏干)에서 인성의 화(火)가 없거나 조후(調侯)의 조건에서 재성의 수(水)가 용신으로 합당하다면 재성 수(水)를 용신으로 사용하면 된다. 따라서, 독자들은 용신을 선택할 때는 사주 전체 구성을 보고 판단하는 습관이 필요로 한다.

(6) 부법(扶法), 통관(通關), 전왕(專旺) 용신 찾기

부법(扶法) 용신이란? 사주 구성에서 식신, 상관, 편재, 정재, 편관, 정관이 많은 신약(身弱)할 때는 힘을 더하여 신강(身强)하게 만들어 줌으로서 균형(均衡)을 유지시켜 주는 것이다.

예를 들면, 상관(傷官)이 많을 때는 인수(印綬)가 용신이 되고, 식신(食神)이 많을 때는 편인(偏印)이 용신이 되며, 식신(食神)과 상관(傷官)이 많을 때는 인성이 용신이 된다.

통관(通關) 용신이란? 사주 구성에서 두 오행(五行)이 서로 싸우는데, 가운데서 말려주는 오행을 통관 용신이라고 한다.

예를 들면, 사주 구성에서 金, 木이 싸우면 水가 용신이며, 木, 土가 싸우면 火가 용신이 된다. 이때 통관 용신은 형충회

합(刑沖會合)의 영향을 받는다.

　전왕(專旺) 용신이란? 사주 전체가 한 가지 오행(五行)으로 구성된 경우를 말하는데, 이때는 많은 오행을 용신으로 삼는다. 이것은 일종의 격국에서 종격(從格) 작용으로 보는 것으로, 강한 세력으로 부터 받을 때는 발복(發福)하지만, 반대로 설기(泄氣)하거나 혹은 극(剋)할 때는 흉(凶)하다. 예를 들어보면 아래와 같다.

사주 구성	용신	사주 구성	용신
비견과 겁재로 구성된 사주	비견 또는 겁재	木으로 구성된 사주	水木火
식신과 상관으로 구성된 사주	식신 또는 상관	火로 구성된 사주	木火土
편재와 정재로 구성된 사주	편재 또는 정재	土로 구성된 사주	火土金
편관과 정관으로 구성된 사주	편관 또는 정관	金으로 구성된 사주	土金水
편인과 인수로 구성된 사주	편인 또는 인수	水로 구성된 사주	金水木

　이렇게 용신(用神)을 찾는 방법은 여러 가지가 존재하고 적용된다는 사실을 알고, 적용할 수 있는 능력이 있어야 하겠다.
　지금까지 사주에서 용신(用神)을 판단하는 방법을 알아보았고 배웠다.
　즉, 용신을 찾는 방법으로, 억부법(抑扶法), 조후법(調侯法), 병약법(病藥法), 부법(扶法), 통관법(通關法), 원류법(源流法), 전왕법(專旺法), 종왕격(從旺格), 격국(格局) 용신, 조후법(調侯法) 용신 등이 있다.
　그러나 용신을 판단한다는 것은 매우 광범위하고 어렵다.

제2장_용신(用神) 오행(五行)을 알고, 적용시켜야만 명품 풍수(風水)이다　85

원래 용신이란? 사주 구성에서 가장 균형(均衡)을 이룰 수 있는 오행(五行)을 찾는 것이고, 이를 적용시켜 중화를 유지시키는 것이 용신이며 사주 해석은 용신으로 파생된 것이라고 보면 맞는 것이다.

참고적으로, 자신의 용신 오행으로 알맞은 직업군 판단은 아래와 같다.

용신	성격	직업	문과, 이과
목(木)	추진력과 적극성이 부족하여 처음 시작이 어렵다.	의류, 디자이너, 교육, 미용, 음악가, 가구점, 청과물, 당구장, 환경직, 시설직, 목공예, 과수원, 원예업, 제지업, 농장, 곡물 판매업, 제지 및 종이, 섬유, 교사, 교수, 출판, 간호원, 종교, 생물학, 실험실, 보건 위생	•갑(甲) : 문과 •을(乙) : 이과
화(火)	끈기와 열정이 부족하여 쉽게 식어버린다.	전자업, 정보 통신, 광고업, 전력 에너지, 가스, 발전소, 전기, 소방, 주유소, 전열 기구업, 언론인, 군인, 연예인, 의사, 법관, 광고업, 조명기구, 교육, 학원, 정치, 문인, 언론, 사법부, 경찰, 군인, 미술, 미용, 공예, 연극, 화장품, 정치인, 그림, 악기	•병(丙) : 문과 •정(丁) : 문과와 이과
토(土)	정착이 어렵고, 자신의 일에 만족지지 못	분식업, 정육점, 외교관, 인류학자, 천체 물리학자, 토목 기술자, 극장업종, 농업, 부동산 업종, 임업, 원예, 요업, 운수	•무(戊) : 문과 •기(己) : 문과

	한다.	업, 창고업, 석재, 도자기, 양조업, 골동품, 고고학, 사원, 성당, 의사, 의복	
금(金)	마무리가 약하기 때문에 먼 안목이 필요하다.	기계업, 금속업, 광공업, 자동차 업종, 반도체 업종, 금형 설계업종, 귀금속, 조각, 재봉사, 선반 가공업종, 금속 기술자, 인쇄업, 보일러, 침구업, 금융업, 경리, 스포츠, 조사, 정육점, 감정사, 증권, 은행, 의사	•경(庚) : 문과 •신(辛) : 이과
수(水)	인내심은 좋지만, 마음의 여유가 없다.	카페, 무역, 의사, 약사, 주류업종, 유통업, 수산, 어업, 냉방, 음식점, 식품 제조업, 횟집, 수도설비업, 서비스업, 수상 요원, 오락실, 카바레, 접객업, 소방대, 술, 운동가, 여행사, 중계업종, 목욕탕, 해산물	•임(壬) : 이과 •계(癸) : 문과

이제 독자들은 사주 명리학에서 허공에 맴돌 수 있는 용신(用神) 오행(五行)을 찾는 방법은 물론 이와 동일한 길성(吉星)과 흉성(凶星) 오행(五行)을 찾고 사주(四柱)는 물론 풍수(風水)에 적용할 수 있는 능력을 터득했다고 본다. 따라서 사주와 풍수 해석(解析)은 용신 오행만으로 해결될 수 있는 만능키를 알게 되었다는 것은 큰 의미가 있는 것이다.

즉, 사주와 풍수에서 자신에게 맞는 오행(五行)을 적극 활용함으로서, 장수(長壽), 부귀(富貴), 행복(幸福)을 마음껏 누려보

길 바란다.

 또한 독자들은 일상생활(日常生活)에서 가장 많이 활용되고 있는 전원주택(田園住宅)을 본인 사주(四柱)에 맞는 풍수(風水)를 적용시킴으로서, 천기(天氣)와 지기(地氣)를 얻어서 빛나는 인생길을 실현해 보길 바란다.

제3장
수맥(水脈)을 판단하자

 수맥은 땅속에 흐르는 물줄기이며 여기서 발생되는 유해 파장은 사람은 물론 동물 그리고 식물에게 아주 나쁜 영향을 미친다. 따라서 외형상 아무리 좋은 양택(집)이나 음택(조상묘) 자리가 명당(明堂)일지라도 수맥이 흐르면 절대적으로 나쁜 집터이자 묘(墓)자리가 된다. 따라서 풍수지리(風水地理)에서 가장 먼저 확인될 사항은 수맥(水脈)이다.

1. 수맥 판단법

- 수맥이 흐르는 집은 담벼락이나 벽에 균열이 갈라져 있다.
- 수맥이 있은 곳엔 잔디나 나무가 잘 자라지 못한다.
- 특히 양택(집)이나 음택(조상묘)에 수맥이 존재하면 암(癌), 우환(憂患), 스트레스, 심장마비, 편두통, 중풍, 불면증, 꿈, 신장, 우울증, 학력 저하, 유산, 난산, 불임, 정박아 출산, 정신질환, 만성질환, 관절염, 신경통, 가위눌림, 정신질환, 정신쇠약, 신장질환, 갱년기장애, 병고, 성인병들이 발생한다.
- 1층에 수맥이 있으면 수맥파는 반사되고 휘어져서 촛불

처럼 콘크리트와 철근을 통과하고 침범하기 때문에 그 피해는 저층은 물론, 고층에 거주하는 경우도 저층과 거의 동일하게 작용되므로 수맥의 피해를 절대 벗어날 수는 없다.

▫ 아무리 좋은 양택(집)이나 음택(조상 묘)의 경우 수맥이 흐르면 아주 나쁜 흉터가 된다.

▫ 동물 중 고양이, 개미, 벌, 바퀴벌레는 수맥을 좋아하기 때문에 이들 동물이 살거나 머무는 곳엔 수맥이 있다. 특히 고양이가 자주 눕는 곳에는 수맥이 있다고 판단한다.

▫ 수맥은 지각 변동으로 인하여 사라지기도 하고, 수맥대가 새로 생기기도 하기 때문에 2, 3년에 한 번씩 검사해보아야 한다.

▫ 수맥이 흐르는 조상묘는 잔디가 자라지 못하고 이끼 등이 있으며 봉축에 구멍이 나있고 무너져 있다.

▫ 수맥이 음택(조상 묘)에 존재하면 육탈(살이 썩어 자연으로 돌아가는 것)로 인하여 황골(누런 뼈)되지 못하고, 수염(水炎, 시신이 검게 뒤집혀져 있는 것, 정신질환 발생), 목염(木炎, 시신이 나무뿌리에 휘감겨져 있는 것, 신경계통 질환 발생), 충염(蟲炎, 시신이 곤충 등에 의해 부패된 것, 우환 발생 및 재물이 흩어짐), 풍염(風炎, 음습한 환경에 따른 곰팡이로 시신이 시커멓게 변한 경우, 음란 및 나쁜 손재주 발생)으로 변해져 있다.

▫ 조상묘에 수맥이 존재하면 이곳에서 발생되는 동기감응(同氣感應)의 영향으로 후손들에게 막대한 악(惡)영향을

미친다. 예를 들면, 수맥으로 인하여 검게 썩은 부분이 유골 머리 부분이라면 나쁜 동기감응으로 인하여 후손들은 두뇌와 관련된 질환 즉 중풍, 치매, 신경 정신질환 환자가 발생되고, 유골 다리 부분에 수맥이 흐른다면 관절에 악(惡)영향을 미치게 된다.

※ 동기감응(同氣感應)이란?
조상의 뼈에서 흐르는 방사선 탄소 원소가 동조현상을 일으켜 후손에게 직접적인 영향을 주는 것을 말하는데 이를 증명한 사람은 1996년 부산 동의대 이상명교수이다. 그는 미세전류 흐름을 통하여 성인 남자 정액으로 동기감응 현상을 확인하였고, 1960년 노벨화학상을 받은 미국의 윌러드 리비(Willard Frank Libby) 박사는 뼈 속에 존재하는 14종의 방사성 탄소 원소가 사후에도 오랫동안 남아 후손들에게 동기감응을 준다는 것을 확인했다. 따라서 동기감응(同氣感應)은 조상과 후손은 같은 DNA로서 동일한 유전 인자를 가지고 있기 때문에 서로 감응 반응을 일으키는 것이다. 물론 수맥이 없고 명당(明堂)인 경우 후손들에게 전달되는 좋은 동기감응(同氣感應)은 건강한 생활은 물론 출세(出世)와 승승장구(乘勝長驅)하게 된다.
화장(火葬)을 하게 되면 고온으로 인하여 나쁜 동기감응(同氣感應)은 없어지기 때문에 명당(明堂)에서 발생되는 좋은 기운(氣運)은 받을 수 없는 단점은 있다. 그렇지만 풍수상 좋은 곳(명당)에 매장을 하면 후손들은 좋은 동기감음을 받아 발복(發福)하게 된다. 따라서 좋은 명당(明堂)이라면 매장을 하고, 명당이 아니라면 화장(火葬)을 선택하는 것이 좋겠다.

2. 수맥 측정법

〈구분〉		〈수맥 측정 모양〉	〈구입 방법〉
수맥봉			수맥봉(추)을 취급하는 곳이나 혹은 인터넷 쇼핑몰 등에서 쉽게 구입할 수 있다. 가격은 10,000원에서부터 다양하다.
수맥추			

※〈참고〉 수맥봉과 수맥추는 같은 수맥을 측정하는 것이지만, 초보자의 경우는 수맥봉이 더 좋다. 그 이유는 수맥추의 경우 수맥과 사람과의 동조 반응이 늦게 나타나고 또한 수맥봉보다 동조 주파수의 매칭될 수 있는 많은 연습을 필요로 한다. 따라서, 수맥추는 측정자와 동조가 심도 있게 되어야만(마음속

으로 주문) 수맥추가 정확하게 움직이게 된다. 즉, 수맥이 있으면 '왼쪽으로 회전하라', 수맥의 깊이를 알고자 하면 '1m에 1바퀴씩 돌아라', 수맥량을 알고자 할 때는 '1ton에 1바퀴씩 돌아라' 등으로 읊게 되면 수맥추도 동조가 이루어져 이에 맞게 움직이게 된다. 이렇게 하여 수맥의 깊이, 수맥량 등을 알 수 있다. 수맥추는 사람이 잡은 손에서 6cm~10cm에서 잡고 측정한다.

이제 수맥을 측정해 보자
① 정신을 가다듬는다.

※〈중요〉 수맥봉과 수맥추로 수맥을 측정할 경우는 미움, 두려움, 음주, 몸살, 기온, 선입견 등의 마음을 모두 버리고 무념무상(無念無想)한 정신을 집중시켜야만 정확하게 측정할 수 있다.

② 수맥봉을 잡고 수평과 평형을 유지한 후 반드시 양 팔꿈치는 겨드랑에 붙인다.
(※수맥을 측정할 때는 양 팔꿈치는 겨드랑에 붙여야만 수맥을 측정할 수 있고, 수맥추는 추의 방향은 땅으로 향하도록 한다)
③ 보폭은 평시의 반으로 하며, 진행 속도는 행사장 입장하듯 천천히 걸어간다.
④ 사람의 주파수와 수맥의 주파수가 동조 기운에 의하여

수맥봉과 수맥추가 움직이게 된다.
⑤ 수맥봉과 수맥추의 움직이는 반응
- 수맥봉과 수맥추가 반응이 없다. ⇒ 이 경우는 수맥이 존재하지 않거나 혹은 걷는 방향과 수맥의 방향이 동일한 방향이다.
- 수맥봉이 움직이거나 혹은 수맥추의 경우는 회전을 하거나 좌, 우로 흔들림을 한다. ⇒ 수맥이 존재한다.
- 수맥봉의 경우 X자로 안쪽으로 모여지고, 수맥추는 회전을 하거나 좌, 우로 흔들린다 ⇒ 수맥이 존재하고 수맥 방향은 진행 방향과 직각방향이다.

〈수맥봉은 경우 X자로 모여지고,
수맥추는 회전할 때 수맥 방향 찾는 법〉

1. 수맥폭은 수맥봉이 X자로 계속 모여지는 곳이거나, 수맥추의 경우는 회전하거나 좌, 우로 흔들림이 계속되고 있는 곳의 거리가 수맥의 폭이다. 수맥 폭을 알았으면 이제는 수맥 방향을 알아보자
2. 수맥 폭 위치에서 좌향좌를 해본다. 이때 수맥봉이 X자를 계속 유지하면(수맥추는 회전을 하면) 수맥이 흐르는 방향은 좌향좌로 서있는 앞에서 뒤 방향으로 수맥이 흐르고 있다.
3. 이번에는 수맥봉이 X자로 모여 있는 상태에서 우향우를 해본다. 이때 수맥봉이 X자를 계속 유지하면(수맥추는

회전을 하면) 수맥이 흐르는 방향은 서있는 등에서 앞쪽으로 수맥이 흐르고 있다.
4. 수맥봉이 X자로 모여지는 힘이 다소 약하다(수맥추는 회전이 약하다).⇒수맥은 존재하고 수맥 방향은 직각 방향(90도)보다 적은 예각이다. 이때도 수맥 방향 측정은 좌향좌와 우향우의 판단법과 동일하다.
5. 이렇게 하여 수맥의 폭과 수맥이 흐르는 방향을 바탕으로 수맥도(水脈圖)를 작성해서 전체 수맥 흐름을 판단한다.

※〈참고1〉 땅속에 존재하여 해(害)를 주는 파는 수맥파, 하트만파, 커리파가 존재하는데 이들의 특징은 수맥이 존재하는 곳에서 수맥파는 수맥봉(엘로드)이 X자로 안쪽으로 교차 되지만, 지구 단층 이동에 따른 압력 즉 하트만파는 엘로드가 밖으로 벌어진다. 이들 하트만파도 인체에 해롭다.

※〈참고2〉 인체 아픈 곳을 판단하는 경우에는 수맥봉이 수맥처럼 안쪽으로 교차되는 부분으로 판단할 수 있다.

※〈참고3〉 수맥봉 1개로도 수맥을 측정할 수 있다. 만약 오른손에 수맥봉 1개를 잡았을 경우 수맥봉이 왼쪽으로 움직이는 지점이 수맥이 존재하는 곳이 된다.

※〈참고4〉 수맥추는 수맥봉보다 다소 늦게 반응하기 때문에, 먼저 수맥봉으로 단련후 사용한다. 이것 역시 겨드랑

> 에 붙이고 사용하는데, 숙달되면 개인 훈련 방법에 의거 왼쪽으로 혹은 오른쪽으로 회전하라고 마음속으로 명령하면 수맥이 존재하는 곳에서 회전하게 된다.
> ※〈참고5〉 수맥봉과 수맥추는 다른 사람에게 빌려주지 않는다. 그 이유는 타인의 기(氣)작용으로 인해서 정확한 작동이 어려울 수도 있다.

3. 수맥 차단법

수맥(水脈)이 발생하면 음택(조상묘)은 이장(移葬)이나 화장(火葬) 그리고 수맥 차단 등을 고려해 보고, 양택(집)은 다른 곳으로 이사(移徙)를 하거나 혹은 수맥을 차단해야 한다. 수맥을 차단하는 방법은 수맥 차단 동판을 설치하거나, 수맥의 방향(方向)을 다른 방향으로 돌려놓는 방법, 황토 매트, 수맥 차단 매트, 수맥 중화키트, 적외선 수맥 차단제, 참숯, 쿠킹 호일(은박지 혹은 알루미늄) 등의 비자성물체를 설치하는 방법이 있다.

따라서, 가장 좋은 방법은 최초 양택(집) 즉 집을 짓거나 혹은 구입할 때 그리고 음택(조상묘)에서는 묘(墓)자리 설정에서 가장 먼저 수맥의 흐름 여부를 확인하는 것이 현명한 방법이다. 또한 수맥이 발견된 곳에서는 적절한 방법(동파이프 설치, 수맥 중화 키트 등)으로 수맥을 차단시킴으로서 건강(健康)하고 복(福)된 생활하길 바란다.

■ 수맥 동판/수맥 매트

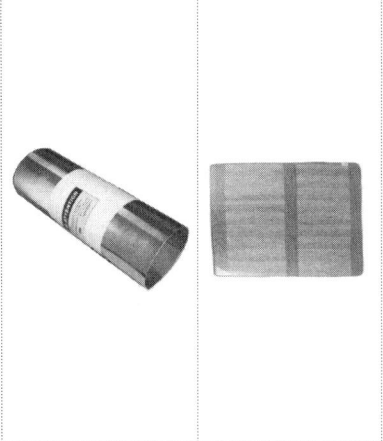

수맥 차단 동판은 순도 99.5% 이상이어야 한다. 이것은 침대 밑이나 혹은 장판 밑에 설치해서 사용하는데, 수맥 차단 동판과 수맥 매트는 인터넷 쇼핑몰 등에서 쉽게 구입할 수 있다.
※〈참고〉 2~3년 사용된 수맥 동판이 산화되면 나쁜 유해 물질이 발생되므로 교체해주어야 된다.

■ 수맥 중화키트

이것은 인터넷 쇼핑몰 등에서 구입할 수 있는 것으로, 보통 옥(玉) 등의 적외선을 발생시켜 수맥을 차단·중화시켜주는 방법이다. 사용법은 수맥이 존재하는 안방, 공부방은 각 4곳 모서리에 4개를 붙이고, 양택은 물론 음택의 묘지에서는 묘지 둘레에 20cm 땅을 파고 수맥의 상태에 따라서 2~4개를 묻는다. 이것은 영구적이며, 나쁜 수맥을 없애고, 지기(地氣)를 받을 수 있는 장점이 있다. 또한 전원주택이나 묘지를 최초 조성 시 필요량에 따라서 사전 땅속에 묻어주는 방법도 있다.
그리고 음, 양택에서 기본적으로 수맥 중화키트를 설치하고, 추가적으로 동, 서, 남, 북

외곽 4곳에 동판 못(동판 파이프)을 땅속에 못을 박듯이 박고, 콘크리트 바닥이 있는 연립주택은 드릴로 먼저 구멍을 낸 다음 동판을 땅속에 박은 후 박은 자리 위에는 빗물 등이 스며들지 못하게 실리콘으로 마무리 작업을 해주면 더욱 강(强)한 수맥 차단 효과가 된다.

■ 은박지 혹은 알루미늄 쿠킹호일 사용

주방용으로 사용되는 은박지 혹은 알루미늄 쿠킹호일은 가격도 싸고 쉽게 구입해서 수맥 차단용으로 사용할 수 있다. 이것은 침대 밑 전체 면적에 붙이거나 혹은 장판 밑에 붙여서 사용한다.

제4장
풍수(風水)에서 사용되는 주요 장비 활용법을 알자

장비	〈모양〉	〈사용 내용〉
■ 패철 (나경)		■ 풍수(風水)에서 기본적으로 가장 많이 활용되는 장비 황천풍(黃泉風)과 황천수(黃泉水) 등은 물론 용(龍), 혈(穴), 사(砂), 수(水), 향(向) 및 좌향(坐向) 방위 판단 등으로 풍수(風水)에서 반드시 알아야될 장비(※본책 나경 사용법 참조)
■ 수맥봉 1개 혹은 천맥지	〈수맥봉 1개〉 〈천맥지〉	■ 땅 위에 흐르는 지기(양기〈陽氣〉, 음기〈陰氣〉) 판단 장비 수맥 측정은 물론, 땅 위에 흐르는 좋은 기운의 양기 혹은 나쁜 기운 즉 음기를 판단할 경우에는 약 30cm 길이의 수맥봉 1개(혹은 천맥지)로 측정하는데, 이때는 수맥봉 1개(혹은 천맥지)를 오른손 혹은 왼손으로 잡고, 잡은 손은 겨드랑에 완전 붙이지 말고 겨드랑과 약간 이격시켜서 측정한다.

이때, 길지(吉地) 즉 명당(明堂)의 좋은 지기(양기〈陽氣〉)가 흐르는 곳에서는 수맥봉이 시계방향으로 회전하고, 나쁜 기운이 존재하는 융지(凶地) 즉 음기(陰氣)의 흉당(凶堂)에서는 수맥봉이 반시계 방향으로 회전한다.

따라서 수맥봉 1개(혹은 천맥지)만 있으면, 지기(양기, 음기)와 수맥(水脈) 모두를 판단할 수 있기 때문에 명당(明堂) 즉 혈처(穴處) 위치를 쉽게 판단하고 결정할 수 있다.

※참고적으로 수맥봉과 천맥지로 양(陽)의 기운과 나쁜 음(陰)의 기운을 측정할 때는 이들의 길이를 약 30cm정도로 해서 측정하고, 땅에 흐르는 수맥(水脈)을 측정할 때는 이들의 길이를 최대로 길게 해서 측정한다.

※〈참고1〉 방이나 혹은 사무실에서 나쁜 악기운(惡氣運)을 찾는 방법은 출입문 위치에서 수맥봉 약 30cm의 길이 1개(혹은 천맥지)를 위치시켜서 이들이 가르키는 방향으로 따라가 보면 나쁜 악(惡)기운이 있는 곳을 찾을 수 있다.

※〈참고2〉 사무실이나 거주하는 방의 명당(明堂) 판단법

사무실이나 방에 대한 명당 판단법은 밖에서 사무실 쪽으로 보았을 때, 출입문 오른쪽 벽쪽에서 출입문을 거쳐 왼쪽 벽쪽으로 약 30cm의 길이 수맥봉 1개(혹은 천맥지)를 들고 이동시켜 보면, 이들이 시계 방향으로 회전하는 경우 즉 외부의 좋은 양(陽)기운이 사무실 쪽으로 들어가는 상태가 되므로 이런 곳의 사무실이나 혹은 거주하는 방은 명당(明堂)이다. 이때 출입문에서 수맥봉이 가르키는 곳이거나 혹은 시계방향으로 회전하는 곳은 좋은 양(陽)기운이 모이는 명당 자리가 되는 것이므로 이곳은 회사 사장(社長)이나 중요 인물 자리로 위치시킨다. 그렇지만 출입문 오른쪽 벽쪽에서 출입문을 거쳐 왼쪽 벽쪽으로 수맥봉 1개(혹은 천맥지)를 들고 이동시켰을 때 이들이 반시계방향으로 회전하는 경우는 사무실의 좋은 양(陽)기운이 밖으로 빠져나오는 것이되므로 이런 곳의 사무실은 나쁜 사무실이 된다.

※〈참고3〉 수맥을 차단시키는 물체는 자성(磁性)이 없는 금, 동, 알루미늄 등의 비자성체이다.

수맥 탐사 작업은 땅, 사람, 탐사봉의 동조 작용에 따른 것이다. 그러나 사람이 수맥(水脈) 등의 탐사 판단 작업은 기(氣)

	의 손실로 인해서 1일 2시간 이내로 제한하는 것이 좋다. 특히 수맥 차단용 동파이프를 땅에 박을 경우에는 반드시 장갑을 착용하고 한다. ※아래 수맥봉과 천맥지, 전자로드 측정 방법(수맥봉-천맥지-전자로드) 참고.
■ 명당탐지기 (천기룡, 관룡자 / 심룡척)	■땅 속에 흐르는 혈(穴) 지기(地氣) 판단 장비 땅속의 혈, 지기를 판단하는 명당탐지기(천기룡, 관룡자/심룡척)는 혈(穴)과 같은 동위 원소의 동작으로 작동되는 것으로, 땅속에 흐르는 혈의 존재 여부를 쉽고 정확하게 판단할 수 있다. 즉, 혈과 사람 그리고 명당탐지기 끝에 붙은 특수 자석이 서로 일체감(동조)을 조성해서 땅속에 흐르는 혈을 판단하는 것이다. 그러나 가격이 다소 비싸다. 명당탐지기 사용법은 왼손잡이는 왼손에 잡고, 오른손잡이는 오른손에 잡고 사용하는데, 혈(穴)이 존재하는 곳에서는 회전하게 된다. 즉 혈이 좌(左)에서 우(右)로, 우(右)에서 좌(左)로 혹은 상(上)에서 하(下)로, 하(下)에서 상(上)으로 혈의 흐름에 따라서 명당탐지기는 음(陰)기운에는 왼쪽으로 회전하고(반시계 방향), 양(陽)기운에서는 오른쪽 방향으로 회전(시계 방향)하게 되는데, 회전 방향에 상관없이 회전하는 곳에서는 혈(穴)이 존재하는 곳이다. 특히

	점혈(點穴) 지점을 찾기 위한 방법으로 동, 서, 남, 북으로 깃대 등을 표시 후 최종 점혈지점을 판단하는 방법이 있다. 그러나 명당탐지기(천기룡, 관룡자/심룡척)는 수맥(水脈), 황천살(黃泉殺), 황천수(黃泉水), 황천풍(黃泉風) 등의 방위 판단은 할 수 없다. ※〈참고〉 명당탐지기(천기룡, 관룡자/심룡척)는 땅속에 흐르는 혈(穴)에 따른 지기(地氣)를 판단하는 것이다. 땅 위에 흐르는 지기(양기〈陽氣〉 혹은 음기〈陰氣〉) 판단은 수맥봉 1개(혹은 천맥지)로 판단한다. 그러나 땅속이나 땅 위 모두 좋은 기운들은 같이 존재하는 것으로 볼 수 있기 때문에 명당탐지기나 혹은 수맥봉 1개(혹은 천맥지)의 경우도 같은 것으로 볼 수 있다. 따라서 음, 양택에서 혈(穴)의 존재 여부 판단은 〈수맥봉 1개〉 혹은 〈천맥지〉 혹은 〈명당탐지기〉로 판단하고, 그리고 황천수 등의 방위는 패철(나경)로 판단하면 쉽게 명당(明堂)자리를 판단할 수 있다. ※아래 명당탐지기(천기룡-심룡척) 측정방법 참고.
■ 혈	■ 혈토(穴土) 및 습기(濕氣) 판단 장비 혈토탐침봉은 음, 양택의 땅속에 혈토(穴

| 토탐침봉 | 土) 판단은 물론 물(水)이나 습기(濕氣)의 존재 여부를 확인하는 것으로 실전 풍수(風水)에서 사용되는 중요한 장비이다. 명당(明堂)의 혈토는 맛은 달고, 광택이 있고 홍황자윤(紅黃紫潤)에 비석비토(非石非土)한 흙이다. 즉 색깔은 붉은 황토색이면서 자색, 흑색, 백색 등의 오색토(五色土)이며, 돌처럼 보이지만 만지면 흙이 되는 것이 혈토층의 혈토이다. 이것을 지장수로 사용하는 것이다.

혈토탐침봉으로 혈(穴) 자리의 땅을 파고 흙을 확인해보면 혈토의 평균 온도(溫度)는 약 16도 정도이며, 습도(濕度)는 5가 적당하다. 땅속 온도가 높으면 화염(火炎)이 되고, 온도가 낮으면 습도가 높아 수염(水炎)이 된다. 특히 흙을 만져보아 만두처럼 흙이 굳어지면 습(濕)이 높은 흉지(凶地)로 분류된다.

따라서, 혈토탐침봉은 정혈(定穴)로 명당(明堂) 즉 점혈(點穴) 지점을 찾기 위한 사전 진위를 판단해 보는 것이다. 요즘에는 전동식혈토탐지기도 있다.

기존 묘지(墓地)에서 수염(水炎) 판단 역시 혈토탐침봉이 유효하며, 묘지에 이끼가 끼고, 쑥이나 풀이 무성하게 잘 자라면, 수맥(水脈)이 존재한다.

※아래 광중 온도 측정법(혈토탐침봉)참고 |

■ 〈천맥지-전자로드, 명당탐지기(천기룡-심룡척), 관중 온도 측정법〉

 수맥봉-천맥지-전자로드 측정법

수맥봉과 전자로드 혹은 천맥지는 수맥과 땅위의 흐르는 양(陽)기운을 측정하는 기구이다.
그러나, 이들의 기능 모두를 수맥봉으로도 대신해서 측정할 수도 있다.

〈〈모양〉〉

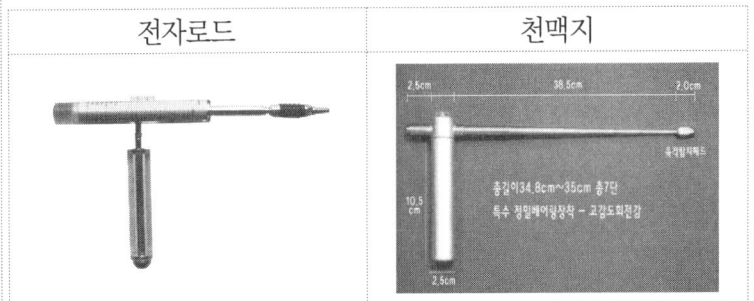

1. 수맥(水脈) 측정 때 모양

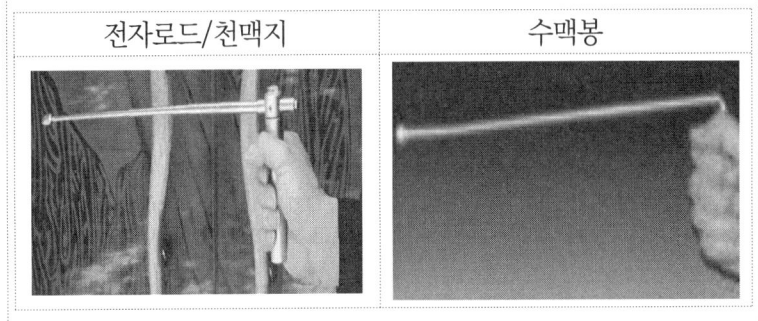

수맥을 측정할 때는, 수맥봉/전자로드/천맥지 모두 길이를 길게 해서 측정한다.
※〈참고〉
- 수맥파 : 안으로 모아 진다.
- 하트만파(단층 등에서 발생되는 파) : 밖으로 벌어진다.

2. 양(陽)기운(좋은 기운) 측정 때 모양

전자로드/천맥지	수맥봉
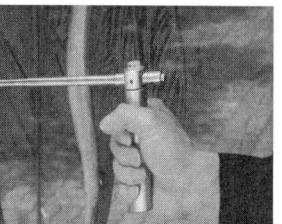	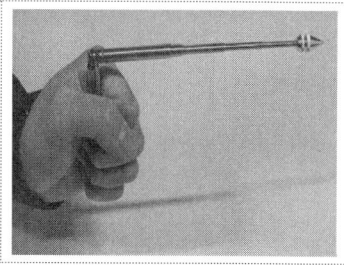

땅위에 흐르는 양(陽)기운을 측정할 때는,
수맥봉/전자로드/천맥지 모두, 길이를 짧게(약 30cm 정도) 해서 측정한다.
※〈참고〉
수맥봉/전자로드/천맥지
- 오른쪽으로 회전(시계방향)
  => 양기운(좋은 기운)
- 왼쪽으로 회전(반시계 방향)
  => 음기운(나쁜 기운)

명당탐지기(천기룡-심룡척) 측정법

1. 명당탐지기는 오른손/왼손으로 잡고 겨드랑에 붙이도 되고, 뛰어도 된다.
2. 명당탐지기의 높이는 팔 높이와 수평을 이룬다.
3. '마음속으로 명당탐지기가 다른 곳으로 혹은 불필요하게 절대 움직이지 않는다라고 굳게 마음을 먹는다'.
4. 눈은 반드시 명당탐지기 끝을 향해야만 된다.
5. 왼쪽 혹은 오른쪽 회전을 하거나 혹은 방향을 가르키는 것은 좋은 기(氣)의 흐름이 존재한다는 뜻이며, 양(陽) 지기에서는 오른쪽으로 회전하고(시계 방향), 음(陰) 지기에서는 왼쪽(반시계 방향)으로 회전한다.
6. 아래 그림에서 명당 혈(穴)이 이동하는 곳은 왼쪽 혹은 오른쪽 방향을 가르키고(A지점), 가르키는 방향을 쭉 따라 가보면(B지점),
어떤 지형에서는 좌, 우로 방향을 반복해서 나타나는 곳도 있는데 이 경우 명당 혈이 좌, 우로 꿈틀되며 내려오고 있는 곳이다(C지점). 따라서 가르키는 방향으로 쭉 내려오다 보면, 왼쪽 혹은 오른쪽으로 실질적으로 명당탐지기가 회전하는 곳이 있다(D지점). 이곳이 바로 기(氣)가 농축된 명당(明堂) 혈(穴) 자리가 된다. 《〈아래 그림 참고〉》
7. 양택의 경우 명당탐지기가 오른쪽/왼쪽 혹은 방향을 가르키거나 회전하는 곳이면 명당으로 판단한다.

※〈참고1〉 나무의 경우...나무 앞에서 측정해 보면...양(陽) 나무에서는 오른쪽(시계 방향)으로 회전하고, 음(陰) 나무에서는 왼쪽(반시계 방향)으로 회전한다.
※〈참고2〉 기(氣)가 농축된 명당(明堂) 혈(穴)을 찾는 법.

지형
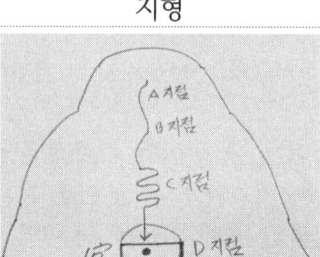

명당 혈(穴)이 이동하는 곳은,
왼쪽 혹은 오른쪽 방향을 가르키고(A지점), 가르키는 방향을 쭉 따라 가보면(B지점),
어떤 지형에서는 좌, 우로 방향을 반복해서 나타나는 곳도 있는데 이 경우 명당 혈이 좌, 우로 꿈틀되며 내려오고 있는 곳이다(C지점). 따라서 가르키는 방향으로 쭉 내려오다 보면, 왼쪽 혹은 오른쪽 방향으로 실제 회전하는 곳이 있다(D지점).
이곳이 바로 기(氣)가 농축된 명당(明堂) 혈(穴)의 자리가 된다.

광중 온도 측정법

사람이 땅속 광중 온도를 측정하기 위해서 혈토탐침봉으로 직접 회전시켜서 표준 관중 깊이 즉 1m~1m 80cm를 측정하기란 어렵다. 따라서, 음, 양택에서의 관중 측정은 관중 깊이 50cm와 80cm정도에서 만두처럼 묻어 나오는 습기 있는 흙이 아니고, 습기가 없는 건조되고 푸석푸석한 오색토 흙일 경우 비록 광중 깊이에는 못미치는 50cm와 80cm정도에서 측정해도, 이곳이 습기(濕氣) 흙이 아닌 경우, 다소 좋은터라고 할 수 있다.

※〈참고〉
관중 깊이 온도는 무시하고, 건조 흙인가? 혹은 진흙인가? 이것만 판단 해서 결정해도 크게 문제되지 않는다.
즉, 광중 깊이에 못미치는 50cm와 80cm정도에서 건조된 흙에서 온도를 측정해 보면, 추은 겨울에는 상온과 다소 비슷하거나 다소 높게 나타나고(※습기 흙은 상온보다 아주 낮다), 더운 여름의 경우는 상온보다 다소 낮게 나타난다(※습기 흙은 상온보다 아주 낮게 나타난다). 따라서, 비록 광중 깊이는 못미치는 50cm와 80cm 정도에서 온도를 측정해도 건조된 흙이라면 다소 괜찮은 땅이라고 판단해도 무방하다. 따라서, 관중 깊이 온도도 중요하지만, 우선 건조 흙인가? 혹은 진흙인가? 이것이 우선이다.

제5장
양택(집)을 판단하자

풍수지리(風水地理)는 좋은 기(氣)를 통하여 장수(長壽)와 건강(健康)을 심어주는 핵심 요소로써 세계적으로 풍수의 중요성이 강조되고 있다.

아울러 요즘은 전원주택(田園住宅)은 물론 apt 혹은 연립주택에 적용되는 인테리어 풍수가 선풍적인 인기를 얻고 있는 것은 사실이다.

특히 독자들은 사주(四柱)에서 본인에게 악(惡)영향을 주는 오행(五行)이거나 혹은 부족한 오행(五行)은 풍수(風水)에서 채워주어야만 성공인(成功人)으로서 완성(完成)된다.

전원주택의 경우 집주인과 오행(五行)의 구조가 맞아야만 무병장수(無病長壽)할 수 있다. 이러한 것들은 이어서 배울 나경(패철) 사용법에 따른 3층(삼합오행 확인), 6층(인반중침 확인)

그리고 8층(천반봉침 확인)에서 구체적으로 설명하였다.

풍수(風水)에는 크게 2가지로 나눌 수 있다.

주변에 존재하는 산세, 물세, 건물, 도로 등의 지형을 토대로 판단하는 '형기풍수'와 나경(패철)로 용, 혈, 사 등을 측정하여 판단하는 '이기풍수'가 있다. 본 책에서는 형기풍수와 이기풍수의 중요성을 감안해서 둘 모두 적용하고 활용하는 복합 형태로 구성하였다. 또한 공간과 시간 즉 시공(時空)을 바탕으로 판단하는 '현공풍수' 등이 있다.

풍수(風水)의 중요성은 우리 주위에서도 쉽게 확인할 수 있다.

즉, 이사 혹은 묘지(墓地) 선정에 따라 가세가 기울거나, 흥망(興亡)되는 현상들은 모두 풍수에 기인한 것들이다.

흔히 양택풍수(집)와 음택풍수(묘지)는 다른 것으로 착각하기 쉽다. 그러나 둘 다 모두 똑 같다. 터에 집을 짓고 사람이 살면 양택풍수(陽宅風水)이고, 땅을 파고 죽은 사람을 묻으면 묘지(墓地) 즉 음택풍수(陰宅風水)이다.

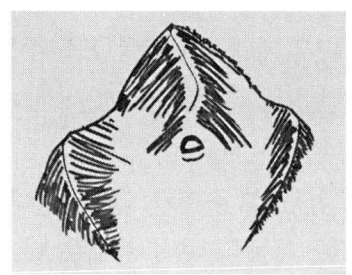 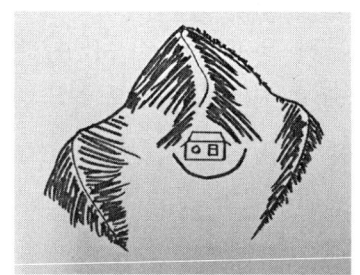

단지, 양택은 음택보다 대체로 보국(保局) 즉 주산, 청룡, 백호, 안산 등의 전체 터의 크기가 다소 크고, 양택(집)은 살아있는 사람이 살기 때문에 지기(地氣)를 직접적으로 받는 관계로 발복(發福)이 빠르다.

이러한 양택과 음택은 용맥을 통하여 산천 생기를 받는 용세론(龍勢論), 생기를 융결하는 혈세론(穴勢論), 생기를 보호하는 사세론(砂勢論)과 수세론(水勢論), 그리고 좌향(坐向) 즉 방향(方向)을 결정하는 향법론(向法論)이 있다.

또한 풍수지리(風水地理)의 5대 요소로는 용(龍), 혈(穴), 사(砂), 수(水), 향(向)이 있다. 이들 모두는 양(陽)과 음(陰)의 기운(氣運)을 서로 균형(均衡)있게 맞추어 주는 작업을 하는 것이다.

명당(明堂)의 첫째 조건은 양택3요결(陽宅三要訣)로써 배산임수(背山臨水)형으로 뒤로는 높지 않는 산이나 언덕이 있고, 앞에는 하천이 흐르며 전저후고(前低後高)형을 말한다.

이러한 조건이라야만 산(山)에서 내려오는 지기(地氣)를 받을 수 있고, 앞에 하천(河川)이 존재해야만 산에서 내려온 지기(地氣)가 더 이상 새어나가지 않고, 좋은 기운(氣運)을 얻게 된다. 이러한 역할은 도로나 농지 등도 같은 역할을 한다. 특히 도로와 하천은 직선으로 내려오는 것이 아니라, 감싸는 도는 형이 되어야 한다.

또한 뒤는 높고 앞은 낮은 전저후고(前低後高)의 원칙에 따라 집이나 묘지의 방향(方向)이 결정된다. 즉, 북쪽이 높고 남쪽이 낮다면 남쪽 방향으로, 남쪽이 높고 북쪽이 낮으면 북쪽 방향으로, 서쪽이 높고 동쪽이 낮으면 동쪽 방향으로, 동쪽이 높고 서쪽이 낮으면 서쪽 방향으로 결정한다(※나경 4층 정반정침(正盤正針)의 기준 방향 판단도 전고후고의 원칙에 따른다). 그리고 들어가는 입구는 좁고, 뒤는 넓은 전착후관(前窄後寬) 형식이 되어야 한다.

명당(明堂)은 햇볕을 받지 못하는 곳은 명당이 될 수 없다.

그렇지만 꼭 햇볕이 잘 드는 남향만 명당이 아니라, 북향(北向)의 경우에도 뒷산이 낮고 길게 뻗은 경우는 남방 못지않게 햇볕을 받을 수 있는 조건이라면 얼마든지 명당이 될 수 있다. 대표적으로 전북 고창의 인촌 김성수 고택이 북향집이다.

음택(陰宅)은 나쁜 기운이나 좋은 기운의 발복하는 속도가 다소 느려, 황골(黃骨)이 없어질 때까지 여러 자손들에게 오랜 세월 동안 영향을 주지만, 양택(陽宅)은 장소에 따라 잉태하거나 혹은 태어나거나 혹은 거주하는 사람에게 장소에 따라 다르게 나타나지만, 길흉(吉凶)의 영향은 빠르게 나타난다(※발복 시기 판단은 패철 사용 참조).

풍수(風水)에서 양(陽)은 도로, 차량, 하천, 바람 등 움직이는 것을 말하고, 음(陰)은 산, 땅, 건물, apt 등으로 움직이지 아니하는 것들을 말한다.

이때 음(陰)의 기운에 해당되는 지기(地氣)는 위로 상승하고, 천기(天氣)에 해당되는 양(陽)의 기운은 아래로 하강하는 특징이 있다.

풍수지리학의 출발은 음택풍수보다는 양택풍수가 먼저다. 그 이유는 인간(人間)은 생존과 생활의 편리를 찾기 위해서 생활할 터전을 먼저 찾아왔기 때문이며, 후에 동기감응론(同氣感應論) 등이 등장하고 증명됨으로서 음택(陰宅)풍수가 증명되었고, 정착되었다. 양택(陽宅)은 양택가상학(陽宅家相學)이라고 한다. 즉, 양택은 좋은 터에 집을 지으며, 가상학(家相學)적으로는 집의 구조, 형태, 방위 등은 구조에 맞게 공간을 배치하는 것을 말한다. 또한 양택의 적용 범위는 자신이 살고있는 집은 물론, apt, 빌딩, 건물, 상가, 공장 등을 모두 포함된다.

양택(陽宅)과 음택(陰宅)의 5대 길지(吉地)와 흉지(凶地)는 다음과 같다.

구분	〈내용〉
길지 (吉地)	• 배산임수(背山臨水)의 지형으로 뒤에는 완만한 산이 있고, 앞에는 하천(河川)이 쭉쭉 뻗은 곳이 아니라, 감싸고도는 곳 • 전저후고(前低後高)로 뒤는 높고 앞은 낮은 곳으로, 이때 앞은 평탄한 곳이라야 한다(※재물이 모이는 터는 반드시 앞이 평탄한 곳이어야 한다. 그 이유는 물이 모이지 않는 곳은 지기가 모이지 않기 때문에 재물이 흩어진다). 도로는 택지보다 같거나 낮아야 한다. • 전착후관(前窄後寬)으로 앞이 좁고 마당과 정원 등의 뒤가 넓어야 한다, 대문이나 출입구가 집에 비하여 지나치게 너무 크면 가난해지고, 이와 반대로 대문

	이 집에 비해 너무 작은 경우도 동일하다. 따라서 대문과 집의 크기가 균형이 맞아야 재물이 들어온다. 이것은 상가도 동일하다. 집터는 남북이 길고, 동서가 좁아야 길(吉)하다. • 햇볕과 통풍이 잘 받는 곳 • 땅이 밝고 단단하며 색이 좋은 오색토이고, 배수가 잘되는 곳(※땅이 썩어 있거나, 자갈이나 굵은 모래가 썩인 것은 음기(陰氣)를 발생시키고, 지기(地氣)가 흩어지므로 나쁜 곳이다)
흉지 (凶地)	• 하천이나 산이 감싸고돌지 않고, 일직선으로 쭉쭉 뻗은 곳 • 높은 곳에 홀로 있는 집  • 음, 양택에서 골짜기 풍(風)을 받거나, 도로, 물(水), 차(車), 사람의 이동에 따른 직접적인 영향을 받는 경우는 기(氣)가 너무 강(强)한 관계로 흉지(凶地)이다. 또한 사각형, 삼각형 도로 부분이나 모서리 부분은 기(氣)가 흩어지므로 모두 흉지(凶地)이다.

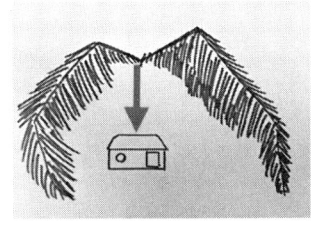 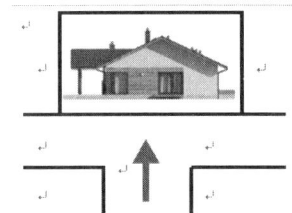

- 뒤가 낮거나 혹은 경사가 급한 곳 혹은 홀로 높은 곳에 존재하는 곳
- 주변에 폭포, 물, 바람 소리가 들리는 곳(※사망사고 발생).

- 택지 밑에 유골이 존재하거나, 자갈이나 모래, 질퍽거리는 흙, 흙이 썩은 검은 부식토, 나무뿌리가 지나간 지역 혹은 개천, 연못, 호수 연못 매립지역의 경우(※자갈은 지기를 흩어지게 하고, 매립지는 나쁜 음기(陰氣)를 발생시킴)

- 공동묘지, 화장터, 군부대, 사당, 성황당, 신전, 병원, 늪지, 교도소, 사찰, 법원, 교회, 큰 공장 자리, 화장실 자리, 축사, 큰 나무, 고압 전류 등의 터는 기(氣)가 쎈 곳이라 사고가 발생되는 흉지(凶地)이다.
- 큰 건물과 큰 건물 사이가 벌어진 틈새를 천참살(天斬煞)이라고 하는데, 틈새의 거리가 좁으면 좁을수록 매우 나쁜 흉지(凶地)이다. 이 경우 틈새를 막아 주어야 된다.
- 굴뚝이 밀집한 지역 역시 흉지(凶地)이다.
- 산을 절개한 곳, 점토가 질퍽거리는 곳, 먼지 발생지역 역시 흉지(凶地)이다.

지금까지, 양택풍수와 음택풍수가 모두 같다는 사실에 입각하여 이들에게 적용되는 기본적인 사항은 알아보았다.

이제부터는 양택풍수에 대하여 먼저 알아보도록 하자.

따라서 독자들은 뒤에서 설명될 음택풍수를 공부할 때 이미 먼저 학습된 양택풍수에 적용된 사항을 참고하고 이어서 학습해 주면 되겠다.

중국에서 가장 오래되고 권위 있는 황제택경(黃帝宅經)에 소개된 5실과 5허의 양택풍수는 다음과 같다.

〈5실〉	〈5허〉
• 집의 크기가 아담하고, 식구가 다소 많은 집	• 집의 크기에 비해 가족수가 적은 집
• 집의 크기에 비해 대문이 다소 작은 집	• 집은 작은데 대문이 지나치게 큰 집
• 화초가 잘 자라는 집	• 집은 작은데 마당과 뜰이 너무 큰 집
• 담장과 울타리가 바르게 세워진 집	• 부엌과 침실이 너무 가까운 집
• 고층 건물이 주위에 없는 집	• 담장이나 울타리가 없는 집

이제 이러한 기본적인 조건을 바탕으로 실제 양택에서 적용되는 본명궁(本命宮), 동사택(東四宅), 서사택(西四宅), 가택구성법(家宅九星法) 그리고 인테리어 풍수를 구체적으로 알아보자.

1. 본명궁 판단(자신에게 맞는 동사택과 서사택 선택법)

본명궁(本命宮)이란?

사람이 태어난 해 즉 출생년도에 따라 자신에게 맞는 풍수기운(風水氣運)을 말한다.

이것은 주택이나 apt에서 가장 먼저 고려되어야 될 사항이기 때문에 길흉(吉凶)의 첫걸음이다. 집주인이 자신에게 맞는 동, 서사택과 일치하면 건강은 물론 화목하고 장수하지만, 그렇지 않는다면 재난(災難)과 근심이 많게 된다. 따라서 자신에게 맞는 동사택 혹은 서사택을 선택해야 한다.

이것은 성별로 구분되고, 상원(上元), 중원(中元), 하원갑자(下元甲子)로 다시 구분이 되기 때문에 구궁도(九宮圖)를 바탕으로 자신에게 맞는 동, 서사택 판단은 계산으로 판단할 수 있다.

그러나 여기서는 계산법은 생략하고, 독자들에게 쉽게 접목시키기 위하여 곧바로 출생년도별 〈본명궁(本命宮) 표〉를 통하여 자신에게 맞는 동사택(東四宅) 혹은 서사택(西四宅)을 선택하도록 하였다.

예를 들면, 1961년 신축년(辛丑年)생 남자의 경우 〈본명궁(本命宮) 표〉을 바탕으로 전원주택이나 apt를 선택할 때는 동사택(東四宅)을 선택하면 된다.

다른 출생년도의 해당되는 사람들 모두는 성, 별에 따라 각각 아래 본명궁(本命宮)을 바탕으로 결정하고 판단해 주면 된다.

〈본명궁(本命宮) 표〉

출생년도		남자	여자	출생년도		남자	여자	출생년도		남자	여자
1940	庚辰	서	동	1977	丁巳	서	동	2014	甲午	동	서
1941	辛巳	서	동	1978	戊午	동	서	2015	乙未	동	동
1942	壬午	동	서	1979	己未	동	동	2016	丙申	서	동
1943	癸未	동	동	1980	庚申	서	동	2017	丁酉	동	서
1944	甲申	서	동	1981	辛酉	서	서	2018	戊戌	동	서
1945	乙酉	동	서	1982	壬戌	동	서	2019	己亥	서	서
1946	丙戌	동	서	1983	癸亥	서	서	2020	庚子	서	서
1947	丁亥	서	서	1984	甲子	서	서	2021	辛丑	서	동
1948	戊子	서	서	1985	乙丑	서	동	2022	壬寅	서	동
1949	己丑	서	동	1986	丙寅	서	동	2023	癸卯	동	서
1950	庚寅	서	동	1987	丁卯	동	서	2024	甲辰	동	동
1951	辛卯	동	서	1988	戊辰	동	동	2025	乙巳	서	동
1952	壬辰	동	동	1989	己巳	서	동	2026	丙午	동	서
1953	癸巳	서	동	1990	庚午	동	서	2027	丁未	동	서
1954	甲午	동	서	1991	辛未	동	서	2028	戊申	서	서
1955	乙未	동	서	1992	壬申	서	서	2029	己酉	서	서
1956	丙申	서	서	1993	癸酉	서	서	2030	庚戌	서	동
1957	丁酉	서	서	1994	甲戌	서	동	2031	辛亥	서	동
1958	戊戌	서	동	1995	乙亥	서	동	2032	壬子	동	서
1959	己亥	서	동	1996	丙子	동	서	2033	癸丑	동	동
1960	庚子	동	서	1997	丁丑	동	서	2034	甲寅	서	동
1961	辛丑	동	동	1998	戊寅	서	동	2035	乙卯	동	서
1962	壬寅	서	동	1999	己卯	동	서	2036	丙辰	동	서
1963	癸卯	동	서	2000	庚辰	동	서	2037	丁巳	서	서

1964	甲辰	동	서	2001	辛巳	서	서	2038	戊午	서	서
1965	乙巳	동	서	2002	壬午	서	서	2039	己未	서	동
1966	丙午	서	서	2003	癸未	서	동	2040	庚申	서	동
1967	丁未	서	동	2004	甲申	서	동	2041	辛酉	동	서
1968	戊申	서	동	2005	乙酉	동	서	2042	壬戌	동	동
1969	己酉	동	서	2006	丙戌	동	서	2043	癸亥	서	동
1970	庚戌	동	동	2007	丁亥	서	동	2044	甲子	동	서
1971	辛亥	서	동	2008	戊子	동	서	2045	乙丑	동	서
1972	壬子	동	서	2009	己丑	동	서	2046	丙寅	서	서
1973	癸丑	동	서	2010	庚寅	서	서	2047	丁卯	서	서
1974	甲寅	서	서	2011	辛卯	서	서	2048	戊辰	서	동
1975	乙卯	서	서	2012	壬辰	서	동	2049	己巳	서	동
1976	丙辰	서	동	2013	癸巳	서	동	2050	庚午	동	서

2. 동사택(東四宅)과 서사택(西四宅)이란?

동사택과 서사택의 판단 기준은 양택3요(陽宅三要)에 의해서 판단한다.

즉, 대문(門, 현관), 안방(主), 부엌(造, 주방)의 배치 방향을 보고 판단하는데, 이들 방향이 북쪽(水), 동쪽(木), 동남쪽(木, 火), 남쪽(火)에 배치되어 있다면(혹은 다수 많이 배치되어 있다면) 동사택(東四宅)이 되고, 서북쪽(金, 水), 남서쪽(火, 金), 북동쪽(水, 木), 서쪽(金)에 배치되어 있다면(혹은 다수 많이 배치되어 있다면) 서사택(西四宅)으로 판단한다.

예를 들면, 대문(현관), 안방, 부엌(주방)이 북쪽, 동쪽, 동남쪽, 남쪽에 배치된 집이라면 동사택이 된다.

따라서 양택풍수에서는 이러한 동사택과 서사택의 조건에 맞게 배치시켜야만 길(吉)하지 그렇지 않는 방향이든지 아니면, 동사택과 서사택이 상호 섞어진 집이라면 흉(凶)으로 작용한다.

그렇지만, 이들 중 지저분한 곳에 해당되는 화장실, 헛간, 창고, 쓰레기장, 하수구, 다용도실, 주차장 등은 동사택에서는 서사택 방향에 배치해야하고, 서사택이라면 이들의 방향은 동사택 방향에 배치해야 길(吉)하다.

예를 들면, 동사택에서의 화장실 배치는 서사택에 해당되는 서북쪽, 남서쪽, 북동쪽, 서쪽 중에 배치시켜야 한다.

또한 대문(현관), 안방, 부엌(주방), 거실 등은 서로 상생관계(相生關係)라면 더욱 훌륭한 양택풍수가 된다.

즉, 동사택에서 대문이 동쪽(木)이고, 거실이 남쪽(火)이라면 목생화(木生火)가 되어 길(吉)하지만, 안방이 북쪽(水)인데 자녀방이 남쪽(火)이라면 수극화(水剋火)되어 나쁜 방향이다.

하지만 요즘처럼 apt문화 등으로 인하여 자신의 집을 짓지 않는 이상 이러한 상생관계를 고려하여 배치한다는 것은 어려운 것이 사실이다.

따라서, 최초 전원주택 등의 경우 신축시에는 대문(현관), 안방, 부엌(주방) 등을 자신에게 맞는 풍수(風水)를 적용하기란 쉽지만, 이미 완공된 경우에는 구조 변경을 100%하지 않는 이상 불가능하다. 이러한 경우 그대로 방치하여 사용하는 것 보다는, 안방을 중심으로 주인(主人)에게 맞는 동, 서사택을 기준으로 해서 인테리어 풍수(風水)는 물론 물품을 재(再)배치 하거나 혹은 방향(方向) 변경이 어려운 것들은 커튼, 화분, 병풍 등을 이용하여 가림막 역할을 해줌으로서 나쁜 기운(氣運)은 막아주고, 좋은 기운은 유지시킬 수 있는 방법으로 배치시킨다는 것을 잊지 말자.

통상적으로 동사택은 양(陽)의 기운이 강하고, 서사택은 음(陰)의 기운이 강하다.

독자들은 동사택과 서사택 구분하는 방법은 지금까지 제시된 방향(方向)으로 판별하는 방법이 있지만, 이것 보다는 뒷장에서 배울 나경(羅經) 즉 패철(佩鐵)을 활용하면 더욱 쉽게 구분할 수 있으니 참고하기 바란다.

3. 가택구성법(家宅九星法)

가택구성법이란?

동사택과 서사택에 따라서, 대문(현관), 안방, 부엌(주방), 자녀방, 공부방, 거실, 수도, 우물 및 사무실에서는 사장실, 임원실, 금고, 회의실, 경리실, 직원실의 배치 방향에 따른 길흉(吉凶) 내용을 구체적으로 판단하는 것을 말한다.

이것은 중앙에서 기두(起頭)의 방향을 바탕으로 판단한다.

기두란? 단층 평면 주택에서는 중심부에서 대문이나 현관(출입문)의 위치를 말하고, 고층 건물, 빌딩에서는 중심부에서 힘을 가장 많이 받는 부분을 말한다. 독자들은 다음에 배울 나경 즉 패철로 확인하면 금방 판단할 수 있는 것이므로 다음장에서 설명될 가택구성법(家宅九星法)을 참조해 주길 바란다.

4. 좋은 apt 층수와 사무실 층수는?

 이사에 따른 apt층수나, 사무실 층수 선택은 자신(주인)의 용신(用神)과 희신(喜神)으로 결정하는데 이것의 판단은 '오행의 기능'과 동일하다.

- 수(水) ; 1층과 6층(1층, 11층, 21층… 및 6층, 16층, 26층… 등)
- 화(火) ; 2층과 7층(2층, 12층, 22층… 및 7층, 17층, 27층… 등)
- 목(木) ; 3층과 8층(3층, 13층, 23층… 및 8층, 18층, 28층… 등)
- 금(金) ; 4층과 9층(4층, 14층, 24층… 및 9층, 19층, 29층… 등)
- 토(土) ; 5층과 10층(5층, 15층, 25층… 및 10층, 20층, 30층… 등)

 예를 들어보자.
 만약 자신(주인)의 용신이 금(金)일 경우 좋은 층을 판단해 보자.
 금(金)에 해당되는 4층과 9층 즉, 4층, 14층, 24층… 및 9층, 19층, 29층… 등이 좋고, 아울러 금(金)의 희신 토(土)에 해당되는 5층과 10층 즉, 5층, 15층, 25층… 및 10층, 20층,

30층… 등도 발복(發福)할 수 있는 좋은 층이 된다(※지기의 영향을 받을 수 있는 6~8층이 좋다).

그러나, 용신(用神) 금(金)이나 희신(喜神) 토(土)를 극(剋)하는 기신(忌神)의 화(火)나 구신(仇神)의 목(木)에 해당되는 2층이나 7층 그리고 3층과 8층 등은 상극(相剋)이므로 쇠퇴, 병고, 관재구설이 발생될 수 있다.

따라서, 독자들은 이미 본 책의 앞장 사주(四柱) 부분에서 용신(用神)을 배웠기 때문에 자신의 용신은 알고 있다고 판단된다.

또 다른 층 수 선택 방법은 자신의 사주 구성에서 부족한 오행(五行)을 채워 줄 수 있는 층수가 좋다. 예를 들면 자신의 사주 구성에서 화(火)기운이 부족한 경우 화(火)에 해당되는 2층과 7층 종류를 선택하면 좋다. 이러한 경우 화(火)를 극(剋)하는 수(水)기운이 강한 사주라면 수극화(水剋火)가 되어 오히려 수(水)기운만 배가 시켜 주는 경우가 되므로 이때는 수(水)를 극(剋)하는 토(土)기운에 해당되는 5층과 10층 종류의 apt 층수를 선택함이 현명한 방법이다.

이러한 관계를 잘 알지 못하는 경우라면 사주(四柱)를 판단할 수 있는 사람에게 자신(주인)의 용신(用神)과 사주 구성을 물어서 활용해 주는 방법도 현명한 생활 지혜가 된다.

5. 귀문방(鬼門方)이란?

귀문방은 귀신이 드나드는 문이란 뜻으로, 흔히 북동쪽인

간방(艮方)을 귀문방(鬼門方)이라고 하고, 남서쪽인 곤방(坤方)을 이귀문(裏鬼門)이라고 하는데, 이들 두 방향을 통틀어 귀문방(鬼門方)이라고 한다.

따라서, 귀문방의 방향은 북동쪽과 남서쪽 방향을 말한다.

특히 냄새나는 화장실, 욕실, 부엌, 쓰레기장의 경우 귀문방에 해당되는 북동쪽과 남서쪽 방향(方向)에 위치시키면 흉(凶)하다.

6. 대장군방(大將軍方)이란?

대장군 방위는 3년마다 바뀌는 방위인데 건물 및 건물수리, 변소, 축사, 헛간 등을 대장군 방위에 지으면 좋지 않다. 이사의 경우 대장군 방위쪽 선택도 다소 꺼린다.

대장군 년	대장군 방위
亥, 子, 丑년	서쪽
申, 酉, 戌년	남쪽
巳, 午, 未년	동쪽
寅, 卯, 辰년	북쪽

예를 들면, 2025년 을사년(乙巳年) 년의 경우 대장군 방위는 동쪽이 된다.

7. 도로(道路)와 하천(河川)과의 관계

도로와 차량과 하천은 움직이는 것이므로 양(陽)기운이다.

따라서 이들과 직접적인 일직선상에 존재하거나 혹은 등을 돌리는 형태 또는 마주치는 곳은 양택이나 음택이 존재한다면 너무 쎈 양기운으로 인하여 나쁜 흉터가 된다. 그러나 도로나 하천이 감싸고 돌아가는 형태일 때는 명당(明堂) 터가 되는 것이다.

- 도로나 하천이 감싸는 형태이거나 혹은 평행을 이루면 좋은 터이다.
- 택지보다 도로나 하천이 낮아야 한다.
- 도로와 접한 집보다는 안쪽에 지은집이 더 좋다.
- 도로나 하천이 등을 돌리는 형태는 흉지이다.
- 경사진 도로나 하천은 흉지이다.
- 하천에 물소리가 들리면 사망사고가 발생된다.
- 택지 뒤에 도로나 하천이 존재하면 지기(地氣)가 끊어지게 되므로 흉지이다.
- 도로나 하천이 택지 전체를 둘러싸여 있는 경우는 흉지이다.
- 사거리의 경우 사거리의 크기에 맞게 건물(상가)이 조성되어야 한다. 즉 큰 사거리는 차량 이동이 많은 관계로 양(陽)의 기운이 너무 강하기 때문에 건물이나 상가가 작다면 흉지가 된다. 따라서, 큰 사거리에는 이에 맞는 큰 건물(상가)은 길지(吉地)가 되지만, 작은 건물(상가)은 흉지가 된다. 이와 반대로 작은 사거리에는 작은 건물(상가)이 길지(吉地)가 된다.

도로(道路)와 하천(河川)은 풍수에서 중요한 의미가 있다. 양택(집)과 음택(묘지)에 해당되는 집, apt, 상가, 묘지는 모두 동일(同一)한 풍수(風水)가 적용되므로 도로와 하천 작용에 따른 길흉(吉凶) 관계를 그림으로 나타내면 아래와 같다.

대표적인 지형으로 서울 강남, 용산 등의 부촌(富村)은 모두 한강의 물줄기가 감싸 안는 형이라는 사실이다.

※〈참고〉 그림 출처 : 신풍수지리(조중근)

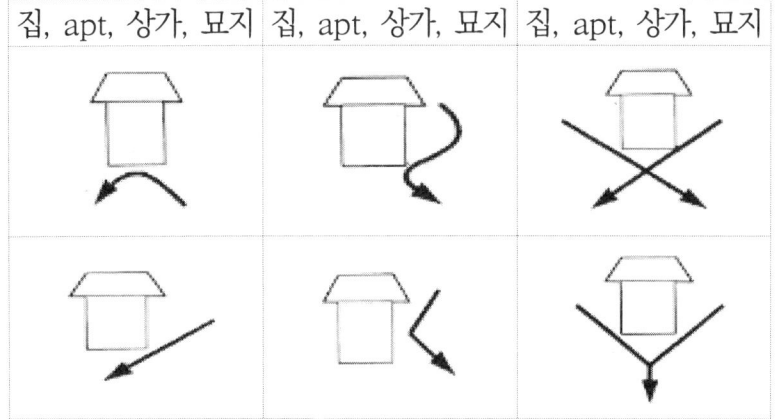

8. 택지

- 건물과 택지 크기는 약 1(건물) : 1.6(대지)이 적당하다.
- 택지가 원형, 정사각형, 직사각형으로 반듯하거나, 좌우 대칭형이면 길지(吉地)이다.
- 택지가 삼각형, 역삼각형, 돌출형, 좌우 비대칭형 등은 나쁜 흉지이다.
- 택지가 마름모꼴인 경우 들어오는 입구가 좁아야 한다. 반대로 입구가 넓은 경우 흉지이다. 특히 장사(상업)하는 집의 형태는 반드시 들어오는 입구가 좁아야 한다.
- 좁은 집터에 큰 집을 지으면 흉하고, 반대로 넓은 집터에 작은집도 흉하다.
- 집 주위에 폭포 혹은 날카로운 산과 건물 그리고 큰 바위 등은 흉하다.
- 절 터, 묘지 터, 사당터, 전쟁이 치열했던 곳 등은 집터로서 나쁘다.
- 남쪽에 넓은 정원이나 빈터가 있으면 좋다.
- 도로면 보다 약간 높은 곳은 좋지만, 보통 이상 높거나 낮으면 흉지다.

9. 건물

- 명당(明堂)이 되려면, 명당터와 명당터에 세워진 건물 즉 가상의 건물 구조가 맞아야만 명당이 된다.
- 주택 밑에 주차장 공간을 만드는 경우(필로티 구조)는 1층이 공간이 형성되므로 지기(地氣)가 흩어지기 때문에 재물이 사라지고 건강(健康)을 잃는 나쁜 흉지다.

- 건물 모양은 반듯하고 안정감이 있어야 한다. 그렇지 않는 건물은 기(氣)의 변형으로 흉한 건물이다. 특히 안전감이 없는 건물에 입주하여 파산된 기업들도 많다.
- 2개의 건물인 경우 서로 마주보는 형이어야 한다(※마주보는 형이 아닌 경우는 흉하지만, 이때는 건물과 건물 사이에 중간 통로를 만들면 괜찮다).
- 아들집과 부모집이 한울타리 안에 있으면 흉하다.
- 'ㄷ'자 집이나, 'ㅁ'자 집은 기(氣)의 순환을 나쁘게 하므로 흉하다.
- 큰 건물 모서리(뾰족한 부분)에 작은 집의 모서리가 바로

밑에 존재하는 경우, 큰 건물에서 흐르는 나쁜 사기가 작은 건물에 유입되어 흉하고 건강이 나쁘다.
- 주변 산이 높은 곳은 높은 층이 길지이며, 낮은 건물과 낮은 층은 흉지이다.

〈길지〉   〈흉지〉

- 주변 산이 멀리 있으면 낮은 건물과 낮은 층이 길지이며, 높은 층은 흉지이다.

〈길지〉   〈흉지〉

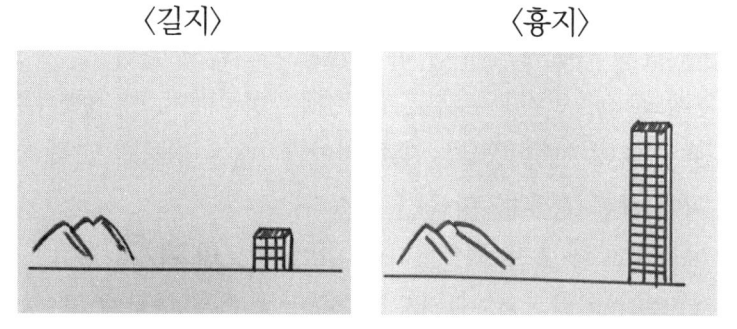

- 집 주위에 고층 건물이 있거나, 고층 건물 사이에는 흉하다.
- 임신 중에 집을 개조하거나 증축하지 말아야 한다.

- 한 공간에 여러 건물이 존재하는 경우 우두머리 건물이 중앙에 존재해야 한다. 그렇지 않는 경우 다툼이 잦고 싸움이 발생된다.
- 2개의 집을 완전 개조하거나 혹은 새로 짓지 않고, 한 채로 합치거나 혹은 증축시키는 경우에는 기(氣)가 분산되므로 흉하다.

10. 대문(현관문)

주택이나 apt에서 양택3요(陽宅三要)에 해당되는 첫 번째가 대문(현관)이며, 대문은 모든 양택에서 기두(起頭) 즉 기준 방향(方向)을 결정하는 중요한 요소이다.

따라서, 대문(현관)은 사람의 신체로 보면 얼굴이나 다름없다. 사람도 얼굴 즉 관상으로 모든 것을 판단 할 수 있듯이, 양택에서도 대문(현관)의 위치나 구성의 중요성도 바로 여기에 있다.

- 집의 크기에 따라 대문도 적당한 크기가 되어야 한다. 집은 작은데 대문이 너무 크면 실속 없어 망하게 된다. 이와 반대로 큰 집인데 대문이 작은 경우도 동일하다.
- 대문이 없으면 외부의 기(氣)와 집안의 기(氣)가 서로 균형이 깨지므로 흉하다.
- 한집에 대문이 2개이면 서로 다른 기(氣)가 존재하므로 흉

하다. 특히 장사(상업)하는 곳 역시 출입문이 2개이면 재물(財物)이 모이지 않는 흉지이다.
- 대문은 도로보다 약간 높아야 한다.
- 대문 옆에 큰 나무가 있으면 흉하다.
- 대문이 옆집과 서로 마주보고 있으면 서로 싸움이 잦고 흉하다.
- 대문을 열고 닫을 때 소리가 나면 흉하다.
- 대문은 허리를 펴고 출입할 수 있어야 길하다.
- 대문입구에 화장실이나 쓰레기장은 흉하다.
- 대문은 집 안쪽으로 열리는 구조가 되어야만 밖의 기(氣)를 집안으로 모을 수 있어 좋다.
- 대문과 현관, 대문과 안방 그리고 대문과 부엌은 절대 일직선상에 놓아 마주보면 흉하다.

특히, 대문(출입문)의 방향 판단은 동사택(東四宅)과 서사택(西四宅) 그리고 가택구성법(家宅九星法) 등을 보고 판단하는 것이 원칙이다.

참고적으로 양택에서 대문(출입문)을 세워서는 안되는 방향은 천겁문(千劫門) 방향으로 이것은 아래와 같다. 이러한 방향 판단 역시 이어서 배울 패철(나경)을 이용하면 금방 확인할 수 있다.

집의 방향	子	癸	丑	艮	寅	甲	卯	乙	辰	巽	巳	午	丁	未	坤	辛	庚	酉	辛	戌	乾	亥	壬
천겁문 방향	巳	巳	辰	丁	午	丙	丁	辛	未	癸	酉	辛	寅	癸	乙	癸	午	寅	丑	丑	卯	乙	申

11. 오행(五行) 건물, 지붕, 산(山)모양

여기서는 오행에 따른 건물, 산 그리고 지붕 모양을 통한 길흉(吉凶)을 알아보도록 한다. 특히 이에 맞는 이상적인 풍수(風水)는 자신(주인)의 사주(四柱) 구성을 바탕으로 결정해 주는 것이 현명한 방법이다.

예를 들면 자신의 사주에 목(木)기운이 없거나 약(弱)한 경우라면 목(木)형에 해당되는 건물이나 산 그리고 지붕 모양이 좋다. 또한 자신(주인)의 용신이 화(火)라면 화(火)형에 해당되는 산이나 지붕 등이 좋다. 이런 경우는 이에서 학습될 음택(묘지) 풍수(風水)를 결정할 때 나경 사용법 중 3층 삼합오행(三合午行)과 6층 인반중침(人盤中針) 그리고 8층 천반봉침(天盤縫針)과 비견 된다.

따라서, 제대로된 풍수(風水)를 알고 적용하려면 풍수(風水) 역시 사주학(四柱學)이 기초(基礎)가 되어야 된다는 사실을 독자들은 알길 바란다. 이에 대한 구체적인 사항은 나경 사용법에서 배우고, 이제 오행(五行)에 따른 건물, 산, 지붕에서의 기운(氣運)의 장, 단점을 알아보자.

※〈참고〉그림 출처 : 한국의 풍수지리와 건축(박시익)

□ 목(木)형 ; 수직선(垂直線)이 강조된 건물 ⇒ 현대건설, 대우 본사 및 한옥의 경우 삼각형 지붕, 산(山)의 경우는 높으면서 뾰족하고, 균형이 잡히고 우뚝선 형태

〈건물 모양〉 〈산 모양〉 〈지붕 모양〉 〈기운 특징〉

건물 모양	산 모양	지붕 모양	기운 특징
			- 확장성이 강하기 때문에 발전을 만든다. - 건물색은 청색계통이 좋다. - 음식점과 학습관련 업종이 좋다. - 관직이나 고급 공무원을 배출한다.

□ 화(火)형 ; 지붕과 건축물이 하늘을 향하여 뾰족한 형태 ⇒ 명동성당 및 교회건물 등이 있고, 산(山)의 경우는 높으면서 삐쭉삐쭉한 형태 즉 서울 관악산의 경우 무학대사가 한양(漢陽)으로 도읍을 정할 때 관악산의 화(火)기운이 너무 강하기 때문에 이에 대한 방책으로 경복궁 앞에 해태상을 세웠다. 이러한 원리는 양택(陽宅)이나 음택(陰宅)에서 화형 산이 배산임수(背山臨水)형으로 뒤에 존재하거나 혹은 앞에 존재하는 경우도 마찬가지로 강한 화

(火)기운을 받는다. 특히 높은 철탑이나 교회 철탑의 경우 자신의 위치에서 정면에서 보이면 이것 역시 강한 화기(火氣)로 인하여 흉(凶)하다.

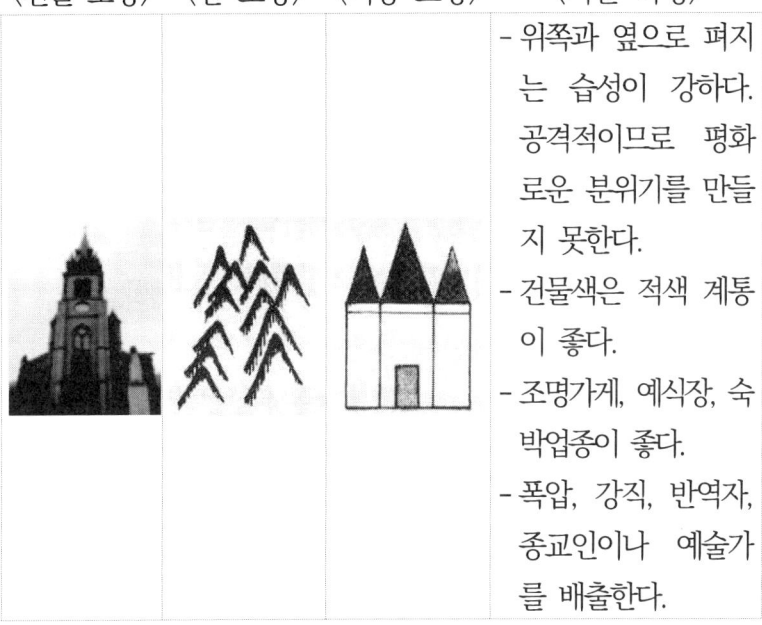

〈건물 모양〉 〈산 모양〉 〈지붕 모양〉 〈기운 특징〉

- 위쪽과 옆으로 펴지는 습성이 강하다. 공격적이므로 평화로운 분위기를 만들지 못한다.
- 건물색은 적색 계통이 좋다.
- 조명가게, 예식장, 숙박업종이 좋다.
- 폭압, 강직, 반역자, 종교인이나 예술가를 배출한다.

▫ 토(土)형 ; 수평선(水平線)이 강조된 건물 ⇒ 조선일보 사옥, 한옥의 경우 용마루가 수평으로 된 형태, 산(山)의 경우는 정상이 평평한 일자의 형태

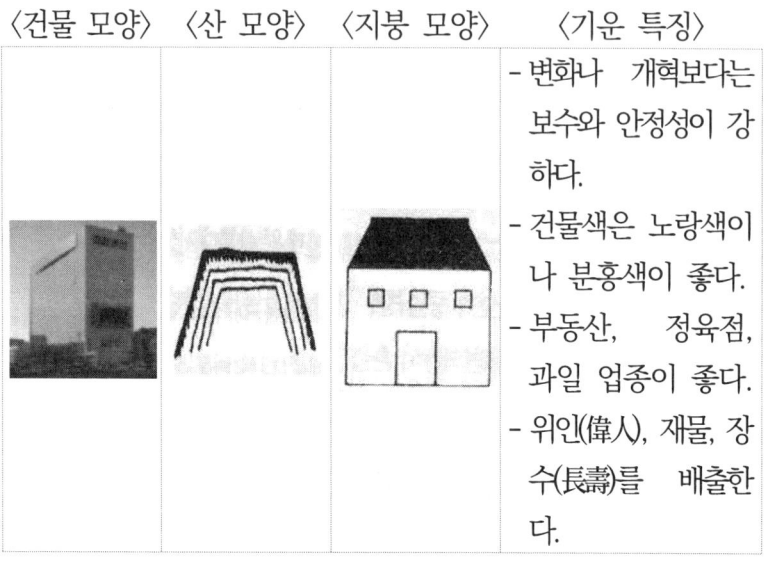

- 변화나 개혁보다는 보수와 안정성이 강하다.
- 건물색은 노랑색이나 분홍색이 좋다.
- 부동산, 정육점, 과일 업종이 좋다.
- 위인(偉人), 재물, 장수(長壽)를 배출한다.

☐ 금(金)형 ; 사각형의 창문이 많은 건물 ⇒ 옛 삼성 본사, 옛 과천 청사 및 우리나라의 초가지붕이나 이슬람 사원 형태이거나 산(山)의 경우는 곡식을 쌓아둔 것처럼 둥근 모양 형태

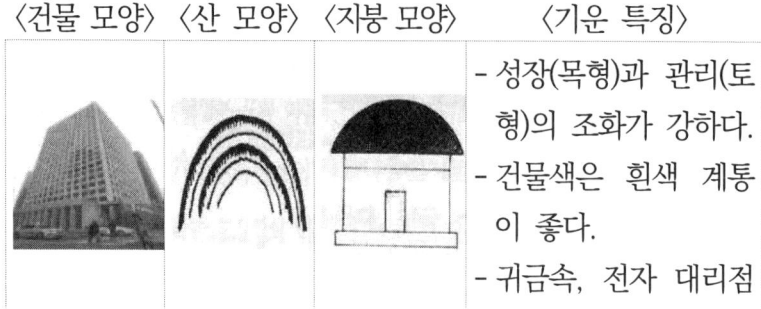

- 성장(목형)과 관리(토형)의 조화가 강하다.
- 건물색은 흰색 계통이 좋다.
- 귀금속, 전자 대리점

			업종이 좋다. - 대부(大富), 무인(武人)을 배출한다.

▫ 수(水)형 ; 굴곡(屈曲)과 변화가 많은 건물 ⇒ 서울중앙우체국 및 한옥의 경우 지붕 용마루 선이 아래로 처져 강한 물결처럼 곡선으로 된 형태, 산(山)의 경우 여러 개의 산이 물결 모양의 삼각형 봉우리를 이루는 형태

〈건물 모양〉 〈산 모양〉 〈지붕 모양〉   〈기운 특징〉

			- 기운이 밖으로 나가는 힘이 강하기 때문에 통제하기 어렵다. - 검정색 계통이 좋다. - 커피전문점, 오락실, 노래방업종이 좋다. - 문인(文人), 학자를 많이 배출한다.

12. 지붕

※ 건물은 지기(地氣)인 음기(陰氣)를 받아들인다면, 지붕은 천기(天氣)의 양기(陽氣)를 받고, 저장하는 곳으로 중요한 의미가 있다.
- 지붕과 용마루는 수평이 되어야 한다.
- 높낮이가 계단처럼 여러 개가 존재하는 지붕은 기(氣)를 흩어지게 하므로 나쁘다.
- 가운데가 높고 양 옆의 지붕은 낮은 형이 좋다.
- 지붕의 일반적인 형태 즉 'ㅅ'형태가 일교차의 완충작용으로 천기를 받아들이는데 가장 좋고, 지붕이 없는 슬래브 지붕은 일교차가 심하기 때문에 천기를 받아들이는데 완충 역할을 하지 못하므로 나쁘다.
- 용마루는 'ㅅ'형태의 지붕이 가장 이상적이다.

13. APT

※ apt 풍수는 일반 주택과 동일하다. 다른 점이 있다면 규모가 큰 apt는 이것을 산(山)으로 간주하여 배산임수(背山臨水)를 판단한다. 그리고 인공적으로 설치된 구조물이나 혹은 석물, apt 등도 모두 풍수의 사(砂)로 취급한다.
- apt 풍수 역시 뒤는 산(山)을 등지고 있어야 하고, 배산임

수(背山臨水)의 지형이어야 한다.
- 도로나 하천은 감싸고도는 곳이 좋으며, apt 단지 앞에는 평지가 되어야 재물(財物)이 모인다.
- apt가 경사진 곳이거나, 복개천, 매립지, 쓰레기장은 음기(陰氣)가 강하기 때문에 흉지이며, 고가도로 밑이거나 혹은 고가도로가 지나는 apt는 양기(陽氣)가 강하기 때문에 흉지다.
- 산을 인공적으로 절개한 곳은 지기(地氣)가 끊어진 곳이므로 흉지다.
- 주차장 확보용으로 1층이 비어있는 필로티 구조는 1층이 공간이므로 지기(地氣)를 받을 수 없기 때문에 흉지다. 이런곳 위에서 생활하면 재물(財物)과 건강(健康)을 잃고 해롭다.
- 가분수 건물 혹은 경사진 곳은 재물이 급속히 빠져나가며 흉한 건물이다.
- 햇볕이 잘 드는 곳으로 남 방향이 좋으며, 만약 북 방향이라면 뒤에 낮은 산이나 낮은 언덕이어야하고, 남 방향에 베란다를 둔다.
- apt 층수는 보통 6~8층이 가장 좋은 층수이다. 그 이유는 지기(地氣)의 흐름은 15m(8층) 이상에서는 현격이 떨어지므로 좋지 않다. 그렇다고 너무 저층의 경우는 햇볕과 응달이 지는 관계로 나쁘다.

- 주변 산(山)보다 낮아야 한다.
- 경매로 나온 apt의 경우 풍수에도 문제가 있다고 판단하기 때문에 가급적 피한다.
- apt 단지 배치는 균형 잡힌 것이 좋으며, 불규칙하게 배치된 것은 지기(地氣)가 흩어지므로 흉(凶)하다. apt 배치에 따른 길흉(吉凶) 판단법은 아래와 같다.

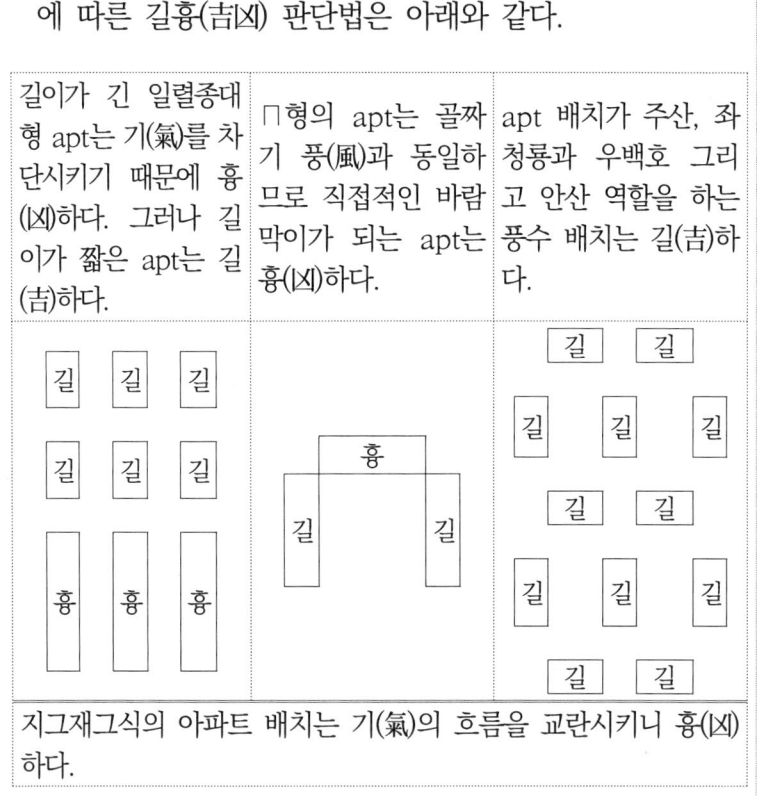

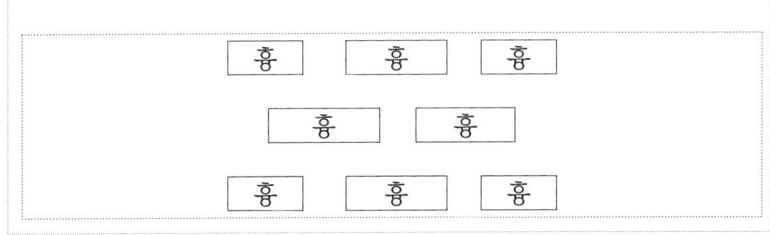

14. 마당

- 마당의 형태는 들어가는 입구는 좁고, 전면은 넓은 지형이 길지이다. 이와 반대로 들어가는 입구는 넓고, 전면은 좁은 것은 흉지이다. 또한 마당의 높이는 도로 높이와 같거나 약간 높아야 된다.

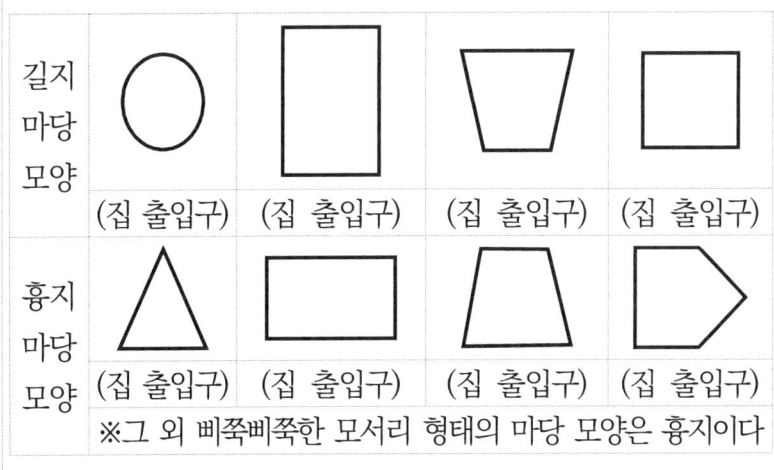

- 마당은 반드시 평탄한 곳이어야 재물이 모이고, 경사진 마당이나 집보다 마당이 높으면 흉지가 된다.
- 마당의 흙은 깨끗하면서 힘이 있는 흙이라야 좋고, 반대로 어두운 색깔이나 냄새나는 흙은 흉하다. 그리고 마당엔 깨끗한 잔디가 좋다.
- 마당에 돌이나 자갈을 깔거나 혹은 콘크리트 포장을 하면, 땅과 온도 차이로 인하여 결로(結露) 현상 즉 음(陰)기운이 증가하므로 흉지다.
- 마당에 석등, 수석, 괴석 등을 세우면 과부(寡婦)가 되는 상부석(孀婦石)이라고 하여, 이것 역시 음(陰)기운을 크게 증가시키는 것이므로 흉지다.
- 마당이 2개이거나 혹은 앞뒤로 양분된 경우는 재물이 두 개로 갈라지므로 흉지다.

※〈참고〉 수(水)의 생성 원리는 지하에 존재하는 금석(金石)이 차갑게 되어 이것들의 기온차에 의해서 결로(結露) 현상이 발생되고 이것들이 모여서 물 즉 수(水)가 되는 것이다. 따라서 정원에 함부로 대리석 혹은 돌을 놓거나 우물을 함부로 파는 것은 이러한 결로 현상이 발생되어 오행(五行)의 순환고리에 나쁜 악(惡)영향을 미치기 때문에 해(害)로운 것이다.

15. 우물과 연못

- 우물은 집을 기준으로 동쪽이나 북쪽이 좋고, 집 앞이나 집 옆에 있는 것도 좋다.
- 우물은 집 뒤에, 마당 한가운데 혹은 집 중앙에 설치하거나 혹은 귀문방에 속하는 남서쪽과 북동쪽은 흉하다. 그러나 우물은 함부로 파면 우물이 나오지 않으므로 집의 구조에 맞게 우물을 배치 시켜야 한다.
- 사용하지 않는 우물은 원래 대로 단단하게 매우든지 아니면, 수시로 우울을 퍼주어 깨끗함을 유지해 주어야 한다.
- 마당에 연못을 조성하는 것을 혈분조경(血盆照鏡)이라고 하는데 이것은 집안의 기(氣)의 흐름이 연못으로 이동하여 소진시키는 역할을 하므로 아주 흉(凶)하다. 따라서 정원에 인공 연못 조성은 부인이 먼저 병(病)을 얻고 재물(財物)을 잃는다.

16. 담장

- 담장이 너무 높거나 낮아도 흉하다(※담장은 키보다 약간 높은 게 좋다).
- 담장은 보국 역할을 하는 것이므로 건물과 너무 가까이 있어도 흉하다.
- 담장은 수평을 유지해야 하며, 철조망, 유리 조각, 쇠창살

설치는 흉하다.
- 집과 담장(담)이 너무 가까우면 흉하다.

17. 화장실

- 화장실은 음기(陰氣)를 발생시키므로 항상 깨끗하고, 밝고, 건조해야 길(吉)하다.
- 화장실이 집 중앙에 있거나 혹은 대문(출입문) 옆에 있거나 혹은 대문이나 주방과 마주 보면 흉하다.
- 화장실의 변기와 세면대 색상은 흰색이 좋다. 그 이유는 흰색은 금(金)기운으로 금생수(金生水)의 원리로 인하여 물(水)을 정화시켜 주기 때문이다.
- 화장실은 동사택과 서사택으로 구분하여 위치를 정하고, 귀문방(鬼門方)에 해당되는 남서쪽이나 북동쪽은 피한다.
- 화장실 뚜껑은 꼭 닫아 음(陰)기운을 차단시킨다.

참고적으로 화장실 방향으로 피해야 될 곳은 북동쪽과 남서쪽의 귀문방(鬼門方)은 물론 나경 4층을 기준으로 아래와 같은 황천살 방향 역시 화장실 방향으로 나쁜 흉(凶)으로 작용하게 되므로 피해야 될 방향이다.

집의 방향	壬子癸	丑艮寅	甲卯乙	辰巽巳	丙午丁	未坤申	寅酉辛	戌乾亥
화장실 방향	乙辰	艮寅	坤辛	寅酉	乾亥	甲卯	巽巳	丙午

18. 정원수

- 정원수의 높이는 집 높이의 반 이상을 넘지 말아야 한다. 만약 집 높이보다 큰 나무인 경우 떨어지는 빗물로 인해서 나쁜 음기(陰氣)가 발생되기 때문에 중병(重病)에 걸리게 되고(예전 사대부집의 처마는 하인의 집에 빗물이 떨어지는 경우가 많았다), 나무뿌리 길이는 나무 높이의 절반 정도가 되므로 뿌리로 인하여 지기(地氣)가 흩어지게 되므로 집주위에 큰 나무는 흉지가 된다. 이는 묘지(墓地)의 경우도 동일하다. 특히, 이사(移徙) 전 높은 나무는 밑동 껍질을 벗겨 제거하지 말고, 한 번에 제거하는 것이 좋다(나무를 제거하는 날은 태백살(太白殺) 즉 손 없는 날 〈음력(陰曆)으로 9일, 19일, 29일 이거나 10일, 20일, 30일〉이 원칙이다).
- 옥상에 큰 나무를 심는 경우 혹은 집의 담쟁이덩굴은 흉(凶)하다.
- 정원은 잔디가 좋으며, 정원수는 키가 작고 사시사철 푸

르고 아름다운 것이 좋다. 정원수로는 집 높이의 1/2이하가 되는 것으로 소나무, 매화나무, 사철나무, 대추나무 등이 좋고, 목단은 무난하다.
- 정원 나무 중 과실이 열리는 나무들은 과일이 떨어져, 썩어서 나타나는 나쁜 음기운(陰氣運)을 발생시킴으로 나쁘다. 특히 감나무는 어린 감 열매부터 익은 홍시까지 장기간 떨어지는 관계로 더욱 나쁘다. 또한 우물 옆에 심은 복숭아나무는 나쁘다.
- 고목나무, 큰 나무 등은 독기를 발생시키므로 해롭고, 잎이 무성한 오동나무 등의 나무 역시 기(氣)를 차단시킴으로 나쁘다.
- 잔디와 나무가 잘 자라지 않는 집터는 흉터이다.

19. 인테리어 풍수

(1) 현관

- 현관에 거울을 두면 기(氣)가 반사되어 재물이 나간다.
- 현관은 외부 기를 흡수하는 곳이므로 깨끗함이 원칙이다. 신발장이나 쓰레기통 등을 두면 재물(財物)이 나가고 흉(凶)하다.
- 현관에 신발장이 있는 경우 화분을 놓거나 혹은 가림막을 설치함이 원칙이다.
- 현관(대문)에서 침실, 욕실이 마주보거나 일직선 상에 있으면 흉하다.
- 현관에 애견을 두면 다툼과 분쟁이 발생되며, 집 내부에는 애견을 키우지 않는 것이 좋다.

※ 그 외 모두는 앞의 대문(현관)과 동일하니 참조하길 바란다.

(2) 거실 소파 그리고 안방과 침실(침대), 머리 방향

- 거실 소파 위치는 현관에서 사람이 들어오는 모습이 보이거나, 현관과 마주 보는 곳에 위치해야 한다. 그러나 현관을 등지는 방향의 소파 위치는 나쁘다.
- 거실에서 밖을 보았을 때 양기(陽氣)가 강한 교회 십자가, 피뢰침, 역(驛), 고가도로 혹은 음기(陰氣)가 강한 공동묘지, 쓰레기 분리장, 하수구 등이 보이면 화분이나 병풍 등을 놓아 나쁜 기운을 막아 주어야 한다.

- 안방은 집의 중심부에 있어야 하고, 반드시 안방에 부모가 거주해야 위기 질서가 선다.
- 침실(침대) 위치는 출입문에서 대각선에 위치시키고, 머리 방향은 출입문을 볼 수 있어야 한다. 이때 동사택이면 동사택 방향에 침대를 놓고, 서사택이면 서사택 방향에 침대를 놓는다. 또한 침실(침대)에 전자제물이나 화분, 어항을 두는 것은 전자기파 발생과 수면 중 산소공급을 방해하기 때문에 나쁘다.
- 침대는 벽과 20cm 정도 떨어져 있어야 한다. 그렇지 않으면 벽과 침대의 온도차로 인하여 기(氣)가 흩어지므로 해롭다.
- 침대에서 자신의 모습이 보이는 거울은 흉하다.
- 집안에서는 가급적 애견 등 동물을 키우지 않는다.
- 물침대는 강한 수기운(水氣運)을 받게 되어 아주 해롭다.
- 안방은 비워 놓지 말아야 한다.
- 잠잘 때 머리 방향은 회두극좌(回頭剋坐) 방향이 아닐 경우 특별한 방향 지정은 없지만 자신의 본명궁(本命宮)에 따라 결정되는 것이 이상적인 방향이다. 즉 배산임수(背山臨水) 쪽 즉 산쪽으로 하고, 출입문을 바라볼 수 있는 머리 방향이어야 한다. 제일 무난한 머리 방향은 동쪽, 동남쪽, 남쪽과 자신의 방안살(攀鞍殺) 방향인데 이는 생기와 건강을 가져다주는 방향이다. 부엌쪽과 화장실쪽의 머리

방향은 지저분하고 열(熱)을 받기 때문에 피하고, 북쪽의 머리 방향은 자기장(磁氣場)으로 인하여 북침단명 방향 또는 죽은 사람의 머리 방향이라고 하여 피하는 경우도 있다.

특히, 신장(콩팥, 水)이 나쁘거나 인체 수(水)기운이 약(弱)한 사람은 잠잘 때 머리 방향은 북(北)쪽이 좋고, 심장(火)이 나쁘거나 화(火)기운이 약한 사람은 남쪽, 폐(金)가 나쁘거나 금(金)기운이 약한 사람은 서(西)쪽, 위장(土)이 나쁘거나 토(土)기운이 약한 사람의 머리 방향은 서남쪽이나 동북쪽이 좋다.

(※참고, 회두극좌(回頭剋坐) 방향이란? 24방위 중 흉(凶)한 머리 방향을 말하는데 이것은 〈풍수 8장〉을 참조해주길 바라며, 다른 것들은 길흉성(吉凶星)에서 제시된 12신살(十二神殺)의 '행운(幸運)과 불운(不運) 방향'을 참조할 것)

참고적으로 안방은 집안에 중추적인 역할을 하는 것이므로 나경 4층으로 향(向)의 방향 즉 집 앞 방향을 기준으로 좋은 귀인방(貴人方)의 배치 방향을 알아보면 다음과 같다.

집의 방향	癸	丑	艮	寅	乙	辰	巽	巳	丁	未	坤	申	辛	戌	乾	亥
귀인방 방향	巽巳	甲卯	丁未	癸丑	坤申	壬子	庚酉	乾亥	乾亥	庚酉	癸丑	丁未	艮寅	丙午	甲卯	巽巳

(3) 주방

- 주방의 위치는 중앙은 흉하고, 통풍이 잘되는 창문 옆에 배치시킨다.
- 주방이 화장실 옆이나 현관 옆에는 흉하다.
- 냉장고와 전자레인지는 냉기(冷氣)와 온기(溫氣)를 발생시키는 대표적인 수극화(水剋火)의 상극(相剋) 작용이 발생되므로 반드시 분리시킨다. 가스레인지 옆에 냉장고와 정수기도 분리시켜야 한다.
- 주방의 위치는 동사택과 서사택 방향으로 배치시키면 무난하다.
- 어항과 부엌은 일직선상에 놓으면 흉하다.
- 현관과 주방, 식탁은 일직선상에 놓으면 흉하다.
- 가스레인지와 화장실은 일직선상에 놓으면, 더러운 기(氣)가 발생되기 때문에 흉하다.
- 주방이나 부엌은 남서쪽이나 북동쪽은 귀문방이라 흉하고, 북서쪽, 북쪽, 동쪽은 길(吉)하다.

(4) 창문

- 집 크기와 창문 수는 적당해야 한다. 그렇지 않고, 창문이 너무 없으면 혼탁한 기운이 쌓이고, 반대로 창문이 집안에 너무 많으면 기운(氣運)이 빠져나가게 된다.

- 일조량으로 보면 창문은 동남쪽이나 남쪽이 좋고, 북쪽 창문은 바람막이가 되기 때문에 가급적 작은 창문이 좋다.

(5) 계단

2층 이상 집에서 계단은 1층에서 2층으로 올라가는 역할을 하므로 집 중앙에 설치하면 온도 차이에 의해 집 기운(氣運)이 둘로 쪼개는 역할을 하게 되므로 흉하다. 만약 집 중앙에 계단을 설치했을 경우 계단을 막아주는 바람막이를 설치하면 좋다. 따라서 계단은 집 중앙 부분이 아닌 양쪽 혹은 별도의 통로를 만들거나 혹은 양쪽 밖 쪽이 좋다.

(6) 공부방

- 출입문과 책상은 마주 보는 일직선상이면 흉하다.
- 북쪽에 책상을 두면 길하다.
- 책상 위치는 창문 바로 앞은 흉하지만, 창문이 약간 보이는 창문 옆에 있으면 좋다.
- 창문은 동쪽 방향이 좋다. 그 이유는 아침 햇살을 받을 수 있기 때문이다.
- 책상 앞에 벽만 보이는 곳은 흉하다.
- 창문을 직접적으로 보는 위치이거나 혹은 창문을 등지는

위치는 흉하다.

※ 공부 잘하는 우등생이 되려면 책상 방향(方向)은 천살방향이며, 잠은 반안살 방향이다(※사주 부분 길흉성의 십이신살(十二神殺) 참고할 것).

(7) 집(apt), 액자, 벽지, 소파, 장식품, 차량 색상 선택법

액자 선택은 과일이나 해바라기 등의 열매 그림의 경우는 재물을 상징하며, 잉어 그림은 부부 금술, 풍경화는 마음의 안정 연꽃은 행운 등을 나타내며, 진달래나 장미꽃 등의 붉은 색은 동적인 화(火) 기운을 나타낸다.

액자나 그림의 크기는 집이나 방, 현관 등의 규모를 보고 크기가 서로 균형(均衡)이 맞아야 한다. 예를 들면 거실은 넓은데 액자는 작다면 균형이 맞지 않는 것이다.

또한 집(apt), 벽지, 장식품, 차량 색상(色相) 선택은 함부로 하는 것이 아니라, 주인의 사주(四柱)를 보고 판단해야 한다. 그래야만 건강(健康)은 물론 행복(幸福)이 찾아오고 발복(發福)하게 된다.

색상 선택은 보통 2가지를 판단하고 적용해 주면 된다.

첫째는 자신의 사주(四柱)에서 가장 적은 오행(五行)에 해당되는 색상을 선택하여 사주와 균형(均衡)을 맞추어 주어야 한다. 예를 들면 자신의 사주에서 금(金)기운이 약(弱)한 경우라면 금기운에 해당되는 흰색 종류의 집(apt), 벽지, 소파, 장식품, 차량이 좋다. 그렇지만 금(金)기운을 극(剋)하는 火剋金의 화(火)기운에 해당되는 붉은색 계통은 나쁘다.

※〈참고〉 오행과 색상

〈오행〉	〈색상〉	〈극(剋)하는 색상〉
목(木)	청색	흰색
화(火)	붉은색	검정색
토(土)	분홍색	청색
금(金)	흰색	붉은색
수(水)	검정색	분홍색

둘째는 자신의 사주에서 용신(用神)이나 희신(喜神)에 해당되는 색상을 선택하거나 혹은 이들을 생(生)해주는 오행 색상을 선택하면 된다.

예를 들면, 자신의 용신이 목(木)이라면 청색을 선택하고, 용신 목(木)을 생(生)해주는 것은 水生木에서 희신이 수(水)이므로 검정색을 선택해도 좋은 색상에 해당된다. 재물(財物)을 상징하는 과일이나 열매 색상의 경우도 자신이나 주인의 용신과 희신을 기준으로 색상을 선택하면 된다.

또한, 화장실의 액자의 선택은 자신의 용신을 극(剋)하지 않는다면 노랑 해바라기 그림이 좋다. 그 이유는 노랑색은 토(土)기운으로 토극수(土剋水)의 기능이 성립되기 때문에 화장실 건조용으로 적합한 것이 된다.

따라서, 독자들은 자신의 사주 구성이나 혹은 용신이나 희신을 알지 못하는 경우는 사주 명리학(命理學)을 담당하는 사람에게 물어서 자신의 색상을 선택하는 생활의 지혜가 필요하다.

(8) 구조가 맞지 않는 집(apt)의 인테리어 방법

동사택이든 혹은 서사택이든 새로 신축되는 전원주택 등의 건물들은 자신에게 맞는 풍수(風水)의 조건이나 방향(方向)을 맞추어 설계할 수 있지만, 이미 완공된 건물은 대문(현관), 안방, 부엌(주방), 자녀방, 공부방, 거실, 수도, 우물 및 사무실 등은 자신의 풍수와 맞지 않는 경우가 많다. 이런 경우에는 안방을 중심으로 하고, 출입문을 기준으로 기두(起頭)를 통해서 동, 서사택의 구조에 맞게 배치하고 동, 서사택에 맞지 않는 것들은 커튼 혹은 화분 등으로 가림막 역할을 해주면 된다. 즉 커튼, 화분, 병풍 등을 이용하여 구조가 맞지 않는 부분에 가림막 역할을 해 주면 좋은 기운(氣運)을 유지할 수 있는 차선택 방법이 된다. 또한 가택구성법(家宅九星法)으로 판단해서 해당 오행(五行) 기운이 약(弱)한 것들을 보충해 주고, 강(强) 한 것은 설기 즉 빼주어 상호 균형(均衡)을 맞추어 주는 방법도 있다(※4장, 나경 사용법의 가택구성법〈家宅九星法〉 참조).

20. 상가, 사무실, 공장 풍수

상가, 사무실, 공장의 경우 첫 번째 길지(吉地)는 풍수적 조건보다는 주변의 환경을 우선적으로 고려해야 한다.

즉, 상가가 성공하려면 우선 해당 지역에 상권이 형성된 곳이어야 한다. 아무리 좋은 풍수를 갖춘 상가라도 교통이 나쁘거나, 소음 공해 지역은 물론 해당 업종 상권(商圈)이 갖추어지지 않는 곳이면 흉지이기 때문이다. 따라서 상가, 사무실, 공장의 풍수지리(風水地理)는 지금까지 학습된 양택(陽宅) 풍수와 뒤에서 학습될 음택(陰宅) 풍수 모두 기본적인 사항을 적용해주면 된다. 독자들은 이런 사항을 염두해 두고 판단해 주면 된다.

(1) 상가

- 출입 쪽은 짧고, 안쪽으로 긴 상가가 좋다.
- 가게 한 개에 2개 이상의 출입문은 나쁘다.
- 상가 앞에는 평탄해야 재물(財物)이 모인다.
- 상가 출입문이 상대방 상가와 마주 보면 재물(財物)이 나가고 불화가 발생한다.
- 상가 출입문의 크기는 상가 크기와 비례해야 한다. 상가는 작은데 출입문이 큰 경우와 상가는 큰데 출입문이 작은 경우는 재물(財物)이 모이지 않는다.
- 상가의 계산대 및 물품 배치는 동사택과 서사택의 위치에

따라서 배치해야 한다(※사주 부분 12신살(十二神殺)의 '행운(幸運)과 불운(不運) 방향' 참조할 것).
- 출입문, 화장실, 주방, 쓰레기장은 북동쪽과 남서쪽에 해당되는 귀문방향으로 두지 않는다.
- 고가도로 밑은 양기(陽氣)가 강하므로 흉지이다.
- 상가는 도로나 혹은 하천이 감싸 안는 형태이어야 하며, 반대인 경우는 흉하다.
- 도로 특히 사거리와 삼거리는 이들의 규모에 따라 상가 크기도 균형을 맞추어야 한다. 큰 사거리 같은 차량 이동이 많은 곳에 작은 상가일 경우 흉지다. 그 이유는 도로와 차량은 양기운(陽氣運)이므로, 강한 양기운은 작은 상가와는 서로 균형을 이룰 수 없기 때문이다(※차, 도로, 물줄기는 양의 기운이다).
- 상가가 높은 곳이면 흉하다.
- 고층건물 사이에 상가가 존재하거나, 상가 옆에 고층 건물이 있으면 흉하다.
- 상업지는 홍수로 인하여 물이 유입되지 않는 범위에서 약간 낮고 평탕해야 재물(財物)이 모인다.

※〈참고〉 상가나 사무실 그리고 출입문, 금고(金庫), 계산대, 환기창, 창문 등의 방향 판단은 동, 서사택은 물론 주인(사장)의 사주(四柱) 구성을 보고 방향(方向)을 판단해야 대길(大吉)하다. 이때는 천살(天殺)과 반안살(攀鞍殺) 그리

고 장성살을 기준으로 판단한다. 천살(天殺)은 닫는 방향(close)을 말하고, 반안살(攀鞍殺)은 열린 방향(open)을 말한다. 이에 대한 구체적인 방향 판단은 사주(四柱) 부분 12신살(十二神殺)의 '행운(幸運)과 불운(不運) 방향' 참조할 것.

(2) 사무실

- 최고 경영자의 사무실은 지맥을 받는 2층~3층이 좋다.
- 최고 경영자는 물론 일반 사무실 책상 위치는 출입문에서 일직선으로 보이는 곳은 나쁜 위치이다. 이 경우는 출입문에서 곧바로 자신의 위치가 보이지 않게 화분이나 병풍 등을 놓아야 한다.
- 사무실 배치는 동사택(東四宅)과 서사택(西四宅)의 규칙에 제시된 방향으로 한다.
- 아래층보다 위층에 최고 경영자 사무실이 있어야 권위가 선다.
- 최고 경영자를 보좌하는 비서실이나 중요 부서 그리고 금고(金庫)는 동사택(東四宅)과 서사택(西四宅)에서 제시된 배치 방향으로 한다. 이것 역시 상생관계(相生關係)가 이루어지는 곳에 배치시켜야 한다. 예를 들면 최고 경영자의 자리가 동쪽(木)이라면 비서실의 방위는 북쪽(水)에 위

치시켜야 한다. 그 이유는 비서실과 최고 경영자와는 수생목(水生木)의 상생관계(相生關係)가 성립되어 최고 경영자에게 힘을 주기 때문에 회사가 더욱 발전할 수 있는 위치가 된다.

※〈참고〉 동쪽(東) ⇒ 木, 서쪽(西) ⇒ 金, 남쪽(南) ⇒ 火, 북쪽(北) ⇒ 水, 사방 방향 ⇒ 土

- 창문을 등지거나 창문이 바로 보이는 방향은 나쁘다.
- 출입문과 마주 보는 곳의 책상 배치는 흉하다.
- 돈과 관련된 경리부서는 음(陰) 방향으로 배치하는데, 동사택 사무실인 경우 동남쪽이나 남쪽에 두고, 서사택 사무실인 경우 남서쪽이나 서쪽에 둔다.
- 출입문을 등지고 앉으면 흉하다.
- 앞 사람의 등이 보이면 흉하다.
- 귀문방의 방향에 해당되는 북동쪽과 남서쪽은 출입문을 내지 않는다.
- 여자 경리사원 책상은 음(陰)방향에 해당되는 동남, 남, 남서, 서쪽이 좋다.

(3) 공장

- 공장 위치와 조건들은 지금까지 학습된 양택(陽宅) 풍수와 동일하다.

- 공장의 중요한 부서이거나 혹은 중요 시설 그리고 생산라인 등은 동사택(東四宅)이나 서사택(西四宅)의 배치 규칙에 의거 적용하면 된다.
- 기타 나머지 모두는 상가, 사무실 등의 양택풍수와 동일하다.

(4) 12신살(十二神殺)로 본 성공(成功)과 실패(失敗) 방향(方向)

앞 절 사주(四柱) 부분에 있는 길흉성(吉凶星)에서 제시된 12신살(十二神殺)은 '행운(幸運)과 불운(不運) 방향'을 판단하였다.

즉, 부동산 투자 성공 방향, 거래처 흑자 방향, 신생아 천재 출생 방향, 남자, 여자 결혼 방향, 금고, 경리책상 성공 방향, 공부 잘하는 책상 방향, 남편 외도 방지 방향, 남편 출세시키는 방향, 창문, 출입문 성공 방향, 재수생 합격 방향, 점포, 상가 투자 성공 방향, 병(病) 치료 방향, 가족묘 및 조상묘 방향, 남아(男兒) 및 여아(女兒) 출생 방향(方向) 등을 말한다.

예를 들면, 반안살(攀鞍殺) 방향의 경우 이사, 점포, 상가, 사무실이 반안살 방향이면 대길(大吉)하고 흑자가 발생되며 또한 금고, 계산대 역시 반안살 방향이면 대길(大吉)한다. 그렇지만 가족묘, 조상묘의 방향은 반안살 방향이면 패망한다.

따라서, 독자들은 이러한 것들이 일상에서 적용될 수 있는 행운(幸運)과 불운(不運) 방향 모두는 앞 절 사주(四柱) 부분의 길흉성(吉凶星)에서 제시된 12신살(十二神殺)의 '행운(幸運)과 불운(不運) 방향'을 참조하고 실천하여 소원성취하길 바란다.

21. 택일(擇日)

양택(陽宅)에서 이사할 때 좋은 날을 선택하는 것은 우주(宇宙)의 주기에 따라 길흉(吉凶)을 판단하는 것이다.

따라서, 전원주택(田園住宅)에서 이사는 물론, 결혼, 혼인, 취임, 개업, 안장일 등에는 반드시 좋은날을 선택하는 것은 당연한 것이다.

따라서, 이들 길일(吉日)을 선택하고 판단할 때는 자신의 용신(用神)이나 희신(喜神)을 적용해서 판단해 주고, 흉일(凶日)에 해당되는 것들은 제외시켜 주면 된다.

따라서, 일상생활은 물론 자신에게 주어진 큰일을 하려고 하면 좋은날은 필수다.

여기서 좋은날이라고 하면, 아무런 사고 없이 목적한 일들이 잘 추진되고, 앞으로도 행운이 들어오는 날을 말한다. 좋은날을 결정하는 것을 택일이라고 하고, 택일의 적용 범위는 매우 넓고 여러 가지 복합적으로 작용한다.

예전에는 작은 일을 추진함에도 좋은날을 선택하여 추진하였지만, 요즘같이 스마트 시대에는 다소 간소하게 적용하는 경우도 많으나, 자신에게 중요한 행사에 속하는 결혼(結婚), 이사(移徙), 안장(安葬) 등 큰일을 추진할 때는 좋은날을 선택함이 현명한 방법이 된다.

특히, 택일 잡기에서 독자들이 알아야 될 사항은 비슷비슷한 날짜들이 많다고 해서 함부로 날짜를 선택해선 안 되고, 이 때는 자신의 용신(用神)이나 희신(喜神)으로 선택하고 판단하는 것이 가장 좋은 방법이 된다.

예를 들면, 양력 1986년 6월 11일 밤 22:50분에 태어난 남자의 경우 혼사와 결혼날로 보통 많이 사용되는 丙午일과 壬寅일을 놓고 어떤 것을 선택해야 되는가? 이것을 판단해 보자.

위 사람의 사주(四柱) 용신(用神) 오행(五行)은 수(水)이므로 丙午는 모두 화(火)가 되어 용신 수(水)를 모두 극(剋)하는 날이기 때문에 丙午 반드시 제외되어야 하며, 壬寅의 경우 수(水)와 목(木)이기 때문에 용신 수(水)와 같은 수(水)이거나 혹은 목(木)이 되어 서로 생(生)해주는 작용을 하기 때문에 壬寅일을 결혼날로 사용해야 한다.

그렇지 않고 이러한 것들을 판단할 때 그냥 좋은날로 지정된 날짜 중 그냥 대충 봐서 판단하거나 혹은 나쁜 기신(忌神)이나 구신(仇神)을 선택한다면 명리학자(命理學者)의 도리(道理)가 아니며 엉터리 택일이 된다.

특히 좋은날 즉 길일(吉日)이란? 비, 눈 그리고 흐린날 하고는 상관이 없는 것이다.

(1) 좋은날을 알자

좋은날을 결정하는데 잘못 인식된 부분이 있어 독자들이 우선 알아야 될 몇 가지 사항을 소개하면 다음과 같다.

(2) 손 없는 날

손 없는 날이란?

1, 2, 3, 4, 5, 6일 등은 동서남북에 각각 악귀(惡鬼)가 있으나, 음력(陰曆)으로 9일, 19일, 29일과 10일, 20일, 30일은 악귀가 없는 길일(吉日)이라고 하여 흔히들 손 없는 날이라고 한다. 이것은 태백살(太白殺)에서 파생된 것으로 이날은 결혼이나 이사에서 가장 많이 결정하는 날로 인식이 되어 있어, 예식장이나 이사 업체에 과도한 비용을 추가적으로 지불하는 경우가 허다하다. 또한 음, 양택에서 큰 나무를 제거하는 날로 이용되고 있다. 비록 손 없는 날이라도 결혼이나 이사를 해서는 안 될 흉일(凶日)이거나, 개인적인 운(運)의 흐름을 방해하는 날이거나, 용신(用神)을 극(剋)하는 날 등에서의 손 없는 날은 길일(吉日)이 아니라 흉일(凶日)이 됨을 독자들은 알길 바란다.

참고적으로 2~3년에 찾아오는 윤월(閏月)의 경우도 손 없는 달이라고 하여 집수리, 이사(移徙), 조상(祖上)의 묘지(墓地) 단장 혹은 이장(移葬)하거나 혹은 수의(壽衣)를 만들어 사용하기도 한다. 그러나 결혼식(結婚式)에서의 윤달(월)은 12지신의 보살핌을 받지 못한다는 의미에서 꺼리는 경향이 있다.

(3) 좋은날 선택 방법

요즘은 결혼이나 이사 등은 대부분 주말이나 휴일날로 정한다.

또한 좋은날을 결정하는데 복합적으로 작용하는 나쁜 흉일(凶日)을 제외하면 좋은날은 1년 중 며칠 밖에 되지 않는다.

따라서, 독자들은 길일(吉日)이라고 하여 무리하게 날짜를 맞추기보다는 양가(兩家)의 상황에 맞게 혹은 개인적인 운(運)의 흐름에 큰 결점이 없다면 적당한 날을 선택하는 것도 바람직하다.

(4) 아홉수

아홉수에 해당되는 경우는 결혼이나 혹은 이사를 하지 않는 흉년(凶年)으로 본다.

보통 아홉수라고 하는 것은 9세, 19세, 29세, 39세…등과 같이 9에 해당되는 나이를 말하는 것이 아니라, 사주(四柱)에서 적용된 대운수(大運數)를 보고 판단하는데, 대운수보다 한 자리 적은수를 아홉수라고 한다. 따라서 아홉수는 사람마다 다르다.

지금까지 학습한 양력 1986년 6월 11일 밤 22:50분에 태어난 남자 이길동의 아홉수를 확인해 보자. 이길동의 대운수는 아래와 같다.

89	79	69	59	49	39	29	19	9
癸	壬	辛	庚	己	戊	丁	丙	乙
卯	寅	丑	子	亥	戌	酉	申	未

따라서, 이길동은 사주 대운수가 9세, 19세, 29세, 39세, 4

9세, 59세…이므로 이것들보다 1자리 적은 8이 아홉수가 된다. 따라서 이길동은 8세, 18세, 28세, 38세, 48세, 58세, 68세…가 이길동의 아홉수이다.

만약, 사주에서 대운수가 3세, 13세, 23세, 33세, 43세, 53세…이라면 이 사람의 아홉수는 2세, 12세, 22세, 32세, 42세, 52세…가 아홉수가 된다.

따라서, 독자들은 자신은 물론 상대방의 아홉수란 계념을 알고 적용하기 바란다.

결혼(結婚) 날 잡기

결혼 날을 결정하는 순서는 보통 신부측에서 신랑의 사주를 받아서 결혼날을 결정하는 것이 이상적이다. 이러한 이유는 신부의 생리 일정, 부친이나 모친상 시기엔 제외하고 또한 회갑이 있는 시기에 결혼을 한다면 좋은날이 겹치므로 운(運)이 둘로 쪼개지는 경우가 있으므로 이러한 시기는 제외 한다.

거듭 강조하지만, 나쁜 흉일(凶日)을 제외하면 좋은날은 1년 중 몇 일 밖에 되지 않기 때문에 독자들은 개인적인 운(運)의 흐름에 큰 결점이 없다면 적당한 날을 결혼날로 결정하길 바란다. 남여가 만나서 혼인을 맺는 결혼 날을 잡는 방법에 대하여 알아보자.

(1) 결혼할 년(年) 선택법

남여가 결혼을 해서는 안 되는 흉년(凶年)은 아래 표와 같다.

구분 \ 생년	子(자)쥐띠	丑(축)소띠	寅(인)범띠	卯(묘)토끼띠	辰(진)용띠	巳(사)뱀띠	午(오)말띠	未(미)양띠	申(신)원숭이띠	酉(유)닭띠	戌(술)개띠	亥(해)돼지띠
남 흉(凶)년	미(未)	신(申)	유(酉)	술(戌)	해(亥)	자(子)	축(丑)	인(寅)	묘(卯)	진(辰)	사(巳)	오(午)
여 흉(凶)년	묘(卯)	인(寅)	축(丑)	자(子)	해(亥)	술(戌)	유(酉)	신(申)	미(未)	오(午)	사(巳)	진(辰)

예를 들면, 남자의 경우 소띠생 이라면 신년(申年)는 즉, 임신년(壬申年), 갑신년(甲申年), 병신년(丙申年), 무신년(戊申年), 경신년(庚申年)에 결혼은 피하는게 좋다.

(2) 결혼할 월(月) 선택법

결혼 월의 선택은 여자의 출생년을 보고 판단한다.

구분 \ 여자 생년	子, 午年 (쥐, 말띠)	丑, 未年 (소, 양띠)	寅, 申年 (범, 원숭이띠)	卯, 酉年 (토끼, 닭띠)	辰, 戌年 (용, 개띠)	巳, 亥年 (뱀, 돼지띠)
대길한 달	6월, 12월	5월, 11월	2월, 8월	1월, 7월	4월, 10월	3월, 9월
대체로 무난한 달	1월, 7월	4월, 10월	3월, 9월	6월, 12월	5월, 11월	2월, 8월
시부모가 없으면 무난한 달	2월, 8월	3월, 9월	4월, 10월	5월, 11월	6월, 12월	1월, 7월
친정부모가 없으면 무난한 달	3월, 9월	2월, 8월	5월, 11월	4월, 10월	1월, 7월	6월, 12월

예를 들면, 쥐띠, 말띠 여자의 경우 6월과 12월이 좋고, 1월과 7월에 결혼해도 좋다. 또 시부모가 없는 경우 2월과 8월에 그리고 친정 부모가 없으면 3월과 9월에도 무난하다.

(3) 결혼할 일(日) 선택법

결혼하는 년(年)과 월(月)이 결정되었으면, 결혼하면 좋은 일(日)의 선택은 음양부장길일(陰陽不將吉日)과 납징정친일(納徵定親日) 그리고 황도정국(黃道定局)에 해당되는 날을 선택하여 결정하면 된다.

□ 음양부장길일(陰陽不將吉日)을 선택할 경우

결혼하기 좋은 날에 속하는 월별 음양부장길일은 아래와 같다.

월	결혼 일
1월	丙寅, 丁卯, 丙子, 丁丑, 己卯, 己丑, 庚寅, 辛卯, 庚子, 辛丑
2월	乙丑, 丙寅, 丙子, 丁丑, 丙戌, 戊子, 己丑, 庚寅, 戊戌, 庚子, 庚戌
3월	甲子, 乙丑, 甲戌, 丙子, 丁丑, 乙酉, 丙戌, 戊子, 己丑, 丁酉, 戊戌, 己酉
4월	甲子, 甲戌, 丙子, 甲申, 乙酉, 丙戌, 戊子, 丙申, 丁酉, 戊戌, 戊申
5월	癸酉, 甲戌, 癸未, 甲申, 乙酉, 丙戌, 乙未, 丙申, 戊戌, 戊申, 癸亥
6월	壬申, 癸酉, 壬午, 癸未, 甲申, 乙酉, 甲午, 乙未, 戊戌, 戊申, 戊午, 壬午
7월	壬申, 癸酉, 壬午, 癸未, 甲申, 乙酉, 癸巳, 甲午, 乙未, 乙巳, 戊申, 戊午

8월	戊辰, 辛未, 壬申, 辛巳, 壬午, 癸未, 甲申, 壬辰, 癸巳, 甲午, 甲辰, 戊辰, 戊午
9월	戊辰, 庚午, 辛未, 庚辰, 辛巳, 壬午, 癸未, 辛卯, 壬辰, 癸巳, 癸卯, 戊午
10월	己巳, 庚午, 己卯, 庚辰, 辛巳, 壬午, 庚寅, 辛卯, 壬辰, 癸巳, 壬寅, 癸卯
11월	丁卯, 己巳, 丁丑, 己卯, 庚辰, 辛巳, 己丑, 庚寅, 辛巳, 壬辰, 辛丑, 壬寅, 丁巳
12월	丙寅, 丁卯, 丙子, 丁丑, 己卯, 庚辰, 己丑, 庚寅, 辛卯, 庚子, 辛丑, 丙辰

□ 납징정친일(納徵定親日)을 선택할 경우

납징정친일은 60갑자와 길신 중에서 혼사(婚事)에 합당한 일진(日辰)을 모은 것으로 월과는 상관없이 해당 일을 선택하면 된다.

乙丑, 丙寅, 丁卯, 辛未, 壬寅, 己卯, 庚辰, 丙戌, 戊子, 己丑, 壬辰, 癸巳, 乙未, 戊戌, 辛丑, 壬寅, 癸卯, 甲辰, 丙午, 丁未, 庚戌, 壬子, 癸丑, 甲寅, 乙卯, 丙辰, 丁巳, 戊午, 己未

□ 황도정국일(黃道定局日)을 선택할 경우

황도정국일은 나쁜 영향을 주는 천강(天罡), 하괴(河魁) 등의 액운을 없애주는 길일(吉日)이기 때문에, 결혼은 물론 약혼, 개업, 여행, 입사 지원서 제출, 이사, 건물 기초공사, 개업(開業), 공직부임일, 안장(安葬), 이장(移葬)등에 다양하게 적용된다.

독자들은 개인적인 운(運)에 큰 문제가 없다면, 황도정국일을 선택하면 무난하다.

이때, 적용하는 시간을 황도시라고 하는데, 황도시(黃道時)는 황도정국일에 표시된 오행의 시간을 말한다.

예를 들면, 1월과 7월에는 자시(子時), 축시(丑時), 진시(辰時), 사시(巳時), 미시(未時), 술시(戌時)가 좋은 결혼 시간이다.

월	황도정국일
1월과 7월	자(子), 축(丑), 진(辰), 사(巳), 미(未), 술(戌)
2월과 8월	자(子), 인(寅), 묘(卯), 오(午), 미(未), 유(酉)
3월과 9월	인(寅), 진(辰), 사(巳), 신(申), 유(酉), 해(亥)
4월과 10월	축(丑), 진(辰), 오(午), 미(未), 술(戌), 해(亥)
5월과 11월	자(子), 축(丑), 묘(卯), 오(午), 신(申), 유(酉)
6월과 12월	인(寅), 묘(卯), 사(巳), 신(申), 술(戌), 해(亥)

독자들은, 음양부장길일(陰陽不將吉日), 납징정친일(納徵定親日), 황도정국일(黃道定局日)을 선택해서 결혼 날과 결혼 시간을 결정해 주면 무난하다.

설사 위의 결혼 날이 아니더라도 남자, 여자에게 적용되는 개인적인 운(運)에 큰 문제가 없으면 무난하다.

(4) 결혼과 좋은 시간

□ 황도정국일(黃道定局日)에 따른 시간

황도정국일(黃道定局日)과 동일한 오행으로 적용된 시간 즉 황도시(黃道時)를 말한다.

□ 일록시(日祿時)

일진	甲	乙	丙	丁	戊	己	庚	辛	壬	癸
일록	寅時	卯時	巳時	午時	巳時	午時	申時	酉時	亥時	子時

압록시는 결혼뿐 아니라, 양택이나 음택에서 많이 이용되는 길시(吉時)이다.

□ 천을귀인시(天乙貴人時)

년, 일	甲, 戊, 庚	乙, 己	丙, 丁	辛	壬, 癸
천을귀인시	축, 未時	子, 申時	亥, 酉時	午, 寅時	巳, 卯時

위의 내용 외 결혼에 좋은 시간이 없다면, 개인적인 운(運)의 흐름에 방해를 주지 않는 적당한 시간을 선택하면 된다. 예를 들면 신랑이나 신부의 용신(用神) 오행을 극(剋)하지 않는 시간이면 된다.

(5) 결혼을 꺼리는 날

□ 가취대흉일(嫁娶大凶日)

가취대흉일는 뭐든지 이루어지는 일이 없는 흉일(凶日)로 본다.

봄	여름	가을	겨울
갑자(甲子) 을축(乙丑)일	병자(丙子), 정축(丁丑)일	경자(庚子), 신축(辛丑)일	임자(壬子), 계축(癸丑)일
1, 5, 9월	2, 6, 10월	3, 7, 11월	4, 8, 12월
경(庚)일	을(乙)일	병(丙)일	계(癸)일

예를 들면, 봄에는 갑자(甲子)일과 을축(乙丑)일을 1월, 5월, 9월에는 경(庚)일 꺼린다.

□ **상부상처일(喪夫喪妻日)**

상부상처일은 상부, 상처하기 쉬운 흉신일로 본다.

춘삼월(春三月)	상처살(喪妻殺)	병오(丙午), 정미(丁未)일
동삼월(冬三月)	상부살(喪夫殺)	임자(壬子), 계해(癸亥)일

□ **십악일(十惡日)**

甲0年과 己0年	3월의 무술(戊戌)일, 7월의 계해(癸亥)일, 10월의 병신(丙申)일, 11월의 정해(丁亥)일
乙0年과 庚0年	4월의 임신(壬申)일, 9월의 을사(乙巳)일
丙0年과 辛0年	3월의 신사(辛巳)일, 9월의 경진(庚辰)일
戊0年과 癸0年	6월의 축(丑)일
丁0年과 壬0年	해당 없음

십악일은 나쁜 흉일에 해당된다. 예를 들면, 갑오년(甲午年)의 경우 3월의 무술(戊戌)일, 7월의 계해(癸亥)일, 10월의 병

신(丙申)일, 11월의 정해(丁亥)일은 나쁜 흉신날이기 때문에 결혼일에서 제외한다.

□ 월기일(月忌日)
　흉신(凶神)이 작용하는 날로 음력으로 매월 5일, 14일, 23일이다.

□ 혼인총기일(婚姻總忌日)

> 입춘(立春), 춘분(春分), 동지(冬至), 단오(端午), 4월8일, 남녀본명일(男女本命日)

　혼인총기일에 결혼을 하면 이별, 병고, 무자식 등이 발생하기 때문에 모든날에서 나쁘게 작용한다.
　남녀본명일(男女本命日)이란? 택일 당사자의 생년과 일주가 동일한 것을 말한다. 예를 들면 갑자년(甲子年)에 출생한 사람이라면 갑자일(甲子日)이 남녀본명일이다.

□ 복단일(伏斷日)
　복단일(伏斷日)은 엎어지고 끊어진다는 뜻으로 모든 일에 나쁘게 작용한다. 따라서, 결혼, 약혼, 이사, 개업, 계약, 입사지원서 제출, 여행, 공직부임일, 공사 착공 등에는 사용하지 않는 흉일(凶日)이다. 그러나 화장실 수리, 누군가와 인연을 끊는 일, 구멍이나 둑을 막는 일, 시신을 집으로 들이는 날에는 사용되는 날로서 이때는 오히려 길일(吉日)로 사용된다.

복단일을 판단하는 방법은 음력과 양력에 상관없이 달력을 보고 판단하는데 아래와 같은 요일을 기준으로 해당 요일의 지지(地支)로 판단한다.

요일	월	화	수	목	금	토	일
지지(地支)	未	寅, 酉	辰, 亥	丑, 午	申	卯, 戌	子, 巳

예를 들면 월요일에 복단일이 성립되는 경우는 己未, 丁未, 辛未, 癸未, 乙未일이 해당되며, 화요일은 ○寅일 및 ○酉일이 모두 복단일에 해당된다. 예를 들면 양력으로 2020년(庚子年) 9월 15일(음, 7월 28일)은 화요일이자 신유일(辛酉日)이 되므로 복단일이다.

□ 멸망일(滅亡日)

결혼, 사업, 개업, 건축 등 매사에 안 좋은 날이라고 하여 금기한다.(음력)

1월, 5월, 9월의 축(丑)일	3월, 7월, 11월의 미(未)일
2월, 6월, 10월의 진(辰)일	4월, 8월, 12월의 술(戌)일

(6) 개인 운(運)흐름

결혼 날을 정하는데 있어서 최종적으로 확인해야 될 사항이 있다.

개인적인 운(運)의 흐름이다.

앞 절의 길흉성(吉凶星)작용에서 길일(吉日)은 결혼에서 권장사항이고, 흉일(凶日)과 지충일(支沖日) 그리고 용신(用神)을 극(剋)하는 날은 개인 운의 흐름을 방해되는 날이기 때문에 결혼 일에서 제외 되어야 한다.

□ 길일(吉日)

개인에게 적용되는 길일은 많지만 결혼에서의 길일은 월덕함(月德合)과 천덕합(天德合)일을 대표적인 길일로 본다. 월덕압과 천덕합 적용 방법은 앞 절 길성(吉星) 내용을 참조하기 바란다. 월덕함과 천덕합 외의 길성날을 선택해도 무방하다.

□ 흉일(凶日)

결혼과 관련되어 적용되는 흉일은 고신살(孤神殺), 과숙살(寡宿殺), 원진살(怨嗔殺), 양인살(陽刃殺), 백호대살(白狐大殺), 괴강살(魁罡殺), 도화살(挑花殺) 등과 지충일(支沖日)과 용신(用神)을 극(剋)하는 날을 들 수 있다.

이들의 적용은 이미 앞 절에서 소개되었기 때문에 독자들은 결혼에서의 흉일(凶日)을 선별하는 것은 어렵지 않을 것이다.

이 중 1986년 6월 11일 밤 22:50분에 태어난 남자 이길동이에 대하여 용신(用神)을 극(剋)하는 결혼 날을 알아보자. 이길동의 용신은 수(水)였다.

이길동이가 결혼을 하다면, 용신 수(水)를 극(剋)하는 것은 토(土)이므로, 년, 월, 일의 천간(天干)과 지지(地支)에 토(土)일에 해당되는 무(戊), 기(己), 戊, 己, 丑, 辰, 未, 戌일은 제외

되어야 한다.

또한 음양부장길일에서는 己巳, 庚午, 己卯, 庚辰, 辛巳, 壬午, 庚寅, 辛卯, 壬辰, 癸巳, 壬寅, 癸卯일 중 己巳, 己卯, 庚辰일은 제외 되어야 하고, 납징정친일에는 乙丑, 辛未, 己卯, 庚辰, 戊子, 己丑, 乙未, 辛丑, 甲辰, 丁未, 庚戌, 癸丑, 丙辰, 戊午, 己未날은 제외시켜야 한다.

따라서, 다소 어렵겠지만 이와 같이 신부의 경우도 신부에게 적용되는 개인적인 운(運)의 흐름을 구분하여 결혼 날을 결정해야 한다.

혼인주당(婚姻周堂), 신행주단(新行周堂), 신부좌향길방(新婦坐向吉方)

주당(周堂)이란? 죽은 혼신(魂神)이 배가 고프고 괴로운데, 인간은 좋은 음식과 좋은 집에서 결혼도 하고 행복 한 것에 대한 복수할 목적으로 침투하여 해(害)를 입히는 일종의 살(殺)로서 조심해야 한다.

주당의 종류로는 결혼 날에 발생하는 혼인주당(婚姻周堂), 신혼여행 후 최초 시댁(신랑집)에 들어갈 때 발생 되는 신행주당(新行周堂)이 있고, 이사(移徙)에서는 이사주당(移徙周堂)이 있다. 그리고 시신 안장(安葬)에서 발생되는 것으로 안장주당(安葬主堂)과 상문주당(喪門周堂)이 있다.

신부좌향길방(新婦坐向吉方)이란?

신부가 신혼여행 후 시댁(신랑집)에 왔을 때 최초 앉는 방위를 말한다.

여기서는 결혼이므로 혼인주당과 신행주단 그리고 신부좌향 길방에 대하여 알아보자.

□ 혼인주당(婚姻周堂) 보는 방법

8 주(廚) 8	1 부(夫) 7	2 고(姑) 6
7 부(婦) 1		3 당(當) 5
6 조(竈) 2	5 제(弟) 3	4 옹(翁) 4

결혼하는 달이 음력으로 대월(30일)일 때는 부(夫)에서 최초 1일을 출발하여 시계 방향으로 고(2,姑)-당(3,當)-옹(4,翁)-제(5,弟)-조(6,竈)-부(7,婦)-주(8,廚)-부(1,夫)…순으로 혼인 당일 날짜만큼 순행으로 확인한다.

결혼하는 달이 음력으로 소월(29일, 28일)일 때는 부(婦)에서 최초 1일을 출발하여 시계 반대 방향으로 조(2,竈)-제(3,弟)-옹(4,翁)-당(5,當)-고(6,姑)-부(7,夫)-주(8,廚)-부(1,婦)-조(2,竈)…순으로 혼인 당일 날짜만큼 역행으로 확인한다.

□ 혼인주당(婚姻周堂) 판단 방법

구분	내용	
1. 주(廚), 당(當), 제(弟), 조(竈), 주(廚)에 해당되는 날	길일(吉日)이다.	
2. 부(夫)와 부(婦)에 해당되는 날	혼인해서는 안 될 흉일(凶日)이다.	
3. 옹(翁)에 해당되는 날	시아버지가 없으면 무방하다.	※ 예전에는 시부모 대신 다른 사람이 부, 모 역할을 했지만, 요즘에는 신랑과 신부가 먼저 입장(入場)한 후 시부모가 입장하면 된다.
4. 고(姑)에 해당되는 날	시어머니가 없으면 무방하다.	

예를 들어보자, 음력으로 2017년 3월 15일 결혼 날짜를 잡았을 때 혼인주당(婚姻周堂)을 알아보자. 음력 2017년 3월은 29일까지 있는 달이므로 최초 부(婦)에서 반시계방향으로 15번째를 확인해 보면 부(夫)가 된다. 따라서 흉일(凶日)이다. 하루 늦춘 3월 16일은 주(廚)가 되므로 길일(吉日)이다.

따라서 독자들은 음력으로 3월 16일 날이 개인에게 작용하는 흉(凶)한 날이 아니거나 혹은 개인의 운(運)에 작용하는 지충일(支沖日)이나 용신(用神)을 극(剋)하는 오행 날이 아니라면 결혼 날을 잡아도 무방하다.

독자들은 결혼주당 일을 먼저 정한 후 결혼날을 결정하면 쉽게 좋은날을 찾을 수 있다.

다음은 신부가 신혼여행을 다녀온 후 최초 시댁(신랑집)에 들어갈 때 발생되는 신행주당(新行周堂)을 알아보자.

▫ 신행주당(新行周堂) 보는 방법

2 당(堂) 7	3 상(狀) 6	4 사(死) 5
1 조(竈) 8		5 수(睡) 4
8 주(廚) 1	7 로(路) 2	6 문(門) 3

음력으로 대월(30일)일 때는 조(竈)에서 최초 1일을 출발하여 시계 방향으로 당(2,堂)-상(3,狀)-사(4,死)-수(5,睡)-문(6,門)-로(7,路)-주(8,廚)-조(1,竈)-당(2,堂)…순으로 신혼 여행후 시댁(신랑집)에 최초 들어가는 날짜만큼 순행하여 확인한다.

음력으로 소월(29일, 28일)일 때는 주(廚)에서 최초 1일을 출발하여 시계 반대 방향으로 (2,路)-문(3,門)-수(4,睡)-사(5,死)-상(6,狀)-당(7,堂)-조(8,竈)-주(1,廚)-로(2,路)…순으로 신혼 여행 후 시댁(신랑집)에 최초 들어가는 날짜만큼 역행으로 회전하여 확인한다.

□ 신행주당(新行周堂) 판단 방법
- 사(死), 수(睡), 주(廚), 조(竈)에 해당되면 길일(吉日)이다.
- 문(門), 로(路), 당(堂), 상(狀)에 해당되면 흉일(凶日)이다.

예를 들어보자, 신부가 음력으로 2018년 5월 16일 결혼식을 올리고 5월 25일 신혼여행을 다녀온 후 시댁(신랑집)에 최초 들어갈 경우 신행주당을 알아보자. 음력 2018년 5월은 29일까지 있는 달이므로 최초 주(廚)에서 출발하여 반시계방향으로 25번째를 확인해 보면 주(廚)가 된다. 따라서, 5월 25일은 신부가 최초 시집(신랑집)으로 들어가는 길일(吉日)이 된다.

만약 흉일(凶日)일 경우에는 신혼여행 일정을 조정하거나 혹은 신혼여행 후 신부집에 먼저 들어간 후 길일에 시댁(신랑집)으로 들어가면 된다.

다음은 신행주당(新行周堂)을 통하여 신부가 시댁(신랑집)에 왔다면 처음 앉는 자리의 방향을 알아보자.

□ 신부좌향길방(新婦坐向吉方)

시댁에 들어가는 날의 간지	甲, 己日	乙, 庚日	丙, 辛日	丁, 壬日	戊, 癸日
앉는 방향	동북향 (東北向)	서북향 (西北向)	서남향 (西南向)	정남향 (正南向)	동남향 (東南向)

신부가 최초 시댁에서 앉아야 될 방향은 그날의 간지를 기준으로 앉는 방향을 결정한다.

예를 들어보자, 음력으로 2020년 10월 5일 결혼식을 올리고 10월 15일 최초 시댁(신랑집)에 들어가서 앉아야될 신부의 방향을 알아보자.

음력으로 2020년 10월 5일은 병인일(丙寅日)이다. 丙, 辛日에 해당되므로 신부가 시댁(신랑)집에서 최초 앉는 방향은 서남향(西南向)이다.

이사(移徙) 날 잡기

이사 날을 잡는 경우도 결혼 날을 결정하는 것과 비슷하다. 이 경우 나쁜 흉일(凶日)을 제외하면 좋은 이사 날은 1년 중 몇 일 밖에 되지 않기 때문에 독자들은 개인적인 운(運)의 흐름에 큰 결점이 없다면 적당한 날을 이사 날로 결정하길 바란다. 좋은 이사 날을 잡는 방법에 대하여 알아보자.

(1) 이사 방위 선택법

부부간 나이에 따른 좋은 이사 방향은 다음과 같다.

천록(天祿)방향은 재물과 관록이 따르며, 합식(合食) 방향은 곡식이 늘어나며, 관인(官印)방향은 승진을 하고 실업자에게는 직장이 생기는 좋은 방향이다.

연령	구분	천록(天祿) 방향	합식(合食) 방향	관인(官印) 방향
남	1, 10, 19, 28, 37, 46, 55, 64, 73	동(東)	동북(東北)	북(北)
여	2, 11, 20, 29, 38, 47, 56, 65, 74			

남	2, 11, 20, 29, 38, 47, 56, 65, 74	서남(西南)	서(西)	남(南)
여	3, 12, 21, 30, 39, 48, 57, 66, 75			
남	3, 12, 21, 30, 39, 48, 57, 66, 75	북(北)	서북(西北)	동북(東北)
여	4, 13, 22, 31, 40, 48, 58, 67, 76			
남	4, 13, 22, 31, 40, 48, 58, 67, 76	남(南)	사방(四方)	서(西)
여	5, 14, 23, 32, 41, 50, 59, 68, 77			
남	5, 14, 23, 32, 41, 50, 59, 68, 77	동북(東北)	동남(東南)	서북(西北)
여	6, 15, 24, 33, 42, 51, 60, 69, 78			
남	6, 15, 24, 33, 42, 51, 60, 69, 78	서(西)	동(東)	사방(四方)
여	7, 16, 25, 34, 43, 52, 61, 70, 79			
남	7, 16, 25, 34, 43, 52, 61, 70, 79	서북(西北)	서남(西南)	동남(東南)
여	8, 17, 26, 35, 44, 53, 62, 71, 80			
남	8, 17, 26, 35, 44, 53, 62, 71, 80	사방(四方)	북(北)	동(東)
여	9, 18, 27, 36, 45, 54, 63, 72, 81			
남	9, 18, 27, 36, 45, 54, 63, 72, 81	동남(東南)	남(南)	동(東)
여	10, 19, 28, 37, 46, 55, 64, 73, 82			

(2) 좋은 이사 날 선택법

이사(移徙)는 종류가 많기 때문에 종류별 좋은 날을 알아보자.

□ 입택귀화일(入宅歸火日) ⇒ 일반적인 이사

丙午, 甲子, 乙丑, 丙寅, 丁卯, 己巳, 庚午, 辛未, 甲戌, 乙亥, 丁丑, 癸未, 甲申, 庚寅, 壬辰, 乙未, 庚子, 壬寅, 癸卯, 丁未, 庚戌, 癸丑, 甲寅, 乙卯, 己未, 庚申, 辛酉

□ 이거길일(移居吉日) ⇒ 일반적인 이사

己未, 甲子, 乙丑, 丙寅, 庚午, 丁丑, 乙酉, 庚寅, 壬辰, 癸巳, 乙未, 壬寅, 癸卯, 丙午, 庚戌, 癸丑, 乙卯, 丙辰, 丁巳, 庚申

□ 분가산길일(分家産吉日) ⇒ 분가에 따른 이사

월	분가일
1월	己卯, 壬午, 癸卯, 丙午
2월	己酉, 辛未, 癸未, 乙未, 己亥, 己未
3월	辛卯, 庚子, 癸卯
4월	분가에 좋은날이 없음
5월	辛未, 庚辰, 己未, 甲辰, 戊辰
6월	乙亥, 己卯, 辛卯, 己亥, 癸卯
7월	丙辰, 庚辰, 戊辰, 壬辰
8월	乙丑, 乙巳, 甲戌, 乙亥, 己亥, 庚申
9월	庚午, 壬午, 戊子, 庚子
10월	甲子, 丙子, 戊子, 庚子
11월	乙丑, 乙亥, 丁丑, 己丑, 癸丑
12월	辛卯, 癸卯, 庚申, 乙卯, 壬申

□ 신가입택길일(新家入宅吉日) ⇒ 새로 지은 집으로 이사

甲子, 乙丑, 庚子, 癸丑, 庚寅, 戊辰, 癸巳, 庚午, 癸酉

▫ 구옥입택길일(舊屋入宅吉日) ⇒ 옛집으로 이사

봄일 경우	여름일 경우	가을일 경우	겨울일 경우
甲寅	丙寅	庚寅	壬寅

▫ 황도정국일(黃道定局日)

황도정국일은 이사뿐만 아니라 결혼에도 좋은 길일(吉日)이다.

앞 절 결혼날에 소개된 황도정국일을 참고하면 된다.

따라서 독자들은 개인적으로 편리한 시기에 종류별 좋은 이사 날을 선택하면 된다.

설사 합당한 이사날과 시간을 찾지 못한 경우 개인적인 운(運)의 흐름에 방해를 주지 않는 날이면 무방하다.

(3) 개인 운(運) 흐름

이사 날을 결정정할 때 최종적으로 확인해야 될 사항은 개인적인 길일(吉日)과 운(運)의 흐름이다.

앞 절의 길흉성(吉凶星) 내용 중 이사와 관련된 길일(吉日)은 역마일(驛馬日)이고, 흉일(凶日)과 지충일(支沖日)과 용신(用神)을 극(剋)하는 날은 제외 되어야 한다.

▫ 길일(吉日)

이사와 관련된 것 중 개인에게 적용되는 길일은 역마일(驛馬日)이다.

이사에서 역마일은 오히려 좋은 길성(吉星)으로 작용한다. 적용 방법은 앞 절 길흉성(吉凶星)의 역마일 조건을 참조하여 역마일을 찾으면 된다.

▫ 흉일(凶日)

이사도 지충일(支沖日)과 용신(用神)을 극(剋)하는 날은 흉일(凶日)로 본다.

이들의 적용은 이미 앞 절에서 소개되었기 때문에 독자들은 어렵지 않게 적용할 수 있다고 본다.

이 중 양력으로 1986년 6월 11일 밤 22:50분에 태어난 남자 이길동이의 이삿날 용신을 극(剋)하는 오행을 알아보자.

이길동이의 용신은 수(水)이다. 용신 수(水)를 극(剋)하는 것은 토(土)이므로, 토(土)에 해당되는 戊, 己, 丑, 辰, 未, 戌 일은 이삿날에서 제외되어야 한다.

(4) 이사주당(移徙周堂)

이사날의 경우 이사주당을 확인한다.

▫ 이사주당(移徙周堂) 보는 방법

1 안(安)	2 이(利)	3 천(天)
3	2	1
8		4

재(災)		해(害)
4		8
7	6	5
사(師)	부(富)	살(殺)
5	6	7

음력으로 대월(30일)일 때는 안(安)에서 최초 1일을 출발하여 시계 방향으로 이(2,利)-천(3,天)-해(4,害)-살(5,殺)-부(6,富)-사(7,師)-재(8,災)-안(1,安)-이(2,利)…순으로 이사 당일 날짜만큼 순행하여 확인한다.

음력으로 소월(29일, 28일)일 때는 천(天)에서 최초 1일을 출발하여 시계 반대 방향으로 이(2,利)-안(3,安)-재(4,災)-사(5,師)-부(6,富)-살(7,殺)-해(8,害)-천(1,天)-이(2,利)…순으로 이사 당일 날짜만큼 반대 방향으로 회전하여 확인한다.

□ 이사주당(移徙周堂) 판단 방법

- 안(安), 이(利), 천(天), 부(富), 사(師)에 해당되는 날 : 이사에 좋은 길일(吉日)이다.
- 재(災), 해(害), 살(殺)에 해당되는 날 : 이사에 나쁜 흉일(凶日)이다.

예를 들어보자, 음력으로 2020년 9월 5일의 이사주당을 알아보자. 음력 2020년 9월은 29일까지 있는 달이므로 최초 천(天)에서 출발하여 반시계방향으로 5번째를 확인해 보면 사

(師)에 해당되므로 이사에 좋은 길일(吉日)이다. 따라서 음력으로 9월 5일은 개인의 운(運)에 작용하는 지충일(支沖日)이거나 혹은 용신(用神)을 극(剋)하는 오행날이 아니라면 이사 날을 잡아도 무방하다.

주택 신축, 대들보 공사, 천정(우물)일 잡기

□ 성조전길일(成造全吉日) = 집을 신축하거나 혹은 증축, 수리하는 길일

甲子, 乙丑, 丙寅, 己巳, 庚午, 辛未, 癸酉, 甲戌, 乙亥, 丙子, 丁丑, 癸未, 甲申, 丙戌, 庚寅, 壬寅, 乙未, 丁酉, 庚子, 癸卯, 丙午, 丁未, 癸丑, 甲寅, 丙辰, 己未

□ 기지길일(基地吉日) = 집을 신축때 집터를 닦을 때 길일

甲子, 乙丑, 丁卯, 戊辰, 庚午, 辛未, 辛巳, 甲申, 乙未, 丁酉, 己亥, 丙午, 丁未, 壬子, 癸丑, 甲寅, 乙卯, 庚申, 辛酉

□ 상량길일(上樑吉日)=주택 신축 때 건축 대들보 공사 길일

甲子, 乙丑, 丁卯, 戊辰, 己巳, 庚午, 辛未, 壬申, 甲戌, 丙子, 戊寅, 庚辰, 壬午, 甲申, 丙戌, 戊子, 庚寅, 甲午, 丙申, 丁酉, 戊戌, 己亥, 庚子, 辛丑, 壬寅, 癸卯, 乙巳, 丁未, 己酉, 辛亥, 癸丑, 乙卯, 丁巳, 己未, 辛酉, 癸亥, 黃道, 天德, 月德

□ 천정일(穿井日)=우물을 파거나 수도를 고치는 길일

> 甲子, 乙丑, 癸酉, 壬午, 癸未, 甲申, 乙酉, 丁亥, 戊子, 癸巳, 甲午, 乙未, 戊戌, 庚子, 辛丑, 壬寅, 乙巳, 己酉, 辛亥, 癸丑, 丁巳, 戊午, 己未, 庚申, 辛酉, 癸亥, 黃道, 天德合, 月德合

조장(잠담기), 파종(播種), 벌목일(伐木日) 잡기

□ 조장일(造醬日) 길일(장 담그는 길일)

> 丁卯, 丙寅, 丙午, 天月德合, 午日, 開日

□ 파종일(播種日)

> 甲子, 乙丑, 丁卯, 己巳, 庚午, 辛未, 癸酉, 乙亥, 丙子, 丁丑, 戊寅, 己卯, 辛巳, 壬午, 癸未, 甲申, 乙酉, 丙戌, 己丑, 辛卯, 壬辰, 癸巳, 甲午, 乙未, 丙申, 戊戌, 己亥, 庚子, 辛丑, 壬寅, 癸卯, 甲辰, 丙午, 戊申, 己酉, 癸丑, 甲寅, 乙卯, 戊午, 己未, 癸亥

□ 벌목일(伐木日)

> 己巳, 庚午, 辛未, 壬申, 甲戌, 乙亥, 己卯, 壬午, 甲申, 乙酉, 戊子, 甲午, 乙未, 丙申, 壬寅, 丙午, 丁未, 戊申, 己酉, 甲寅, 乙卯, 己未, 庚申, 辛酉, 天月德

화장실(化粧室), 가축 축사 신축, 수리날 잡기

□ 작측일(作廁日)=화장실(변소) 신축 길일

庚辰, 丙戌, 癸巳, 壬子, 己未, 복단일(伏斷日)

□ 작축사일(作畜舍日)=가축 축사 신축 및 수리 길일

甲子, 丁卯, 辛未, 乙亥, 己卯, 甲申, 戊子, 己丑, 辛卯, 壬辰, 庚子, 壬寅, 甲辰, 乙巳, 壬子, 天德, 月德, 開

제사(祭祀), 불공(佛供), 산신제(山神祭), 수신제(水神祭), 신사기도(神祀祺禱), 신상안치일(神像安置日)일 잡기

□ 제사(祭祀) 길일

甲子, 乙丑, 丁卯, 戊辰, 辛未, 壬申, 癸酉, 甲戌, 丁丑, 己卯, 庚辰, 壬午, 甲申, 乙酉, 丙戌, 丁亥, 己丑, 辛卯, 甲午, 乙未, 丙申, 丁酉, 乙巳, 丙午, 丁未, 戊申, 己酉, 庚戌, 乙卯, 丙辰, 丁巳, 戊午, 己未, 辛酉, 癸亥, 生氣, 天宜, 福德日

□ 불공(佛供) 길일

> 甲子, 乙丑, 丙寅, 庚午, 甲戌, 戊寅, 乙酉, 戊子, 己丑, 辛卯, 甲午, 丙申, 癸卯, 丁未, 癸丑, 甲寅, 丙辰, 辛酉

□ 산신제(山神祭) 길일

> 甲子, 壬申, 乙亥, 丙子, 甲申, 乙酉, 丙戌, 辛卯, 庚戌, 乙卯, 甲戌, 甲午, 甲寅, 乙丑, 乙未, 丁卯, 戊辰, 己巳, 己酉, 庚辰, 辛亥, 壬寅, 癸卯, 己卯, 丁亥, 丁未

□ 수신제(水神祭) 길일
  (바다, 하천, 우물에서의 용왕신 올리는 길일)

> 庚午, 辛未, 壬申, 癸酉, 甲戌, 庚子, 辛酉, 開日

□ 신사기도일(神祀祈禱日) 길일(신당이나 사당에 제사 및 기도 올리는 길일)

> 甲子, 乙丑, 戊辰, 己巳, 乙亥, 丙子, 丁丑, 壬午, 甲申, 丁亥, 辛卯, 壬辰, 甲午, 乙未, 丁酉, 壬寅, 乙巳, 丙午, 乙酉, 丁未, 戊申, 庚戌, 丁巳, 壬戌

□ 신상안치일(神像安置日) 길일(신상, 불상 안치 길일)

癸未, 乙酉, 丁酉, 甲辰, 庚戌, 辛亥, 丙辰, 戊午

제6장
음택(조상묘)를 판단하자

　음택(陰宅)과 양택(陽宅)의 풍수지리(風水地理)는 동일하므로, 독자들은 앞 절의 양택(집) 풍수에서 적용된 내용을 상기하면서 음택(조상묘) 풍수에 임하면 된다. 특히, 요즘은 음택(墓地)에서 명당(明堂)을 찾기란 쉬운 것만은 아니다.
　음택과 양택은 같은 것이고, 이미 양택에서 설명했기 때문에 음택은 꼭 알고 적용되어야 될 핵심 사항을 설명하겠다.
　그 이유는 앞 절 양택(집)에서 기본적인 사항들은 설명하였고, 이어서 설명될 나경(패철) 사용법에서 또다시 명당(明堂)을 찾기 위한 방법 모두를 구체적으로 설명하기 때문이다.
　명당에 매장(埋葬)을 하면 육탈(肉脫) 후 황골(黃骨)되기 때문에 후손들은 좋은 동기감응(同氣感應)을 받아 발복(發福)하게 된다. 그렇지만 나쁜 곳에 매장을 하게 되면 나쁜 동기감응으로 인하여 큰 피해를 입게 되므로, 좋은 명당자리가 존재하는 경우는 매장을 하고, 명당이 없는 경우는 동기감응의 피해를 주지 않는 화장(火葬)이 좋겠다.
　한국의 대표적인 음택 명당(明堂)으로 꼽히는 이석형 선생 묘, 황희 정성 조부 묘, 김반 선생 묘, 강회백 선생 묘, 김성우 장군 묘, 김호 선생 묘는 풍수지리(風水地理)의 5대 요건 즉 용(龍), 혈(穴), 사(砂), 수(水), 향(向) 모두를 갖춘 지형이다. 이들을 설명하면 다음과 같다.

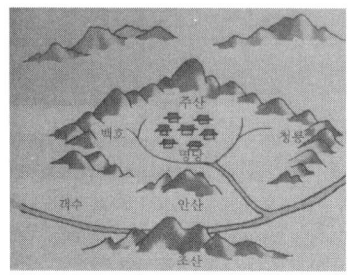 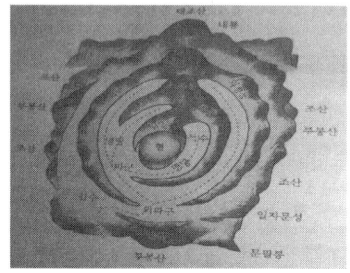

※〈참고〉 사진 출처 : 현대 풍수지리(류지홍)

1. 용(龍)

'용(龍)'이란 혈(穴)이 흐르는 산 혹은 산맥 즉 산줄기를 말하는데 풍수지리에서는 상하좌우로 굴곡이 많고 밑으로 곡선을 그리면서 구불구불하게 내려와야 좋다. 원래 산(용)은 지기(地氣)가 흐르는 통로이다. 보통 산줄기는 휘면서 내려오는데 이러한 이유는 물과 바람처럼 움직이는 양기(陽氣)와 움직이지 않는 음기(陰氣)의 용(산)의 작용 때문이다.

특히, 용(龍)은 굴곡이 있는 과협(산봉우리와 산봉우리를 연결시켜주는 작은 산맥)을 통해서 내려와야만 좋다. 그러나 용의 흐름이 일직선으로 내려오거나 혹은 생기가 없는 푸석푸석한 흙, 주변 산은 낮은데 혈(穴) 자리만 높은 곳, 반주(反肘) 즉 팔뒤꿈치처럼 생긴 지형, 배주(背走) 즉 감싸 안지 못하는 지형 등에 해당되는 죽은 용 즉 사절용(死絶龍)은 나쁜 흉지(凶地)이다.

또한 태조산에서 내려오는 삼락(三落)지점에서의 용(龍)은 최초 혈(穴)의 지점 즉 초락처(初落處)와 두 번째 혈의 지점에 해당되는 중락처(中落處)보다는 주룡(主龍)의 혈(穴)이 더 이상 내려가지 못하고 모이는 마지막 지점에 해당되는 말락처(末落處)가 가장 좋은 명당이 된다(아래 그림).

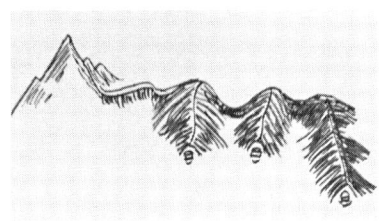

그러나, 태조산에서 출발된 용(龍)의 흐름이 과협의 주봉을 통해서 흐르는 주룡(主龍)이 제일 좋은 명당이 되고, 간용에서 갈라진 지룡(支龍)은 간용보다는 못하다(아래 그림).

이러한 지형(地形)의 종류는 통상적으로 목화토금수(木火土金水)형이 있다〈※양택, 오행 건물, 지붕, 산모양 참조〉.

이들 지형을 다시 세분화시켜 물형(物形)으로 판단해 보면 단독형(單獨形)으로는 귀인형(貴人形), 장군형(將軍形), 선인형(仙人形), 옥병형(玉屛形), 천창형(天倉形), 천마형(天馬形), 옥대형(玉帶形), 기산형(旗山形), 천교형(天橋形), 종부형(鐘釜形), 호형(虎形), 박외귀인형(幕外貴人形), 아미문성형(蛾眉文星形), 복수문성형(福壽文星形), 문필형(文筆形), 복두형(幞頭形) 등이 존재하며, 또한 보는 사람에 따라 지형 형태가 달라질 수도 있는 복합형(複合形)이 있다. 대표적인 복합형으로는 쌍룡롱주형(雙龍弄珠形), 옥녀산발형(玉女散髮形), 보도출갑형(寶刀出匣形), 비봉귀소형(飛鳳歸巢形), 금계포란형(金鷄抱卵形), 와우형(臥牛形), 옥녀탄금형(玉女彈琴形), 산구형(産拘形), 연화부수형(蓮花浮水形), 매화낙지형(梅花落地形), 구미형(龜尾形), 갈마음수형(渴馬飮水形), 옥토망월형(玉兔望月形), 비아부벽형(飛蛾附壁形), 사두형(蛇頭形), 잠두형(蠶頭形), 행주형(行舟形), 금귀몰미형(金龜沒泥形), 노서하전형(老鼠下田形)은 물론 오송형(蜈訟形), 잠두형(蠶頭形), 비봉형(飛鳳形), 평사하안형(平沙下雁形), 학슬형(鶴膝形), 낙타재보형(駱駝載寶形), 면우형(眠牛形), 장군격고형(將軍擊鼓形), 장군대자형(將軍對坐形), 선인대기형(仙人對碁形), 미녀헌화형(美女獻花形), 어부수작형(漁夫垂酌形), 복종형(伏鐘形), 선여등천형(仙女登天形), 지주형(蜘蛛形) 등으로 사람이나 조류는 물론 동물과 꽃나무 등으로 아주 많은 것들이 있다.

 독자들은 본 책에서 제공한 풍수(風水)의 기본(基本)적인 내용을 토대로 이들에 대한 내용을 지속적으로 연마해 주길 바란다.

2. 혈(穴)

 풍수지리(風水地理)를 배우는 최종 목적은 '혈(穴)'을 찾는 것이다.

 '혈(穴)'이란 한의학적으로 본다면 인체에서 꼭 필요한 부위 즉 특정부위에 침(針)을 놓는 자리와 마찬가지로 지기(地氣)가 뭉쳐있는 자리를 말한다. 즉 산줄기를 타고 내려오다가 흐름이 응결된 곳을 말한다. 혈의 지점에 집을 짓거나 묘(墓)를 쓰면 자손들이 지기(地氣)를 통하여 복(福)은 물론 형통(亨通)하게 된다.

 이어서 배울 나경(패철) 역시 혈(穴)을 찾기 위한 것이다. 따라서 독자들은 혈을 찾기 위한 노력에 매진해 주길 바란다(※참고, 명당탐지기의 천기룡과 관룡자/심룡척 및 수맥봉 1개 혹은 천맥지 사용법 참조).

 혈(穴)을 찾는 방법은 무수히 많다. 본 책에서는 형기풍수와 이기풍수의 중요성을 감안해서 둘 모두 적용하고 활용하는 복합 형태로 혈(穴)을 찾는 방식을 제시하였다. 본래 풍수지리의 목적(目的)은 진혈(眞穴)을 찾아서 한치의 오차도 없는 곳에 점혈(點穴)하는데 있다. 요즘은 장례문화(葬禮文化) 변화는 물론 혈(穴)을 찾는 방법 역시 다양한 방법으로 활용되고 있다. 그러나 본 책에서는 독자들에게 쉽게 명당(明堂)자리에 점혈(點穴)할 수 있도록 설명해 놓았으니 독자들은 이를 활용해 주길 바란다.

3. 사(砂)

'사(砂)'는 혈을 중심으로 좌우에 있는 산봉우리를 말한다. 혈의 주변에서 호위(護衛)하는 환경을 말한다. 이러한 산들이 사방에서 에워싸준 안쪽 공간을 보국(保國)이라고 하고, 흔히 '사'를 좌, 우측에 감싸 안는 산맥이라고도 한다. 즉, 좌청룡, 우백호, 북현무, 남주작이라고도 한다. 요즘은 인공적으로 설치된 구조물(構造物)과 석물(石物) 등도 포함된다.

특히, 왼쪽 좌청룡은 남자를 나타내고, 오른쪽 우백호는 여자를 나타내는데 좌청룡과 우백호에 문제가 생기면 이들에게 나쁜 영향을 준다. 또한 좌청룡과 우백호는 혈(穴)을 잡는데 중요한 역할을 하는데 백호의 위세가 청룡보다 높으면 혈은 위세가 강(强)한 백호쪽에 혈(穴)을 잡고, 반대로 청룡이 백호보다 더 높으면 혈은 청룡쪽에 혈(穴)을 잡는다. 또한 백호와 청룡의 높이가 똑 같다면 혈(穴)은 중앙에서 잡는다. 이때 좌청룡과 우백호의 높이는 혈(穴) 지점에서 보면 어깨 높이어야 한다. 이때 좌청룡과 우백호의 모양은 감싸고 돌아야 되는 것이지 일직선으로 뻗어진 것이라면 재물이 흩어지고 재앙이 따르는 흉(凶)한 것이다.

또한 묘지(墓地) 앞에 있는 조산 즉 안산(安山)은 묘지와 일직선을 맞추는 것은 최적의 양기운과 음기운을 맞추려는 목적이 있다. 그러나 묘지 뒤에 존재하는 주산의 역할과의 일반화시키기에는 다소 무리가 있다. 원래 안산이 높으면 묘지는 높은 곳에, 안산이 낮으면 묘지는 낮은 곳에 위치시키며, 묘지에서 봤을 때 안산의 높이는 30도를 유지시키며 심장에서 눈썹 사이가 길(吉)하다. 안산이 너무 높아도 너무 낮아도 나쁘다. 안산의 역할은 살풍(殺風)을 막아주는데, 안산이 너무 높으면 압혈(壓穴)되어 나쁘고, 안산이 너무 낮거나 없으면 기(氣)가 모이지 않아 빈곤하고 패절한다.

4. 수(水)

'수(水)'는 물을 말하는 것으로, 물도 사와 마찬가지로 혈(穴)을 중심으로 직선으로 뻗어서 내려오는 것은 재물이 흩어지고 재앙이 따르는 나쁜 흉지(凶地)에 속하지만, 좌, 우 곡선으로 감싸고 돌아서 지기(地氣)가 밖으로 설기(洩氣 : 地氣가 새어 나감)되지 않도록 막아주는 역할을 해야 명당이 되는 것이다. 특히 혈(穴) 앞에는 반드시 수(水)가 존재해야만 된다. 그 이유는 혈을 통해서 내려온 지기(地氣)가 더 이상 다른 곳으로 새어나지 못하는 기능을 해야 하기 때문이다. 이렇게 하여 물(陽)과 산(陰)은 교배(交配)를 해야만 명당(明堂)이 되는 것이다. 따라서, 음택이나 양택에서 뒤에는 산이 있고, 앞에는 물이 존재하는 배산임수(背山臨水)가 되어야만 명당(明堂)의 조건이 되는 것이다. 배산임수 조건은 산(山) 대신 도시에서는 건물도 동일하게 산과 같은 역할을 한다.

이렇게 지기(地氣)를 끊어지게 하여 교배(交配)하는 기능은 하천 등의 물은 물론 길과 들판 역시 같은 기능을 한다.

따라서 양택이든 음택이든 지기(地氣)를 끊어지게 하는 것들이 뒤에 존재하는 경우 나쁜 흉지에 해당 된다. 그 이유는 밑으로 내려오는 지기를 모두 단절시키기 때문이다. 물이 들어오는 것을 득수(得水)라고 말하고, 물이 나가는 것을 파구(破口)라고 하는데 이들 작용은 나경(패철) 8층에서 구체적으로 다룬다. 앞 절 양택(陽宅)에서 소개된 도로와 하천에서의 물의 길흉(吉凶) 방향은 음택 즉 묘지에서도 길흉이 동일하게 적용된다.

5. 향(向)

음, 양택에서 최초 방향(方向) 판단은, 뒤는 높고 앞은 낮은 전저후고(前低後高)의 원칙에 따라 방향이 결정된다. 즉, 북쪽이 높고 남쪽이 낮다면 남향으로, 남쪽이 높고 북쪽이 낮으면 북향으로, 서쪽이 높고 동쪽이 낮으면 동향으로, 동쪽이 높고 서쪽이 낮으면 서향으로 결정한다(※4층 나경의 최초 방향 판단 즉 정반정침(正盤正針)의 기준 방향 판단도 전고후고의 원칙에 따른다).

'향(向)'은 묘지(墓地)의 방향 즉 좌향(坐向)을 말한다. 좌(坐)는 등을 지고 있는 방위이고, 향(向)은 정면을 뜻한다. 음택(陰宅)에서는 시신의 머리 부분이 좌(坐)이고 다리쪽이 향(向)이 된다. 건물에서는 건물 뒤가 좌(坐)이고, 건물 앞이 향(向)이다. 이것을 표기할 때는 ○坐○向으로 표기한다. 향(向)은 능선과 비탈진 곳 이 아닌 평지를 선택하고, 평지라도 근처에 심한 경사가 있는 곳은 피한다.

특히, 향(向) 즉 방향(方向)은 파구(破口)와 더불어 혈(穴)을 결정 짓는 중요한 요소가 되는데 향(向)으로 놓을 수 없는 방향은 회두극좌(回頭剋坐)와 팔요황천살(八曜黃泉殺) 등이며 88향법의 12운성(포태법)에 따른 흉(凶)방향으로도 방향을 놓을 수 없다. 그리고 묘(墓)와 집이 서로 정면으로 바라보는 방향일 때는 향(向)을 놓을 수 없다(※풍수지리 설명 참조).

이제 독자들은 나경(패철) 사용법을 통하여 양택(집)과 음택(조상 묘)에서 명당(明堂)을 찾기 위한 방법으로 1층에서 9층까지 적용 방법을 제시하겠으니, 명품 혈(穴)은 물론 가장 좋은 명당(明堂)을 찾을 수 있는 능력을 키워 보길 바란다.

특히 독자들이 알아야 될 사항은 풍수(風水)에서 자신(주인)의 사주(四柱)에서 악(惡)영향을 주는 조건은 피하고, 부족한 오행(五行)을 채워 주어야만 성공인(成功人)으로서 완성(完成)된다는 사실을 알길 바란다.

이런 것들은 이어서 배울 나경(패철)에서 3층(삼합오행 확인), 6층(인반중침 확인) 그리고 8층(천반봉침 확인)에서 구체적으로 확인한다.

6. 풍수(風水)에 작용되는 길흉(吉凶) 판단

음, 양택에서 적용되는 용(龍), 혈(穴), 사(砂), 수(水), 향(向)를 바탕으로 풍수(風水)에서 적용되는 주요 길흉(吉凶) 판단은 아래와 같다.

- 좌청룡 우백호의 모양이 혈(穴)을 감싸 안지 못하고 등을 돌리는 모양이나, 좌청룡과 우백호가 일직선인 경우는 재산 탕진은 물론 형제간 정이 없고 고향에 정을 두지 않는다(용호비주형, A그림). 또한 좌청룡 우백호의 끝부분이 혈(穴)자리로 향하거나, 혹은 끝부분이 주먹 모양으로 혈(穴)자리로 향하는 경우(용호상투형, B그림, 끝부분 두 개 모두 혹은 한 개라도 혈자리로 향하면 흉지이다), 이런 경우 형제간 재산 싸움, 분쟁 등이 발생되는 나쁜 흉지이다.

  또한 좌청룡, 우백호가 뒤로 꺾인 형(용호반배형, C그림)이거나 혹은 좌청룡, 우백호가 절단된 경우(용호절비형, D그림)도 나쁜 흉지이다. ※〈참고〉음택 그림 형상 출처 : 정통 풍수지리(정경연)

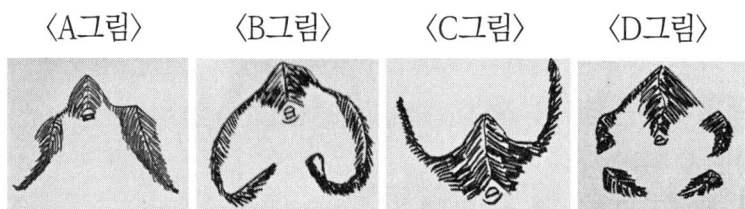

〈A그림〉 〈B그림〉 〈C그림〉 〈D그림〉

- 좌청룡, 우백호의 형상과 물길에 따른 길흉(吉凶) 판단은 아래와 같다.
  - 혈(穴)자리 앞에 흐르는 좌청룡 우백호의 물줄기가 일직선으로 흘러 빠져나가면 나쁘다(A-1그림 및 B-1그림). 그러나 물길이 직선으로 흐른 후 안산 앞이나 혹은 안산

뒤에서 서로 만나서 깨끗한 호수(湖水)가 형성된 경우에는 처음에는 나쁘지만 세월이 지나가면 갈수록 명당(明堂)이 된다.
- 혈(穴)자리 앞에 좌청용과 우백호의 뽀족한 끝부분이 서로 나란히 혹은 똑바로 마주 보거나 혹은 끝부분이 혈(穴) 자리를 향하는 경우에는 분쟁이나 형제들 간의 재산 싸움이 발생 된다(A-1그림). 이러한 내용은 물(水)길의 경우도 혈자리를 향하면 동일하다(C-1그림).
- 또한 좌청용과 우백호의 끝부분이 서로 마주 보는 곳에서 작은 산이나 바위가 존재하는 경우에도 다툼이나 형제간의 불화가 발생 된다(A-1그림).
- 혈(穴)자리 앞에 좌청용과 우백호 끝부분이 뽀족하게 서로 나란히 또는 똑바로 마주 보거나(B-1그림) 혹은 뽀족한 끝부분이 혈(穴)자리를 향하는 경우에는 분쟁이나 형제들 간의 재산 싸움이 발생 된다.
- 혈(穴)자리 앞에 좌청용과 우백호의 물길이 직선으로 흐르는 경우는 흉지이다. 그러나 물길이 직선으로 흐른 후 서로 만나서 깨끗한 호수가 형성된 경우에는 처음에는 나쁘지만 세월이 지나가면 갈수록 명당(明堂)이 된다.
- 위의 내용 모두를 충족시킨 혈(穴)자리인 경우일지라도 좌청룡과 우백호가 혈자리를 감싸 안지 못하고 일직선 모양이거나 혹은 끊어진 형상 그리고 물길이 혈자리 방향이라면 흉지이다〈C-1그림〉.

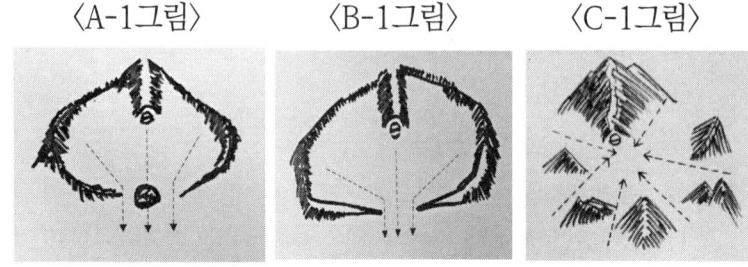

- 좌청룡, 우백호의 과협이나 끝자락이 혈(穴)자리 보다 높고 크다면 나쁘다.

- 좌청룡, 우백호의 앞에 존재하는 작은 산이 존재하고, 존재하는 산이나 바위를 좌청룡과 우백호가 감싸 안는 경우에는 불륜 등으로 부녀자가 음탕하다.

- 반주(反肘) 즉 팔꿈치처럼 생긴 곳으로 주룡(主龍)의 회전 방향이나 혹은 주룡에서 한쪽으로 볼록하게 튀어나온 부분을 말하는데, 이곳은 생기(生氣)는 물론 청룡백호도 모두 배반하고 달아나는 나쁜 흉지(凶地)이다. 이곳은 오역죄(五逆罪)는 물론 배반하는 불효(不孝)로 패가망신(敗家亡身)하고 이산가족이 나타난다.

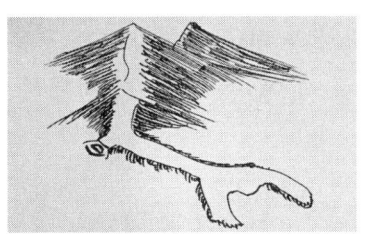

- 혈(穴)자리의 좌청룡 우백호는 최초의 사격 모양으로 판단한다. 아래 사진의 경우 최초 벌어진 팔자형 사격은 나쁘다. 그러나 최초 벌어진 사격을 좌, 우백호가 추가적으로 감싸 안는 지형이면 괜찮다(※흐르는 물길도 혈자리 앞에 흐르는 최초의 물길로 판단한다).

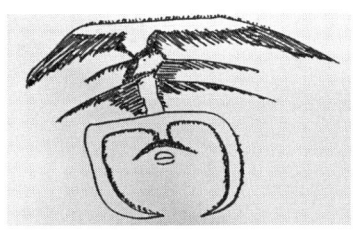

- 좌 우백호에서 만나는 물길에 익사자 모양의 바위나 혹은 형태가 존재하는 경우는 자손 중에 익사자가 나온다.

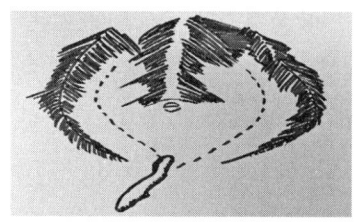

- 혈(穴) 앞에 좌 우백호에서 물길이 만나고, 흐르는 물길에 거북이 모양의 형태가 존재하는 경우, 명당터이다. 또한 좌, 우청룡 끝에 돌 모양의 지형이 존재하는 경우도 명당터이다.

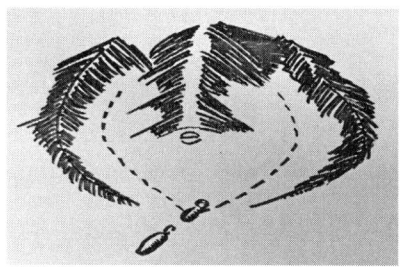

- 혈(穴) 앞에 좌 우백호에서 물길이 만나고, 또한 좌, 우백호 끝부분 모양이 게모양의 형태가 존재하는 경우, 명당터이다.

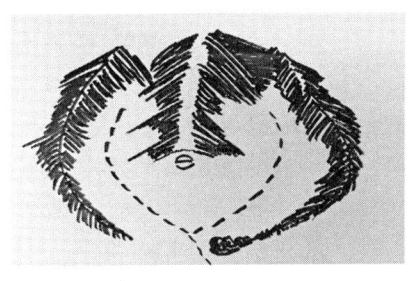

또한 풍수에서 지형 형상으로 본 길흉(吉凶) 판단은 아래와 같다.

- 물고기 형상(금어사 혹은 어대사)

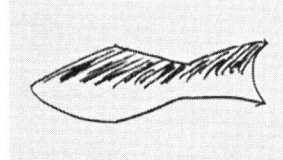

음택이나 양택에서 물고기 모양의 지형이거나 바위 모양 또는 물고기 모양의 형상이 전면에서 보이는 경우, 물고기 형상이 좋은 상격(上格) 지형과 중격(中格) 지형에서는 재물(財物)이 오래 동안 지속되며, 하격(下格) 지형에서는 방탄한 자손(子孫)과 승려가 된다.

- 죽은 시체 형상(유시사 혹은 객관사)

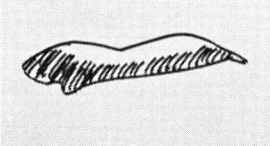

음택이나 양택에서 죽은 시체 모양의 지형이거나 바위 모양 또는 죽은 시체 모양의 형상이 전면에서 보이는 경우는 객사한다. 또한 물길이 역수(逆水)인 경우는 시신(屍身)이 고향으로 돌아올

수 없다. 또한 수구(水口)에 죽은 시체 형상이 있으면 익사자(溺死者)가 난다. 그러나 죽은 시체 형상의 경우, 명당(明堂)에 해당되는 장군대자형(將軍大坐形) 즉 좌청룡, 우백호 주위에 작은 봉우리들이 존재하는 것으로 흡사 여러 장수들이 회의하는 형국이거나 혹은 금오탁시형(金烏啄屍形) 즉 까마귀가 시체를 뜯어먹는 형국에서는 오히려 길(吉)하다. 그 이유는 장군(將軍)에게는 죽은 시체는 큰 전공을 상징하고, 까마귀는 시체를 뜯어먹기 때문이다.

■ 소가 누운 형상(와우사)

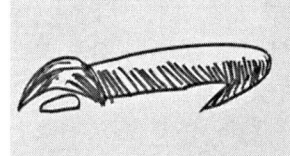

음택이나 양택에서 소가 누운 모양의 지형이거나 바위 모양 또는 소가 누운 모양의 형상이 전면에서 보이는 경우, 좋은 상격(上格) 지형에서 소가 누운 형상은 국가에 관(官)을 먹고 부자(富者)가 되고, 중격(中格) 지형에서는 재물(財物)은 물론 축산업(畜産業)으로 대성하나, 나쁜 하격(下格) 지형에서는 빈곤(貧困)을 면치 못한다.

- 사자(머리가 크다)가 누운 형상(와사사)

음택이나 양택에서 사자(머리가 크다)가 누운 모양의 지형이거나 바위 모양 또는 사자 모양의 형상이 전면에서 보이는 경우, 좋은 상격(上格) 혹은 중격(中格) 지형에서 사자 형상은 부귀(富貴)하고 장수(長壽)하나, 지형이 나쁜 하격(下格)에서의 사자 형상은 빈곤(貧困)을 면치 못한다.

- 호랑이(머리가 작다)가 누운 형상(복호사)

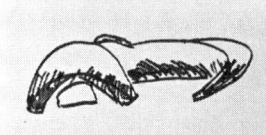

음택이나 양택에서 호랑이(머리가 작다)가 누운 모양의 지형이거나 바위 모양 또는 호랑이 모양의 형상이 전면에서 보이는 경우에서, 좋은 상격(上格) 지형에서는 호랑이 형상은 무공(武功)을 세우고 대귀(大貴)하고, 중격(中格) 지형에서는 나쁜 방법으로 재물(財物)을 모으며, 나쁜 하격(下格) 지형에서는 자손(子孫)이 없거나 호상(虎傷)을 당한다.

■ 혈처(穴處) 즉 명당(明堂) 혹은 점혈(點穴)에서 길흉 판단

1. 혈처(穴處)에서 곤(坤) 방향과 유(酉) 방향의 낮은 곳에서 바람이 들어오면 장남(長男)이 죽고, 빈천(貧賤)하다. 또한 이들 방향이 흉산(凶山)이거나 혹은 보기 흉한 바위가 보이면 상처(喪妻) 하거나 혹은 창병(피부병)에 걸린다.
2. 혈처(穴處)에서 곤(坤) 방향과 신(辛) 방향에 흉산(凶山)이나 혹은 보기 싫은 바위가 보이면 형벌(刑罰)이나 사형(死刑)을 당한다.
3. 혈처(穴處) 앞에 사자, 호랑이상의 흉한 바위가 있으면 살인자(殺人者)가 나온다.
4. 혈처(穴處)에서 건(乾), 자(子), 계(癸), 해(亥) 방향이 약해서 바람이 들어오는 경우 장남(長男)이 나쁘다.
5. 혈처(穴處)에서 혈이 내려가는 부분이 잘린 경우 자손(子孫)이 객사(客死)한다.
6. 혈처(穴處) 앞에 물이 뚝뚝 떨어지는 소리가 들리면, 자손들이 배가 고파 신음소리이며, 자손(子孫)이 빈천(貧賤)하다.
7. 혈처(穴處)에서 갑(甲), 경(庚) 방향에 훔쳐보는 규봉(작은 봉우리)이 있으면 중풍(中風) 자손(子孫)이 나온다.
8. 혈처(穴處) 뒤의 백호에 훔쳐보는 규봉(작은 봉우리)이 있으면 과부(寡婦)가 나온다.
9. 혈처(穴處)에서 병(丙), 정(丁)과 건(乾), 술(戌) 방향이 낮

아서 허전하면 부모와 자식이 생이별(生離別) 한다.
10. 혈처(穴處)에서 자(子) 방향에 규봉(작은 봉우리)이 보이면 도둑놈이 나온다.
11. 혈처(穴處)에서 유(酉) 방향에 규봉(작은 봉우리)이 존재하고, 인(寅) 방향을 자르고 도로(道路)가 나면 100일 안에 살인자(殺人者)가 나온다.
12. 혈처(穴處) 앞에 있는 물이 손(巽) 방향으로 흐르면 벙어리 자손(子孫)이 나온다.
13. 혈처(穴處)에서 손(巽) 방향으로 넘어가는 길이 있으면 맹인(盲人)이 나온다.
14. 혈처(穴處)에서 자(子)와 오(午) 방향에 있는 산봉우리가 서로 상충(相沖)되어 싸우면 겁탈(劫奪)하는 후손(後孫)이 나온다.
15. 혈처(穴處)에서 손(巽) 방향으로 넘어가는 길이 존재하면 관록(官祿)을 먹고 있는 자손에게 재앙(災殃)이 닥친다.
16. 혈처(穴處)에서 오(午) 방향에 사자 모양이 존재하는 경우 자손(子孫)이 사망(死亡)한다.
17. 주산에 존재하는 규봉(작은 봉우리)이 혈처(穴處)를 넘보면 도둑놈이 나온다.

■ 좌청룡, 우백호에서 길흉 판단지장간

1. 좌청룡이 절단되거나 혹은 좌청룡이 원래 실같이 가는 경우 장손(長孫)이 절손(絶孫)된다.
2. 좌청룡 중간에 절단된 경우에는 후손(後孫)이 절손(絶孫)된다.
3. 혈처에서 좌청룡과 우백호의 산 넘너머로 언덕, 들판, 강이 보이거나(월수, 越水) 혹은 너무 낮아 바람(황천풍, 곡장)을 막지 못하면 흉(凶)하다.
4. 좌청룡과 우백호에 아름다운 바위가 존재하면 왕비(王妃)가 나온다.
5. 아래 그림처럼 좌청룡이나 우백호 중 2개가 이들을 물고 있는 형상의 경우 살인자(殺人者)가 나온다.

6. 좌청룡과 우백호의 자(子)와 오(午) 방향이 낮아서 바람이 들어오고, 혈처(穴處) 앞에 바위가 물에서 보이면 물에 빠져 죽은 자손이 나온다.

■ 안산(安山)에서 길흉 판단

1. 안산(安山)이 치마폭처럼 생겼으면 자손들이 음란(淫亂)하다.
2. 안산(安山) 옆에 흉악한 산이나 바위가 보이면 후손(後孫)이 끊어진다.
3. 안산(安山)의 봉우리가 2개이면 쌍둥이가 태어난 후 발복(發福)한다.
4. 안산(安山) 일부가 찌그러졌거나, 안산 밑에 습기가 많으면 장남(長男)이 중풍(中風)에 걸린다.
5. 안산(安山) 모양이 삐쭉삐쭉한 것들이 여러 개 존재하면 못생긴 처(妻)와 못생긴 자손(子孫)이 태어난다.
6. 안산(安山) 모양이 머리를 풀고 있는 모양인 경우 자손(子孫)이 사망(死亡)한다.

제7장
나경(패철) 사용법을 알아야만 풍수대가(風水大家)이다

풍수(風水)는 형기론(形氣論)과 이기론(理氣論)이 있다.
산과 물 등 자연의 외적 지형의 모양을 보고 길지(吉地)를 찾는 것이 형기론이다. 즉 형기론은 용(龍), 혈(穴), 사(砂), 수(水), 향(向) 등 풍수지리 지형의 변화 현상을 보아 길흉(吉凶)을 판단하는 것이다. 반면에 이기론은 나경(패철) 등으로 방위와 보이지 않는 가상학(家相學)은 물론 음양오행 작용을 판단해서 길흉화복(吉凶禍福)을 결정하는 이론이다. 즉 이기론은 용, 혈, 사, 수, 향의 방위(方位)를 나경(패철) 등으로 측정하여 음양오행법(陰陽五行法)으로 적법한지 여부를 판단하는 것이다.
형기론과 이기론 모두 풍수(風水)에서 중요한 핵심 요체로서 반드시 나경(패철)을 알고 적용시켜야만 비로소 완성된다는 사실을 잊지 말자. 즉, 나경(패철) 사용법을 모른다면 이것이야 말로 엉터리 풍수가 되는 것이다.
참고적으로 현공풍수(玄空風水)는 공간과 시간의 흐름을 판단하는 풍수 즉 시간과 공간을 활용하여 길흉(吉凶)을 판단하는 것이다.
본 책에서는 형기풍수와 이기풍수의 중요성을 감안해서 둘 모두 적용하고 활용하는 복합 형태로 구성하였다.

이제부터 이기론(理氣論) 풍수에서 많이 활용되는 '나경(羅經)' 즉 '패철(佩鐵)'에 대해서 설명하고자 한다.

나경(羅經)은 '우주의 삼라만상을 포함한다'의 포라만상(包羅萬象)과 '하늘과 땅을 다스린다'의 경륜천지(經倫天地)에서 그물 나(羅)와 지나갈 경(經)자를 따서 나경(羅經)이라고 한다.

나경은 '허리에 차고 다닌다'라고 하여 '패철(佩鐵)'이라고 하고 일명 '뜬쇠' 혹은 '윤도'라고도 한다.

나경의 역사는 기원전 약 1100년 중국 주나라 성왕때부터 시작되었으며, 주역(周易)의 후천팔괘를 기본으로 적용하였다.

우리나라에서는 서기 1세기경 낙랑고분에서 나경이 출토되어 유래를 찾아볼 수 있으나, 본격적으로 사용된 시기는 조선시대로 본다.

나경은 우주의 순환 위치를 모두 담고 있는 것이기 때문에 큰 의미가 있는 것이다.

따라서 나경은 손안에 존재하는 작은 우주이다.

이러한 작용으로 인하여 나경은 풍수지리(風水地理)에서 용(龍), 혈(穴), 사(砂), 수(水), 향(向)의 정확한 위치와 방향(方向)을 판별할 수 있는 유일한 도구이다.

나경을 제대로 해석하고 판단할 수 있어야만 양택(집)과 음택(조상 묘)의 명당(明堂)을 찾을 수 있기 때문에 풍수지리(風水地理)에서 반드시 필요하다.

따라서 독자들은 우선 풍수지리를 제대로 공부하려면 나경(패철) 구입이 우선이다.

〈나경(羅經) 구입 방법〉

나경을 취급하는 곳이나, 인터넷 쇼핑몰 등에서 쉽게 구입할 수 있다.

가격은 보통 20,000원에서부터 몇 십만원까지 다양하다.

특히 나경의 종류는 건식, 유압식, 핀란드산 유압식이 있는데 이중 핀란드 유압식은 온도 변화에 강(强)하고 정확하며 수명이 다소 길다.

따라서, 독자들은 나경을 구입 후 본 책에서 저자의 의도대로 한두 번 읽고 활용해 보면 누구나 쉽게 터득될 수 있도록 집필하였다.

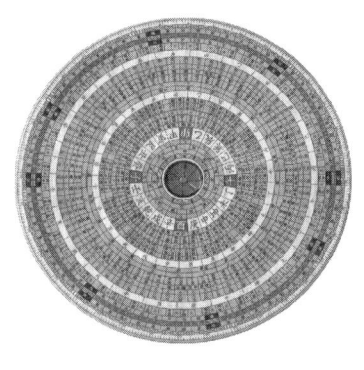

나경의 종류는 2층에서 9층, 36층 그리고 54층까지 다양하나, 대계 9층 나경을 기본적으로 많이 사용한다. 따라서 여기서는 9층 나경을 기본적으로 다루기로 한다.

이러한 나경의 쓰임을 감안하여 여기서는 먼저 동사택(東四宅)과 서사택(西四宅) 그리고 가택구성법(家宅九星法)을 판단하고, 이어서 풍수지리(風水地理)에서 적용되는 나경 사용법을 체계적(體系的)으로 알아보기로 한다.

1. 처음 접하는 독자들에게

나경(패철)을 처음으로 접하는 독자들은 외관 자체가 너무 복잡하게 보이고, 어렵게만 느껴지기 때문에, 왠 만한 숙달자가 아닌 이상 실전은 물론 이론적인 학습의 경우에도 쓸데없는 시간 낭비는 물론 당황하고 헤매게 된다.

이러한 독자들의 마음을 잘 알고 있는 저자는 실전 위주로 예제를 들어 기초부터 응용과정 하나하나 모두를 쉽게 설명하였기 때문에 누구나 차근차근 읽고, 실제 나경으로 연습을 한 두 번 해보면 틀림없이 이해는 물론 실전에서 활용할 수 있도록 체계적(體系的)으로 편집하였다. 따라서 독자들은 조금도 걱정할 필요 없이 학습에 임해 주면 되겠다.

그리고, 앞 절에서 설명했지만, 나경에서 가장 많이 사용되는 용어는 방향(方向) 즉 좌향(坐向)이다. 좌(坐)는 뒤의 방향이란 뜻이고, 향(向)은 앞 방향이란 뜻이다. 묘지(墓地)에서는 뒤에 존재하는 머리 부분의 방향을 좌(坐) 방향이라고 말하고, 묘지 앞에 존재하는 다리 부분 즉 앞 방향을 향(向)이라고 한다.

양택(집) 즉 집은 집의 뒤 방향이 좌(坐)가 되고, 집의 앞 방향이 향(向)이 된다.

이들의 표기법은 〇坐〇向으로 쓴다.

예를 들면 묘지(墓地)의 경우 4층 나경에서 머리 부분이 '寅'방향이고, 다리 부분이 '申'방향인 경우 표기법은 인좌신향(寅坐申向)이라고 한다.

2. 동사택(東四宅)과 서사택(西四宅) 판단법

양택의 동사택과 서사택 판단 기준은 양택3요(陽宅三要)에서 정의해온 대문(門, 현관), 안방(主), 부엌(造, 주방)의 배치 방향을 보고 판단하는데, 이들 방향이 북쪽(水), 동쪽(木), 동남쪽(木, 火), 남쪽(火)에 배치되어 있다면 동사택(東四宅)이 되고, 서북쪽(金, 水), 남서쪽(火, 金), 북동쪽(水, 木), 서쪽(金)에 배치되어 있다면 서사택(西四宅)으로 판단한다.

그러나, 이러한 판단을 실상에서는 적용하기란 쉽지만은 않는 것이다.

그러나 이것을 나경(羅經)으로 확인하면 금방 판단할 수 있다.

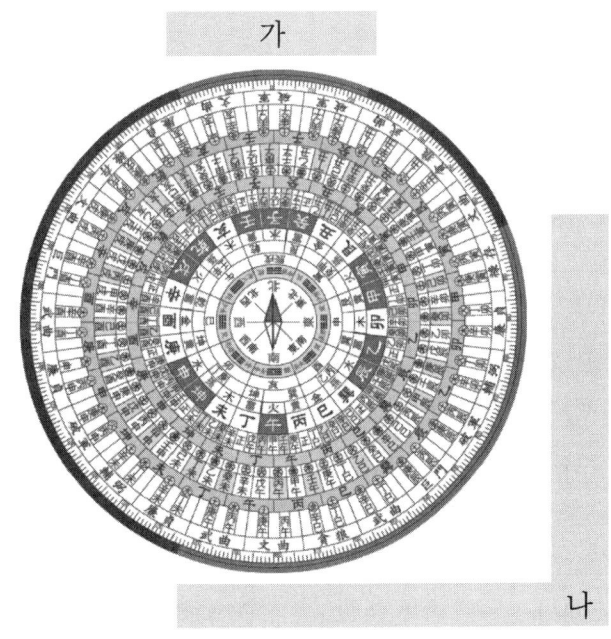

〈판단 순서〉

(1) 판단하고자 하는 주택, apt, 방, 사무실의 중심 부분에 위치한다.
- 주택 ; 주택의 중심 부분에 위치한다.
- apt ; apt 및 연립주택(베란다 사용 전용 공간이 존재하는 곳) 및 연립주택(베란다 창문을 열고 닫을 수 있는 곳)에서의 패철(나경) 중심점은 아래와 같다.

apt 및 연립주택(베란다 사용 전용 공간이 존재하는 곳)에서 패철(나경) 중심점	연립주택(베란다 창문을 열고 닫을 수 있는 곳)에서 패철(나경) 중심점

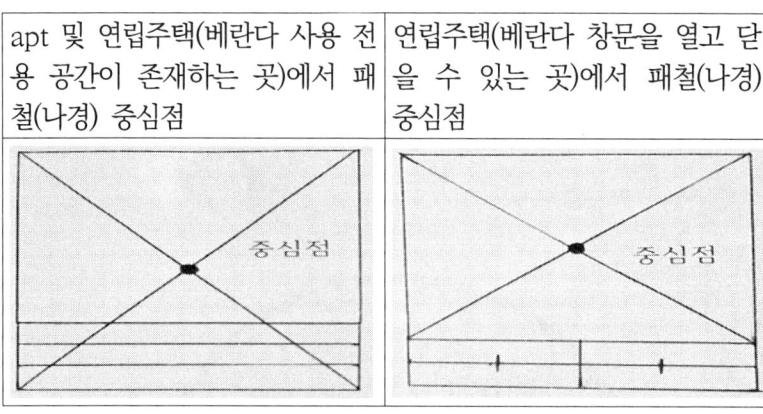

- 방 ; 방 중심 부분에 위치한다.
- 사무실 ; 사무실 중심 부분에 위치한다.

(2) 중심 부분 위치에서 나침판을 수평으로 유지한 상태에서 남(南)과 북(北)을 맞춘다. 이때 나경(패철)은 4층을 기준으로 하고, 나침판 방향은 4층의 24방위 중 남과 북의 방향 즉 자(子)와 오(午)선을 맞춘다.

※측정하고자 하는 위치에서 수평을 유지하고 나침판을 남(南)과 북(北)으로 맞추고, 나경 4층을 기준으로 24방위를 확

인하는 것을 정반정침(正盤正針)이라고 한다. 모든 나경을 측정할 때 정반정침 위치 상태에서 나침판을 남(南)과 북(北)으로 맞춘 후 측정한다는 것을 잊지 말자.

(3) 나침판의 위치가 정확하게 남(南)과 북(北)을 맞춘 상태에서 아래와 같이 '기준 지형지물'를 기준으로 동, 서사택을 판단한다.

구분	〈기준 지형 지물〉
주택	주택 마당 중심부에서 '대문(현관)'의 위치가 나경 끝부분의 붉은 부분 즉, '가'부분 혹은 '나'부분 방향에 위치하고 있으면 동사택(東四宅)이고, 그 외 방향(나경 끝부분이 검정색 방향)에 위치하면 서사택(西四宅)이다.
apt	apt거실 중심 부분에서 '출입문(현관)'이 '가'부분 혹은 '나'부분(나경 끝부분이 붉은 부분) 방향에 위치하고 있으면 동사택(東四宅)이고, 그 외 방향(나경 끝부분이 검정색 방향)에 위치하면 서사택(西四宅)이다. 〈※참고〉 apt 및 apt와 구조가 동일한 연립주택의 경우 패철(나경)로 동사택과 서사택 판단 기준은 '출입문(현관)'을 기준으로 하지 않고, '베란다'를 기준으로 판단 하는 경우가 있다. 이런 경우 동사택과 서사택 판단 기준을 정의하는 양택3요(陽宅三要)에서와 같이 대문(門, 현관), 안방(主), 부엌(造, 주방)의 배치 방향을 보고 판단하는데, 이들 방향이 북쪽(水), 동쪽(木), 동남쪽(木, 火), 남쪽(火)에 배치되어 있다면(혹은

	다수 많이 배치되어 있다면) 동사택(東四宅)이 되고, 서북쪽(金, 水), 남서쪽(火, 金), 북동쪽(水, 木), 서쪽(金)에 배치되어 있다면(혹은 다수 많이 배치되어 있다면) 서사택(西四宅)으로 판단한다.
방	방 중심 부분에서 '출입문'이 '가'부분 혹은 '나'부분(나경 끝부분이 붉은 부분) 방향에 위치하고 있으면 동사택(東四宅) 방이고, 그 외 방향(나경 끝부분이 검정색 방향)에 위치하면 서사택(西四宅) 방이다.
상가	상가 중심 부분에서 '출입문'이 '가'부분 혹은 '나'부분(나경 끝부분이 붉은 부분) 방향에 위치하고 있으면 동사택(東四宅) 상가이고, 그 외 방향(나경 끝부분이 검정색 방향)에 위치하면 서사택(西四宅) 상가이다.
사무실	사무실 중심 부분에서 '출입문'이 '가'부분 혹은 '나'부분(나경 끝부분이 붉은 부분) 방향에 위치하고 있으면 동사택(東四宅) 사무실이고, 그 외 방향(나경 끝부분이 검정색 방향)에 위치하면 서사택(西四宅) 사무실이다.

(4) 이렇게 동, 서사택을 판단했다면 아래 구조가 맞아야 길(吉)하다.

- 주택이나 apt라면 대문(현관), 안방, 부엌(주방), 거실, 자녀방 등이 나경 4층의 방향이 壬, 子, 癸, 甲, 卯, 乙, 辰, 巽, 巳, 丙, 午, 丁에 존재하면 동사택이고, 나경 4층의 방향이 丑, 艮, 寅, 甲, 未, 坤, 申, 庚, 酉, 辛, 戌, 乾에 존재하면 서사택이다.

따라서, 대문(현관), 안방, 부엌 등이 동사택이라면 이들의 위치는 동사택 위치에 있어야하고, 서사택이라면 서사택 방향에 있어야만 길(吉)하다.

특히, 중요 물건(침대, 금고, 서재 등) 위치가 동사택이라면, 동사택 방향에 존재해야 하고, 서사택이라면 서사택 위치에 존재해야 길(吉)하다.

- 사무실이라면 중요 위치(사장 자리, 금고 등)가 동사택이라면, 동사택 방향에 존재해야 하고, 서사택이라면 서사택 위치에 존재해야 길(吉)하다.

(5) 그러나, 냄새나고 더러운 화장실, 헛간, 창고, 쓰레기장, 하수구, 다용도실, 주차장 등은 반드시 동사택인 경우는 서사택 위치에 위치되어야 하고, 서사택인 경우는 반대로 동사택 위치에 배치되어야 길(吉)하다.

요즘 apt 등의 건립으로 본인에게 맞는 동, 서사택 구조를 찾기란 어려운 것이 사실이다. 동, 서사택 외 이들과 혼합된 구조도 많이 존재한다.

특히 자신의 의사와 상관없이 건설된 apt 구조물은 안방과 출입문 그리고 기두(起頭)를 결정한 후 동, 서사택의 구조에 맞게 배치하고 동, 서사택에 맞지 않는 것들은 커튼 혹은 화분 등으로 가림막 역할을 해주면 된다.

3. 가택구성법(家宅九星法) 판단법

가택구성법은 나경의 4층(지반정침)을 바탕으로 주택의 배치 방향에 따른 길흉(吉凶)을 판단하는 것으로 판단 기준은 아래 '가택구성법(家宅九星法) 조견표'에 기초를 둔다.

가택구성법은 양택 풍수(風水)에서 일상적으로 적용되는 주택 혹은 건물의 출입문, 안방, 공부방, 연구방, 침실, 금고 등의 중요 시설물의 편재나 위치 등을 적용시키는 척도로서 가장 많이 활용되는 대표적인 것이기도 하다. 가택구성법(家宅九星法)의 조견표는 다음과 같다.

〈가택구성법(家宅九星法) 조견표〉

배치 \ 기두	감(坎) 壬子癸 수(水)	간(艮) 丑艮寅 토(土)	진(震) 甲卯乙 목(木)	손(巽) 辰巽巳 목(木)	이(離) 丙午丁 화(火)	곤(坤) 未坤申 토(土)	태(兌) 庚酉申 금(金)	건(乾) 戌乾亥 금(金)
감(坎) 壬子癸 수(水)	보필 輔弼	오귀 五鬼	천을 天乙	생기 生氣	연년 延年	절명 絶命	화해 禍害	육살 六殺
간(艮) 丑艮寅 토(土)	오귀 五鬼	보필 輔弼	육살 六殺	절명 絶命	화해 禍害	생기 生氣	연년 延年	천을 天乙
진(震) 甲卯乙 목(木)	천을 天乙	육살 六殺	보필 輔弼	연년 延年	생기 生氣	화해 禍害	절명 絶命	오귀 五鬼
손(巽) 辰巽巳 목(木)	생기 生氣	절명 絶命	연년 延年	보필 輔弼	천을 天乙	오귀 五鬼	육살 六殺	화해 禍害
이(離) 丙午丁 화(火)	연년 延年	화해 禍害	생기 生氣	천을 天乙	보필 輔弼	육살 六殺	오귀 五鬼	절명 絶命

곤(坤) 未坤申 토(土)	절명 絶命	생기 生氣	화해 禍害	오귀 五鬼	육살 六殺	보필 輔弼	천을 天乙	연년 延年
태(兌) 庚酉申 금(金)	화해 禍害	연년 延年	절명 絶命	육살 六殺	오귀 五鬼	천을 天乙	보필 輔弼	생기 生氣
건(乾) 戌乾亥 금(金)	육살 六殺	천을 天乙	오귀 五鬼	화해 禍害	절명 絶命	연년 延年	생기 生氣	보필 輔弼

가택구성법(家宅九星法) 조견표를 토대로 판단 내용은 아래과 같다.

- 생기(生氣) : 탐랑(貪狼)으로 가운(家運)이 번창하고, 속발부귀(速發富貴)한다.
- 오귀(五鬼) : 염정(廉貞)으로 다병(多病) 단명(短命)하고, 흉사(凶事)가 끊임이 없다.
- 연년(延年) : 무곡(武曲)으로 승진(昇進) 득재(得財)하고, 자손이 번창하고 건강 장수한다.
- 육살(六殺) : 문곡(文曲)으로 패가(敗家) 상정(傷丁)하고, 관재(官災)가 많아 형옥을 당한다.
- 화해(禍害) : 녹존(祿存)으로 다재(多災)하여 재앙이 많고 손재(損財)한다.
- 천을(天乙) : 거문(巨門)으로 부귀다복(富貴多福)하고 건강

장수한다.
- 절명(絶命) : 파군(破軍)으로 다병(多病) 단명(短命)하고, 온갖 재앙이 끊임이 없다.
- 보필(絶命) : 보필(輔弼)으로 경사중중(慶事重重)하며, 모든 일이 순탄하다.

가택구성법(家宅九星法)을 판단하려면 기두(起頭)를 알아야 한다.

기두(起頭)란?

기준(基準)이 될 수 있는 중심적인 위치란 뜻으로 건물의 형태를 보고 판단하는 것인데 단층 평면 주택의 경우는 방, 사무실, 상가는 동, 서사택을 측정할 수 있는 '중심부'에서 '대문'이나 '출입문'의 방향이 기두(起頭)가 되지만, 구성되어 있는 전체 단층 건물, 고층 건물, 빌딩, 고층 apt 등의 기두(起頭) 판단은 건물의 힘을 가장 많이 받는 곳, 가장 높게 치솟은 부분, 가장 넓은 곳이 기두가 된다. 독자들을 위해서 건물의 주(主) 즉 기두(起頭)를 판단하기 위하여 정리하면 아래와 같다.

〈구분〉	〈기두(起頭) 위치〉
1. 단층 평면 주택(일반 apt 포함)에서 기두(起頭) 판단	• 중심부(패철을 놓는 위치)에서 '대문'이나 '출입문' 방향이 기두(起頭)가 된다.
2. 고층 건물, 빌딩, 고층 apt에서 기두(起頭) 판단	• 고층 건물에서는 제일 높은 부분이거나 혹은 뾰족하게 튀어나온 부분이 기두가 된다. • 일반 건물에서는 건물 면적이 제일 많은 곳이 기두가 된다. • ㄱ자형 집과 ㄴ자형의 집은 꺾인 모서리 깊숙한 부분이 기두가 되며, ㄷ자형의 집의 경우는 중심 깊숙한 부분이 기두가 된다. • 좌우가 동일하게 붙어 있는 쌍둥이 건물의 기두는 좌, 우 2개이다. 기두가 2개 즉 쌍기두는 기운이 분산되고, 서로 대립 관계로 판단하기 때문에 흉(凶)으로 본다. 이것은 비록 연립 주택의 경우도 마찬가지인데 좌, 우 크기가 같은 동일한 건물은 모두 기두가 2개가 된다. 풍수지리에서 기두가 2개의 건물은 꺼리는 형상이다. 따라서 이러한 쌍둥이 건물들의 나쁜 기운(氣運)을 방지(防止)하기 위해서는 2개의 건물을 연결하는 다리나 혹은 연결 통로를 둔다.

이제 기두 찾는 법을 알았으니, 가택구성법(家宅九星法) 조견표를 보고 안방, 주방, 공부방, 출입문 등의 방향은 물론 길흉(吉凶)을 판단해 보자.

예를 들면, 단층 평면 주택이거나 일반 apt의 경우 거실 중앙 부분에서 4층 나경을 이용하여 측정해 본 결과 (※이때 나경은 수평을 유지하고, 나침판 방향은 남과 북을 유지한 상태 즉 좌우정침 혹은 정반정침 상태) 기두(起頭)에 해당되는 현관(출입문)의 방향이 감(坎) 방향 즉 壬子癸(水)이고, 안방의 방향은 간(艮)방향 즉 丑艮寅(土)일 경우일 때 간(艮)방향에 있는 안방의 길흉(吉凶)을 판단해 보자.

4층 나경으로 확인해 보면 기두(起頭)에 해당되는 감(坎) 방향은 壬子癸(水)이고, 판단하고자 하는 안방은 간(艮)방향의 丑艮寅(土)이므로 이들의 관계를 가택구성법(家宅九星法) 조견표로 확인해보면 나쁜 오귀(五鬼)에 해당되고 오기의 작용은 '염정(廉貞)으로 다병(多病) 단명(短命)하고, 흉사(凶事)가 끊임이 없다.'란 뜻이 되므로 안방의 위치는 흉(凶)하다.

독자들은 최초 설계 시 가택구성법에 맞게 고려하든지 아니면 이미 지어진 건물의 경우 안방 등의 위치가 나쁜 경우, 색상, 커튼, 화분, 병풍 등을 이용하여 가림막 역할을 해주는 생활의 지혜가 필요하다.

따라서, 간(艮)방향에 존재하는 안방의 경우 기두가 壬子癸(水)와는 나쁜 방향이지만 기두 수(水) 방향과 수생목(水生木)의 상생 관계가 성립될 수 있도록 안방의 색상을 목(木)의 청색 위주로 조성해 주어 수생목(水生木)의 기운(氣運)으로 만들어 주든지, 아니면 안방을 커튼, 화분, 병풍 등을 이용하여 가림막 역할을 해주는 방법도 있다. 특히 목(木)기운에 해당되는 난초, 식물, 화분, 목조 제품 등으로 안방을 가림막으로 안보이게 조치을 해주면 더욱 좋겠다.

그러나 안방의 위치가 진(震)의 甲卯乙(木) 방향이라면 기두는 감(坎) 방향 즉 壬子癸(水)이므로 이들의 관계는 수생목(水生木)의 상생관계는 물론 천을(天乙)이 성립되어 안방의 위치는 아주 좋은 방향이 된다.

또한 기두 방향이 감(坎) 방향 즉 壬子癸(4층)일 때 공부방의 방향은 손(巽)의 辰巽巳(木)방향 이라면 이는 '생기(生氣)'에 해당되므로 '탐랑(貪狼)으로 가운(家運)이 번창하고, 속발부귀(速發富貴)한다.'라는 기운(氣運)이 작용하는 곳이므로 공부방으로서 매우 좋은 위치가 된다. 다른 것들도 위와 같이 판단하고 조치해 주면 된다.

참고적으로 오행(五行)별 인테리어는 아래와 같다.

• 목(木) 기운	청색, 난초, 식물, 화분, 목조 제품 종류
• 화(火) 기운	적색, 대나무, 온열기 종류
• 토(土) 기운	노랑색, 산수화, 도자기 종류
• 금(金) 기운	흰색, 국화, 가전 제품, 조명기구 종류
• 수(水) 기운	매화, 검정색, 정수기, 어항 종류

이렇게 양택(陽宅)에서 '가택구성법(家宅九星法) 조견표'를 통하여 양택의 길흉(吉凶)을 판단하는 방법도 좋은 양택풍수 중 하나가 된다.

이제 독자들은 가택구성법(家宅九星法)을 통하여 출입문, 대문, 방, 주방, 공부방 등의 길흉을 판단하는 방법을 알았다.

그럼 지금부터는 가택구성법으로 판단한 방, 주방 등의 구체적인 길흉(吉凶)이 발생 되는 시간을 판단해 보자. 시간이 발생되는 길흉(吉凶) 판단은 아래와 같이 나경 즉 패철 3층에서 제시된 삼합 오행(※나경 3층에서 구체적으로 학습함)으로 확인한다.

목(木)	화(火)	토(土)	금(金)	수(水)
3, 8년	2, 7년	5, 10년	4, 9년	1, 6년

예를 들어 기두(起頭)는 감(坎) 방향 즉 壬子癸(水)이고, 안방의 방향은 간(艮)방향 즉 丑艮寅(土)일 경우일 때 안방의 길흉이 발생 되는 시간을 판단해 보자. 이들을 가택 구성 조건표로 판단해 보면 나쁜 오귀(五鬼)에 해당되고, 특히 기두에 해당되는 출입문은 수(水)방향이므로 나쁜 흉(凶)이 나타나는 시간은 기두(起頭)의 수(水) 방향으로 판단하기 때문에 1년 아니면 6년 후에 나쁜 기운이 나타나게 된다. 물론 좋은 위치의 경우 발복(發福)하는 시간 역시 위의 삼합 오행에 나타난 숫자에 준해서 판단한다.

가택구성법(家宅九星法)에서 독자들이 알아야 될 사항은 같은 오행(五行)끼리의 상생(相生) 작용 즉 수수(水水), 목목(木木), 화화(火火), 토토(土土), 금금(金金) 들은 가택구성법에서 판단은 보필(輔弼)에 해당되어 좋은 것이나, 양택풍수에서는 너무 강(強)하게 지속적으로 작용되는 관계로 부작용도 발생하게 된다. 예를 들면 토토(土土)의 경우 비장의 힘이 너무 강(强)하게 작용되어 5년이나 10년 후 당뇨 등이 발생되기도 한다. 따라서 가택구성법에서 같은 오행이 작용 되는 경우 주기별로 다른 곳으로 적절히 이동을 하거나 혹은 강(强)한 토(土)기운을 금(金)기운이나 혹은 목(木)기운으로 극(剋)하여 설기 즉 빼주는 것이 필요하겠다.

이와 비슷한 것으로 가택구성법을 판단할 때 기두(起頭)와 가장 영향을 많이 미치는 출입문(出入門)이 상호 같은 오행(五行)일 경우에는 너무 힘이 강(强)한 오행이 되므로 이것 역시 강(强)한 오행의 힘을 설기(힘을 빼주는 것) 시키는 것이 필요로 한다.

예를 들면 기두의 방향이 화(火)이고, 출입문 방향이 화(火)일 경우는 강한 화(火)기운이 되므로 토(土)기운으로 화(火)기운의 힘을 빼주거나 혹은 수(水) 기운으로 화(火) 기운을 극(剋)하여 약(弱)하게 해주는 생활의 지혜가 필요로 한다. 비록 이것은 건물의 출입문이나 다른 안방 등에도 마찬가지이다.

또하나 가택구성법(家宅九星法) 조건표에서 독자들이 알아야 될 사항은 조건표의 판단 기준은 오행(五行)의 상생(相生) 혹은 상극(相剋) 관계로 생기(生氣), 오귀(五鬼), 육살(六殺) 등을 판단하나, 이들 중 화(火)와 수(水) 혹은 수(水)와 화(火)는 서로 상극(相剋) 관계이지만 가택구성법에서 작용은 정북(子)과 정남향(午)을 나타내는 것이 되어 상극(相剋) 관계이지만 만물(萬物)을 나타내는 음양(陰陽)의 근원으로 보기 때문에 이들 화(火)와 수(水)의 관계는 연년(延年)으로 아주 좋은 길(吉) 방향으로 판단하여 귀격(貴格)의 좋은 방향이라는 사실을 알길 바란다.

4. 양택(陽宅)과 음택(陰宅)에서 나경 사용법

독자들은 지금까지 나경(패철)으로 동사택(東四宅)과 서사택(西四宅) 판단법과 가택구성법(家宅九星法)을 알았으니, 나경(패철) 사용법은 어느 정도 흥미가 붙었을 것이라고 믿는다.

그렇지만, 이제부터 설명되는 양택(陽宅)과 음택(陰宅)에서 사용되는 나경 사용법을 알아야만 실질적으로 풍수(風水)를 응용할 수 있는 능력을 갖출 수 있다.

여기서는 독자들을 위하여 보기와 예제를 들어 하나하나 쉽게 체계적으로 접근하고 설명하였으니, 한 두 번 읽어 봄으로써 이해하고 활용할 수 있게 하였다.

특히 독자들이 알아야 될 사항은 양택(집)과 음택(묘지)에서 나경 8층의 88향법(向法)으로 좌선룡(左旋龍)에 우선수(右旋水) 혹은 우선수(右旋水)에 좌선룡(左旋龍) 원칙의 기준방향(基準方向)을 먼저 결정하고 이어서 1층 입수룡(入首龍)의 혈(穴)과 관련된 황천살(黃泉殺), 황천수(黃泉水), 황천풍(黃泉風) 판단은 물론 2층에서 팔로사로(八路四路)와 관련된 흉살(凶殺)을 판단한 후 일단 음양택의 기준 방향(方向)을 먼저 결정 후 다른 부수적인 조건들을 접목시켜 주어야만 그만큼 실수도 없을 뿐더러 작업을 빠르고 쉽게 마무리 할 수 있다는 사실을 잊지 말자.

특히 여기서 알아야 될 사항은 혈(穴)이 흐르는(내려오는)

입수룡 방향 설정은 나경 4층(3방위)에서 1층 방향으로 판단하는 것이지, 1층 방향에서 4층 방향으로 판단은 아니다.

따라서 나경 1층에서 흉살(凶殺) 판단은 방위(○坐○向)를 판단하는 것이 아니라, 4층 3방위와 일직선상에 존재하는 1층의 8자중 해당되는 1자를 선택해서 이와 관련된 방향을 찾아서 황천살은 4층에서, 황천수는 8층에서, 황천풍은 6층 방향에서 각각 판단하는 것이다.

사실 음양택(陰陽宅)에서 적용되는 나경의 향(向) 즉 ○坐○向에 대한 흉살(凶殺) 판단은 2층에서부터 적용되는 것이다.

이제 나경(패철)의 각 층별 위치는 중앙원을 기준으로 밖으로 나가면서 순서대로 1층부터 시작하여 9층까지 각층별 활용 방법을 저자와 함께 체계적(體系的)으로 쉽게 알아보자.

(1) 패철 1층(황천살, 황천수, 황천풍 판단)

나경(패철) 1층에서 최초 방향(方向) 판단은, 뒤는 높고 앞은 낮은 전저후고(前低後高)의 원칙에 따라 집이나 묘지(墓地)의 방향을 결정한다. 즉, 북쪽이 높고 남쪽이 낮다면 남향 방향으로, 남쪽이 높고 북쪽이 낮으면 북쪽 방향으로, 서쪽이 높고 동쪽이 낮으면 동쪽 방향으로, 동쪽이 높고 서쪽이 낮으면 서쪽 방향으로 결정한다(※나경 4층 정반정침(正盤正針)의 기준 방향 판단도 전고후고의 원칙에 따른다).

4층 기준 정반정침(正盤正針)을 완료 후 혈(穴)이 내려오는 입수룡 방향을 기점(새로운 묘지는 묘지의 중심에서 측정하고, 기존 묘지는 묘지 앞에서 측정하며, 양택의 경우는 건물의 중앙 부분에서 측정한다)으로 흉살(凶殺)에 해당되는 황천살(黃泉殺), 황천수(黃泉水), 황천풍(黃泉風)를 판단하는 것이다.

이들은 나쁜 흉살(凶殺)이기 때문에 후손들에게 암(癌), 중병(重病)은 물론 재산 손해 등이 발생 되어 몰락하거나 혹은 자손이 끊어지거나 또는 가문이 서서히 쇠퇴해지면서 패망하게 된다. 따라서 풍수(風水)에서 반드시 피해야 될 방향이다.

나경을 혈(穴)이 내려오는 입수룡 방향에서 정반정침(正盤正針)을 완료후 1층에서 제시된 8자 중 해당되는 1자를 선택에서 흉살(凶殺)을 판단하는데, 4층에서는 황천살(黃泉殺) 방향이 되고, 8층에서는 황천수(黃泉水) 그리고 6층에서는 황천풍(黃泉風) 방향을 찾아서 흉살을 판단해 주는 것이다.

특히 여기서 알아야 될 사항은 혈(穴)이 흐르는(내려오는) 입수룡 방향 설정은 나경 4층(3방위)에서 1층 방향이 되는 것이지, 1층 방향에서 4층 방향으로 설정해서 흉살(凶殺)을 판단해 주는 것이 아니다.

사실 나경(패철) 1층과 2층은 음양택(陰陽宅)에서 흉살(凶殺)을 판단하는 가장 중요한 것이다.

특히 독자들은 1층과 2층의 흉살(凶殺)을 판단하기 위하여 상호 연계해서 쉽게 비교를 들어 설명해 두었으니 아래 사항을 꼭 참고해 주길 바란다.

≪1층 판단≫ 나경 1층은 혈(血)의 흐름과 일직선상에 존재하는 방위(○坐○向)를 측정해서 길흉(吉凶)을 판단하는 것이 아니라, 4층 3방위와 혈(血)의 흐름이 일직선상에 존재하는 1층의 8자중 해당되는 1자를 선택해서 이와 관련된 흉살(凶殺) 방향을 판단하는 것이다. 즉 황천살은 4층에서, 황천수는 8층에서, 황천풍은 6층 방향에서 판단한다.

(문) 정반정침(正盤正針)을 완료 후 혈(穴)이 내려오는 입수룡 방향을 확인해보니 나경 4층에서는 축간인(丑艮寅)방향에서 시작해서 나경 1층에서는 '寅' 자 방향이었다. 이때 흉살(凶殺)에 해당되는 황천살(黃泉殺), 황천수(黃泉水), 황천풍(黃泉風) 방향은?

(풀이) 혈(穴)이 내려오는 입수룡 방향이 나경 4층의 축간인(丑艮寅)방향에서 시작해서 나경 1층에서는 '寅' 자 방향이므로, 황천살(黃泉殺) 방향은 4층의 '寅' 방향이 된다. 물론 황천수는 8층의 '寅' 방향이며, 황천풍은 6층 '寅' 방향이 된다. 이들 방향에서는 음양택(陰陽宅)의 방향을 설정할 수 없다.

≪2층 판단≫ 나경 2층은 혈(血)의 흐름과 일직선상에 존재하는 음양택(陰陽宅) 앞의 위치(※최초 설정은 중앙위치)에서 향(向) 즉 나경 방위(○坐○向)를 토대로 흉살(凶殺)을 판단하고 측정하는 것이다. 이것 역시 나경 2층이므로

팔로사로황천살(八路四路黃泉殺)은 4층에서, 팔로사로황천수(八路四路黃泉水)는 8층에서, 팔로사로황천풍(八路四路黃泉風)은 6층 방향에서 판단한다.

(문) 혈(穴)이 내려오는 입수룡 방향이 나경 4층의 축간인 (丑艮寅)방향에서 시작해서 나경 1층에서는 '寅' 자 방향일 경우 2층에서 작용되는 팔로사로황천살(八路四路黃泉殺)의 방향은?

(풀이) 혈(穴)이 내려오는 입수룡 방향이 나경 4층의 축간인 (丑艮寅)방향에서 시작해서 나경 1층에서는 '寅' 자 방향이었을 경우 2층에서 확인해야될 팔로사로황천살(八路四路黃泉殺) 방향 판단은 혈(血)의 흐름과 일직선상에 존재하는 향(向)방위 즉 ○坐○向를 토대로 흉살(凶殺)을 판단하는 것이다. 따라서 1층 '寅' 자 아래 칸에 존재하는 2층 '癸甲'으로 흉살 방향을 판단하는 것이 아니라, '寅' 자와 수평으로 일직선상에 존재하는 2층 '庚丁'으로 흉살(凶殺) 방향을 판단한다. 즉, '庚丁'은 '庚'과 '丁'로 분리해서 각각 2개 방향으로 흉살을 판단하는 것이다. 따라서 이때는 4층의 '庚'과 '丁'의 2개 방향이 팔로사로황천살이 된다. 물론 팔로사로황천수(八路四路黃泉水) 방향은 8층의 '庚'과 '丁' 방향이며, 팔로사로황천풍(八路四路黃泉風) 방향은 6층의 '庚'과 '丁' 방향이 된다.

따라서 나경 1층에서 흉살 판단은 혈(血)의 흐름과 동일선상에 존재하는 1층의 8자 중 해당되는 1자를 선택해서 이와 관련된 방향에서 흉살을 판단하는 것이고, 나경 2층에서는 혈(血)의 흐름과 동일선상에 존재하는 일직선상에서 향(向) 즉 나경 ○坐○向 방향에서 흉살을 판단한다는 것을 잊지 말자.

여기서는 독자들의 빠른 이해를 도모하고자 나경(패철) 1층과 동일선상에 존재하는 2층 방향(方向)을 판단해서 서로 연계해서 설명하였다.

이제 독자들에게 나경(패철) 1층에서 작용되는 흉살(凶殺) 판단법을 쉽고 빠르게 익혀주고자 다시 한번 예제를 통해서 확인해 보자.

≪예제 문제≫ 양택(陽宅)과 음택(陰宅)에서 명당(明堂) 터를 선택하기 위해서 혈(穴)이 내려오는 입수룡 방향에서 나경의 나침판을 남(南)과 북(北)으로 맞추는 정반정침(正盤正針) 작업을 완료하였다. 이때 묘지나 주택의 중심 지점에서 혈(血)이 내려오는 방향을 나경 1층에서 확인해 보니 '인(寅)' 자였다.

이 경우 작용되는 황천살(黃泉殺), 황천수(黃泉水), 황천풍(黃泉風) 방향 판단은 어떻게 하는가?

〈풀이1, 황천살 방향 판단법〉
나경(패철) 1층은 辰戌, 午, 巳, 卯, 亥, 酉, 申, 寅으로 8개의 방향(方向)으로 구성되어 있다.

양택(집)이나 음택(묘지)에서 혈(穴)이 내려오는 입수룡 방향에서 정반정침(正盤正針)을 완료후 나경 1층에 존재하는 것을 확인해보니 '寅'자 방향이었다면 황천살(黃泉殺)의 방향 판단은 4층 '寅' 방향이 된다. 즉 4층을 기준으로 인좌신향(寅坐申向) 혹은 신좌인향(申坐寅向) 방향은 황천살이 작용되므로 양택과 음택에서 이들 방향(方向)은 선택할 수 없다.

참고적으로 1층의 '寅'과 4층의 3방위(丑, 艮, 寅)는 동일 방향이 된다. 단지 1층(8방위)은 '寅'자 1개 방향으로 구성되어 있고, 4층(24방위)은 丑, 艮, 寅의 3방위로 구성되어 있다는 차이일 뿐이다.

따라서 최초 1층 황천살(黃泉殺) 판단은 혈(穴)이 내려오는 4층 입수룡 위치에서는 1층의 좁은 부분으로 판단하는 것으로 방위를 판단하는 것이 아니라, 1층에 존재하는 8자중 해당되는 1사를 선택해서 이것을 기준으로 황천살은 4층에서, 황천수는 8층에서, 황천풍은 6층에서 각각 판단하는 것이다.

참고적으로 황천살(黃泉殺) 방향은 흉물(凶物)에 해당 되는 냄새나는 쓰레기장, 화장실, 화장장 등을 둘수 없는 방향이기도 하다.

황천살 방향이 확인되었다면 이어서 황천수(黃泉水)와 황천풍(黃泉風) 방향을 판단해 보자.

〈풀이2, 황천수 방향 판단법〉

〈풀이1〉에서 황천살(黃泉風) 방향을 확인하기 위해서 혈(穴)이 내려오는 입수룡 방향에서 정반정침(正盤正針) 후 4층에서 황천살(黃泉殺) 방향을 확인하였다. 이번에는 황천살 판단 나경을 이동이나 움직이지 말고 그 위치에서 8층(천반봉침)에서 '寅'자 방향을 찾는다. 즉 8층 기준 '寅' 방향에 해당되는 인좌신향(寅坐申向) 혹은 신좌인향(申坐寅向) 방향은 황천수(黃泉水) 방향이 되는 것이다. 황천수 방향 역시 흉살(凶殺)이기 때문에 양택과 음택에서는 방향(方向)을 둘 수 없다.

이때 눈에 보이는 황천수 판단은 나경 8층 '寅' 방향에서 흐르는 물줄기를 보고 판단하는데 대표적인 방법으로 물줄기가 8층 '寅' 방향에서 흘러나가는 경우 즉 파구(破口)는 나쁜 황천수로 판단하지 않는다. 그러나 나경 8층 '寅' 방향으로 물줄기가 들어오는 득수(得水)가 존재하거나 혹은 저수지와 같이 물이 고여 있는 곳이 존재하는 경우는 나쁜 황천수로 판단한다. 물론 물줄기가 눈에 보이지 않는 경우이거나 혹은 물줄기가 없는 경우 일지라도 '寅' 방향에 해당되는 인좌신향(寅坐申向) 혹은 신좌인향(申坐寅向) 방향은 황천수(黃泉水) 방향이기 때문에 음양택에서 방향(方向)을 선택할 수 없다.

〈풀이3. 황천풍 방향 판단법〉

〈풀이1〉과 〈풀이2〉에서 황천살(黃泉殺)과 황천수(黃泉水) 방향을 확인하였다. 이제 황천풍(黃泉風) 방향을 판단해 보자. 최초 혈(穴)이 내려오는 입수룡 방향에서 정반정침(正盤正針) 후 나경(1층 寅 글자)을 움직이지 말고 그 위치에서 6층(인반중침)에서 '寅' 방향을 찾는다. 즉 6층 기준 인좌신향(寅坐申向) 혹은 신좌인향(申坐寅向) 방향이 황천풍(黃泉風) 방향이 되는 것이다. 이것 역시 흉살(凶殺)이기 때문에 양택과 음택에서 인좌신향과 신좌인향 방향은 선택될 수 없다.

이때 눈에 보이는 황천풍 방향 판단 기준은 나경 6층 '寅' 방향 즉 인좌신향(寅坐申向) 혹은 신좌인향(申坐寅向) 방향에서 바람의 이동 통로를 찾아보는 것인데, 만약 이 방향에 존재하는 산맥이나 언덕의 모양이 바람의 이동 통로가 되어 움푹 들어가 있는 경우는 실질적인 눈에 보이는 황천풍 통로가 되어 직접적인 황천풍 증거가 된다. 그러나 황천풍 바람의 통로가 눈에 보이지 않는 경우일지라도 6층 '寅' 방향 즉 인좌신향(寅坐申向) 혹은 신좌인향(申坐寅向)의 방향은 음양택에서 황천풍 방향이 되기 때문에 방향을 설정할 수 없다.

또한 황천풍 방향은 시계방향으로 오늘쪽으로 한 칸 더 이동시킨 방향 역시 같은 황천풍 방향으로 판단한다. 즉 6층 '寅' 방향의 경우 '寅' 방향은 물론 '寅' 방향에서 1칸

시계 회전 방향에 존재하는 '甲' 방향 즉 갑좌경향(甲坐庚向) 방향 역시 황천풍 방향으로 적용하고 판단한다.
 황천풍 바람은 차가운 음풍(陰風)과 양풍(陽風)이 교차 되어 유골을 급속히 산화시키기 때문에 후손들이 화(禍)를 당하거나 혹은 가문이 서서히 쇠퇴해지면서 패망하게 된다. 이 경우 곡장(曲墻) 즉 묘지 주위에 반달 모양처럼 둥글게 만들어 놓은 봉축을 설치하거나 혹은 나무를 심어 방풍(防風)해야 한다.

〈※참고1〉 위 사항에서 알아야 될 사항
 나경 1층을 보면 다른 곳은 午, 巳 등으로 1개씩 구성되었는데 '辰戌'은 2개로 구성 되어 있다. 이것은 '辰'과 '戌'의 2개의 방향이란 뜻이 되므로, 이 경우는 辰방향과 戌방향의 2가지 방향 모두 적용된다는 뜻이다.

〈※참고2〉 위 사항에서 알아야 될 사항
 나경 1층에서 황천수(黃泉水)를 판단할 때 황천수 방향에 존재하는 호수나 저수지 물처럼 고여 있거나 혹은 물이 들어오는 득수(得水)는 나쁜 황천수로 판단하는 것이지, 물이 빠져나가는 물줄기 즉 파구(破口)는 황천수 와는 무관하다.

〈※참고3〉 위 사항에서 알아야 될 사항 ⇒ '황천일'

'황천일'은 황천수, 황천풍과 같이 아주 나쁜 날을 말한다. 위의 조건에서 예를 들어보자. 위의 조건 즉 나경의 1층에서 확인해 보니 '寅'자인 경우 일지(日支)가 ○寅일에 해당되는 甲寅, 丙寅, 戊寅, 庚寅, 壬寅 일은 황천일이 된다. 따라서, 황천일에 장사를 지내는 경우는 아주 나쁜 흉일(凶日)이다. 만약 음택과 양택 방향을 황천수 방향에 설정하고, 황천일까지 가세를 한다면 아주 나쁜 대 대흉살(大凶殺)이므로 피해야 될 사항이다.

〈※참고4〉

나경 1층 음양택에서 작용되는 황천살(黃泉殺), 황천수(黃泉水), 황천풍(黃泉風)과 나경 2층에서 작용되는 팔로사로황천살(八路四路黃泉殺), 팔로사로황천수(八路四路黃泉水), 팔로사로황천풍(八路四路黃泉風) 방향은 흉물(凶物)에 해당 되는 냄새나는 쓰레기장, 대문방향, 소각장, 피뢰침, 화장실, 화장장, 철탑 등을 위치 할 수 없는 방향이다(※ 특히 황천살 방향).

(2) 패철 2층(팔로사로황천살, 팔로사로황천수, 팔로사로황천풍 판단)

나경(패철) 1층에서 혈(穴)이 내려오는 입수룡 방향에서 흉살(凶殺)에 해당되는 황천살(黃泉殺), 황천수(黃泉水), 황천풍(黃泉風) 방향을 판단하였다면, 이제부터는 음양택(陰陽宅)의 앞의 위치(※최초 설정은 중앙위치)에서 ○坐○向의 일직선상으로 나경(패철) 2층에서 작용되는 흉살(凶殺)을 판단하는 것이다.

이때는 가급적 나경 1층에서 측정된 혈(穴)의 방향을 움직이거나 이동시키지 말고 그 자리에서(※이미 완성된 양음택에서는 앞에서) 일직선상에 놓여있는 2층에 쓰여진 글자를 바탕으로 흉살(凶殺)을 각각 판단하는 것이다.

즉 2층 팔로사로(八路四路)의 방향(方向) 판단은 혈(血)의 흐름과 동일선상에서 4층 향(向) 즉 ○坐○向을 바탕으로 판단하는 것인데, 1층 혈(穴)에서 판단한 흉살(凶殺) 방향을 보완(補完)하고 점검하는 작업이기도 하다. 2층을 팔로사로(八路四路)라고 하는 것은 8천간(天干)과 4유(維)를 뜻한다.

2층에서 작용되는 흉살(凶殺) 명칭은 팔로사로(八路四路)를 앞에 붙여 팔로사로황천살(八路四路黃泉殺), 팔로사로황천수(八路四路黃泉水), 팔로사로황천풍(八路四路黃泉風)이라고 한다.

나경 2층의 구성은 아래와 같이 총 24칸으로 되어있다. 이

중 팔로사로(八路四路)와 관련된 흉살(凶殺)은 12칸이며 나머지 12칸은 빈칸으로 구성되어 있다.

1층	辰戌		寅		申		酉		亥		卯		巳		午	
2층	乾	艮	癸甲	艮	巽	丙乙	巽	坤	庚丁	坤	乾	壬辛
3층	水	金	火	木	水	金	火	木	水	金	火	木
4층	壬子	癸丑	艮寅	甲卯	乙辰	巽巳	丙午	丁未	坤申	庚酉	辛戌	乾亥

※〈참고〉쌍산배합(雙山配合) : 乾亥, 甲卯, 丁未, 艮寅, 丙午, 辛戌, 巽巳, 庚酉, 癸丑, 坤申, 壬子, 乙辰

 참고적으로 빈칸의 경우는 음양(陰陽)의 균형을 맞추기 위하여 쌍산배합(雙山配合) 중 지지(地支)를 생략한 것으로 빈칸의 방향을 판단할 경우는 왼쪽의 해당 되는 지지를 적용해서 팔로사로(八路四路) 관련 흉살(凶殺)을 판단해 주어야 한다.

 예를 들면, 2층 '乾' 옆 오른쪽 빈칸 판단은 왼쪽에 존재하는 천간 '乾'의 쌍산배합 '乾亥'의 지지 '亥'가 생략된 것이다. 따라서 '乾' 옆 오른쪽 빈칸의 방향을 판단할 경우는 생략된 '亥'를 적용시켜서 팔로사로 관련 흉살(凶殺)을 판단해 주는 것이 아니라, 힘이 쎈 '亥'의 천간 즉 '乾'을 적용시켜서 '乾' 방향에서 흉살을 판단한다. 또한 천간이 '癸甲'처럼 2개인 경우는 '癸'와 '甲'을 각각 분리시켜 판단하는데 이것 역시 생략된 쌍산배합 지지(地支)를 적용해주어야 한다. 즉 '癸'와 '甲'은 '癸丑'과 '甲卯'이 쌍산배합이므로 '癸甲'의 오른쪽 빈칸에서 방향 판단은 생략된 '丑'과 '卯'를 적용시켜서 흉살(凶殺)을 판단하는 것이 아니라, 힘이 쎈 '丑'과 '卯'의 천간 즉 '癸'와 '甲'의 방향에서 흉살을 판단해 주면 된다. 나머지 빈칸도 동일하다.

나경 2층에서 흉살 방향 판단 역시 1층에서 제시된 것과 동일하게 팔요사로황천살은 4층에서 판단하고, 팔요사로황천수 판단은 8층에서, 팔요사로황천풍살 판단은 나경(패철) 6층에서 판단한다.

물론 본 책에서는 독자들에게 쉽게 적용시키기 위해서 나경 1층에서 정반정침(正盤正針)의 '寅' 자를 토대로 황천살, 황천수, 황천풍을 판단했다면, 이제 나경을 그대로 유지하고 혈(血)이 흐르는 방향과 동일한 일직선상의 방향 즉 향(向)이 '庚丁' 방향이라고 했을 때 나경 2층에서 적용되는 흉살(凶殺) 즉 황천살, 황천수, 황천풍을 판단해 보자.

≪예제 문제≫ 정반정침(正盤正針) 즉 나경을 수평으로 유지하고, 나침판의 위치를 남(南)과 북(北)에 맞춘 후 4층에서 子와 午방향으로 유지하였다. 그리고 묘지나 주택의 중심 지점에서 혈(血)이 흐르는 방향을 1층을 확인해 보니 '寅' 자였고 '寅' 자를 토대로 직선상의 동일 선상에 존재하는 것을 나경 2층을 확인해 '庚丁'이었다.
이때 2층에서 작용되는 팔로사로황천살(八路四路黃泉殺), 팔로사로황천수(八路四路黃泉水), 팔로사로황천풍(八路四路黃泉風)의 나쁜 흉살(凶殺) 방향(方向)은 어떻게 판단하는가?

〈풀이1, 팔로사로황천살 방향 판단법〉

나경 1층은 혈(穴)에서 작용 되는 나쁜 흉살(凶殺) 즉 황천살, 황천수, 황천풍 방향을 확인하였다면, 나경 2층은 혈(血)이 흐르는 동일한 직선 방향(方向) 즉 ○坐○向에서 작용되는 팔로사로의 나쁜 흉살 방향을 확인하는 것이다. 즉, 1층 '寅'의 아래 칸에 존재하는 2층 '癸甲'으로 판단하는 것이 아니라, '寅'자와 일직선으로 동일선상에 존재하는 2층 '庚丁'의 방향에서 나쁜 흉살(凶殺)의 방향을 판단하는 것이다. 따라서 이것은 '庚'과 '丁'의 방향 2개를 적용시켜서 나쁜 흉살을 판단해 주면 된다.

따라서 2층 '庚'과 '丁'에서 적용되는 팔로사로황천살(八路四路黃泉殺) 판단은 4층에서 판단한다. 즉 4층에 존재하는 '庚'과 '丁'의 방향 즉 즉 경좌오향(庚坐甲向), 갑좌경향(甲坐庚向), 혹은 정좌계향(丁坐癸向), 계좌정향(癸坐丁向)방향이 팔로사로황천살이 작용되는 방향이 되므로 음양택에서 이들 방향은 선택할 수 없다.

〈풀이2, 팔로사로황천수 방향 판단법〉

팔로사로황천수(八路四路黃泉水) 방향 판단은 8층 천반봉침(天盤縫針)에서 판단한다. 따라서 2층 '庚丁'은 '庚'과 '丁'의 2개의 방향을 8층에서 찾아서 적용해 주면 된다. 즉 경좌갑향(庚坐甲向), 갑좌경향(甲坐庚向), 혹은 정좌계향(丁坐癸向), 계좌정향(癸坐丁向)방향은 팔로사로황천수가 작용되어 이들 방향으로는 음양택에서 방향은 선택할 수 없다.

통상적으로 나경 1층에서는 물줄기가 들어오는 득수(得水)이거나 혹은 물이 고여 있는 호수 등이 존재하면 황천수(黃泉水)가 되어 나쁜 흉살(凶殺)로 판단했지만, 그러나 나경 2층 팔로사로황천수 방향 판단은 1층 황천수 판단과 달리 득수(得水) 혹은 물 줄기가 나가는 파구(破口) 혹은 물이 고여 있는 호수에 대한 길흉(吉凶) 판단은 아직까지 학자들마다 다른 의견들이 존재한다.

즉『팔로사로황천(八路四路黃泉) 주패망고과기행래수(主敗亡孤寡忌向來水) 개문방수역기(開門放水亦忌)』혹은『팔간향기사유수래(八干向忌四維水來) 사유향기팔간수(四維向忌八干水) 거칙길(去則吉) 내칙흉(來則凶)』등으로 서로 상반된 주장을 하는 경우도 있고, 당나라 때 음양학의 대가인 구빈(救貧) 양균송(楊筠松)선생은『의수입향무차살(依水立向無此煞)』이라 하였는데 이는 의수입향법(依水立向法)인 팔십팔향법(八十八向法)에 맞추어 향(向)을 정하면 모든 살이 없어지고, 오히려 살(殺)이 관(官)으로 변하여 길하다고 하였다. 따라서, 여기서는 흉(凶)하게 작용 되는 나경 2층에서 팔로사로황천수의 길흉(吉凶)은 방향(方向)만 적용시키고, 이들 즉 파구, 득수, 고여 있는 물에 대한 판단은 보류하기로 한다.

〈풀이3, 팔로사로황천풍 방향 판단법〉

나경 2층 '庚丁'에서 팔로사로황천풍(八路四路黃泉風) 방향 판단은 '庚'과 '丁'의 방향 2개를 6층 인반중침(人盤中針)에서 결정한다.

즉 경좌갑향(庚坐甲向), 갑좌경향(甲坐庚向), 혹은 정좌계향(丁坐癸向), 계좌정향(癸坐丁向)방향은 팔로사로황천풍이 작용되는 방향이 되므로 음양택에서 이들 방향은 선택할 수 없다.

또한 6층에서 팔로사로황천풍 방향은 시계방향으로 오늘쪽으로 한 칸 이동시킨 방향 역시 팔로사로황천풍 방향으로 판단한다.

즉, '庚'은 1칸 오른쪽 시계방향에 해당되는 '酉' 그리고 '丁'은 '未'의 경우가 되어 묘좌유향(酉坐卯向), 미좌축향(未坐丑向) 혹은 유좌묘향(酉坐卯向), 축좌미향(丑坐未向) 방향 역시 팔로사로황천풍 방향으로 판단한다.

만약, 위의 조건에서 나경 6층 '庚'과 '丁' 혹은 '酉'과 '未' 방향에 산이나 언덕에 골이 파여진 부분이 존재한다면 이는 틀림없이 나쁜 팔로사로황천풍 통로로 판단 할 수 있기 때문에 이것은 눈으로 보이는 팔로사로황천풍 방향이 되는 것이다. 물론 팔로사로황천풍 이동 통로인 언덕이나 산에 골이 파여진 부분이 눈으로 보이지 않거나 혹은 찾을 수 없는 경우 일지라도 이들 방향은 팔로사로황천풍 방향이 되어 음양택에서 방향(方向)을 설정할 수 없다.

특히 팔로사로황천풍은 차가운 음풍(陰風)과 양풍(陽風)이 교차되어 유골이 급속히 산화되기 때문에 후손들은 화(禍)를 당하거나 혹은 나쁜 불운(不運)이 발생 된다. 이를 방지(防止)하기 위한 방법으로 곡장(曲墻) 즉 묘지 주위에 반달 모양처럼 둥글게 만들어 놓은 봉축을 설치하거나 나무를 심어 방풍(防風)해야 한다.

〈※참고1〉
나경(패철) 2층에서 작용되는 팔로사로황천풍을 제시하면 아래와 같다.

나경 2층에 표기된 팔요풍 방위	실제 팔요풍 방위 (나경 6층)	나경 2층에 표기된 팔요풍 방위	실제 팔요풍 방위 (나경 6층)
乾(건)	乾亥風(건해풍)	坤(곤)	坤申風(곤신풍)
艮(간)	艮寅風(간인풍)	乾(건)	乾亥風(건해풍)
艮(간)	艮寅風(간인풍)	癸甲(계갑)	癸丑風(계축풍), 甲卯風(갑묘풍)
巽(손)	巽巳風(손사풍)	乙丙(을병)	乙辰風(을진풍), 丙午風(병오풍)
巽(손)	巽巳風(손사풍)	丁庚(정경)	丁未風(정미풍), 庚酉風(경유풍)
坤(곤)	坤申風(곤신충)	辛壬(신임)	辛戌風(신술풍), 壬子風(임자풍)

〈※참고2〉

나경 2층은 총 24칸으로 구성되어 있고, 이중 팔로사로(八路四路)와 관련된 흉살(凶殺)은 12칸이며 나머지 12칸은 빈칸으로 구성되어 있다.

빈칸의 경우는 음양(陰陽)의 균형을 맞추기 위하여 쌍산배합(乾亥, 甲卯, 丁未, 艮寅, 丙午, 辛戌, 巽巳, 庚酉, 癸丑, 坤申, 壬子, 乙辰) 지지(地支)가 생략된 것이므로 빈칸 방향에서 흉살(凶殺)을 판단할 경우는 생략된 쌍산배합 지지를 포함 시켜서 팔로사로황천살(八路四路黃泉殺), 팔로사로황천수(八路四路黃泉水), 팔로사로황천풍(八路四路黃泉風)을 판단해 주는데, 이때는 생략된 지지(地支) 방향으로 흉살을 판단하는 것이 아니라, 힘이 센 천간(天干)의 방향으로 나쁜 흉살을 판단 한다. 예를 들면 '巽' 옆의 공간 방향을 판단하는 경우 쌍산 '巽巳'에서 생략된 지지 '巳' 방향으로 흉살을 판단하는 것이 아니라, 힘이 쎈 천간의 '巽'방향에서 흉살을 판단한다.

지금까지 혈(穴)이 내려오는 입수룡 방향에서 나경(패철) 1층에서 판단한 '寅' 자를 토대로 흉살(凶殺)에 해당되는 황천살(黃泉殺), 황천수(黃泉水), 황천풍(黃泉風) 방향을 판단하였고, 이어서 나경 2층에서는 혈(血)의 흐름과 일직선상에 존재하는 ○坐○向에서 나경 방위 경정(庚丁)에서 작용되는 흉살(凶殺) 즉 팔로사로황천살, 팔로사로황천수, 팔로사로황천풍 방향을 판단해 보았다.

이를 바탕으로 입수룡 기준 나경 1층 '寅' 방향은 물론 나경 2층에서 '庚丁' 방향에서 작용되는 흉살(凶殺) 방향을 총정리하면 다음과 같다.

4층 (황천살, 팔로사로황 천살)	인좌신향(寅坐申向) 혹은 신좌인향(申坐寅向) 방향 경좌갑향(庚坐甲向) 혹은 갑좌경향(甲坐庚向) 방향 정좌계향(丁坐癸向) 혹은 계좌정향(癸坐丁向) 방향
6층 (황천풍살, 팔로사로황 천풍살)	인좌신향(寅坐申向) 혹은 신좌인향(申坐寅向) 방향 경좌갑향(庚坐甲向) 혹은 갑좌경향(甲坐庚向) 방향 정좌계향(丁坐癸向) 혹은 계좌정향(癸坐丁向) 방향 묘좌유향(酉坐卯向) 혹은 미좌축향(未坐丑向) 방향 유좌묘향(酉坐卯向) 혹은 축좌미향(丑坐未向) 방향
8층 (황천수살, 팔로사로황 천수살)	인좌신향(寅坐申向) 혹은 신좌인향(申坐寅向) 방향 경좌갑향(庚坐甲向) 혹은 갑좌경향(甲坐庚向) 방향 정좌계향(丁坐癸向) 혹은 계좌정향(癸坐丁向) 방향

흉살(凶殺) 방향을 층별로 확인해 보면 4층과 8층이 각각 3개, 6층은 5개가 되어 총 5개 방향이 되지만, 6층과 8층은 4층 정반정침(正盤正針) 기준으로 앞뒤로 7.5도의 차이가 되어 약 15도의 방향 차이가 존재한다는 것을 가정하여 이들은 한쪽 방향으로 서로 연계된 방향이라고 판단할 수 있다.

특히, 혈(血)이 흐르는 정확한 입수룡 방향으로 음양택의 방향을 설정하면 나쁜 황천수(黃泉水)와 황천풍(黃泉風)은 존재할 수도 있겠으나, 황천살(黃泉殺)은 존재하지 않는다.

(3) 패철 3층(삼합오행 확인)

3층은 삼합오행(三合五行)을 측정하여 길흉(吉凶)을 판단하는 것이다.

3층을 확인해 보면, 24칸으로 5행 중 水, 木, 火, 金으로 구성되어 있고, 土는 우주의 중심에 해당되므로 생략되어 있다.

즉, 나경 3층은 이러한 삼합 오행을 통하여 후손들에게 나타나는 길흉(吉凶)을 구체적으로 알 수 있고, 오행(五行)을 조정할 수 있어 후손들에게 발복(發福)의 기회를 제공해 주기도 한다.

이론적으로 보면 이것은 인간은 태어나고 죽고 다시 태어나는 과정을 반복하는 생로병사(生老病死)의 순환과정을 나타낸다. 이러한 과정은 12포태법(一二胞胎法)이다. 즉 인간이 잉태하여 출생하고 성장하고 병들어 죽는 과정 즉 태(胎, 새로운 인연으로 태기가 생김), 양(養, 모체에서 태기가 성장), 장생(長生, 신생아가 태어남), 목욕(沐浴, 신생아 목욕시켜 모체와 분리), 관대(冠帶, 성장하고 결혼하는 단계), 건록(建祿, 벼슬을 하고 재물을 모음), 제왕(帝旺, 최고 절정기 단계), 쇠(衰, 내리막길 단계), 병(病, 병이 들고 쇠약 단계), 사(死, 죽음 단계), 묘(墓, 무덤에 묻힘 단계), 절(絶, 세상과 인연이 끊고 무덤형태가 없어진 상태)의 순환과정을 말한다.

오행과 12포태법(一二胞胎法)을 구성시켜 삼합(三合)을 맞추면 아래와 같다.

12 포태법	절(絶)	태(胎)	양(養)	장생(長生)	목욕(沐浴)	관대(冠帶)	건록(建祿)	제왕(帝旺)	쇠(衰)	병(病)	사(死)	묘(墓)
목국(木局)	신(申)	유(酉)	술(戌)	해(亥)	자(子)	축(丑)	인(寅)	묘(卯)	진(辰)	사(巳)	오(午)	미(未)
화국(火局)	해(亥)	자(子)	축(丑)	인(寅)	묘(卯)	진(辰)	사(巳)	오(午)	미(未)	신(申)	유(酉)	술(戌)
금국(金局)	인(寅)	묘(卯)	진(辰)	사(巳)	오(午)	미(未)	신(申)	유(酉)	술(戌)	해(亥)	자(子)	축(丑)
수국(水局)	사(巳)	오(午)	미(未)	신(申)	유(酉)	술(戌)	해(亥)	자(子)	축(丑)	인(寅)	묘(卯)	진(辰)

위 표에서 장생(長生), 제왕(帝旺), 묘(墓)의 합(合)이 삼합(三合)이 된다.

일반 사주(四柱)에서 처럼 이들 삼합(三合)과 나경 4층의 쌍산 즉 24방위를 2개씩 묶은 방위와 삼합오행을 확인해 보면 아래와 같다.

〈구분〉	〈삼합(三合)〉	〈쌍산 오행(삼합 오행)〉
목국(木局)	亥卯未	乾亥, 甲卯, 丁未
화국(火局)	寅午戌	艮寅, 丙午, 辛戌
금국(金局)	巳酉丑	巽巳, 庚酉, 癸丑
수국(水局)	申子辰	坤申, 壬子, 乙辰

이제 양택(陽宅)과 음택(陰宅)에서 이들을 활용하여 길흉(吉凶) 판단을 예를 들어 보자.

> 예) 음택(陰宅)과 양택(陽宅)의 중심 부분에서 좌향(坐向)의 방향이 측정해 본 결과 4층의 축미(丑未)방향 즉 축좌미향(丑坐未向)이었다.

이 경우 후손들에게 발생되는 길흉(吉凶)의 내용을 판단해 보자.

풀이) 좌향의 방향이 나경의 4층 축미(丑未) 방향 즉 축좌미향(丑坐未向)이므로, 향(向) 즉 앞의 방향은 미(未)방향이 된다. 따라서 4층 '未'을 나경 3층에서 확인해 보면 '木'기운에 해당되기 때문에 이것은 목(木局) 즉 亥卯未(해묘미)가 된다.

이 경우 후손들은 목(木) 기운에 해당되는 직업, 체질, 발복(發福) 시기 등의 길흉(吉凶)이 나타나게 된다. 이러한 판단은 본 책 앞부분 사주(四柱)에서 제시된 '오행(五行)의 기능'을 참조하면 된다.

오행	신체	수(數)	방향	체질	직업
목(木)	담(쓸개) / 간	3, 8	동	태양인 (간소폐대)	의류, 디자이너, 교육, 미용, 음악가, 가구점, 청과물, 당구장, 환경직, 시설직, 목공예, 과수원, 원예업, 제지업, 농장, 곡물판매업, 제지 및 종이, 섬유, 교사, 교수, 출판, 간호원, 종교, 생물학, 실험실, 보건 위생
화(火)	소장, 삼초 / 심장	2, 7	남		전자업, 정보 통신, 광고업, 전력 에너지, 가스, 발전소, 전기, 소방, 주유소, 전열기구업, 언론인, 군인, 연예인, 의사, 법관, 광고업, 조명기구, 교육, 학원, 정치, 문인, 언론, 사법부, 경찰, 군인, 미술, 미용, 공예, 연극, 화장품, 정치인, 그림, 악기
금(金)	대장	4, 9	서	태음인 (간대	기계업, 금속업, 광공업, 자동차 업종, 반도체 업종, 금형 설계업종, 귀

	폐		폐소)	금속, 조각, 재봉사, 선반가공업종, 금속기술자, 인쇄업, 보일러, 침구업, 금융업, 경리, 스포츠, 조사, 정육점, 감정사, 증권, 은행, 의사
수 (水)	방광 신장	1, 6	북	소양인 (비대 신소)	카페, 무역, 의사, 약사, 주류업종, 유통업, 수산, 어업, 냉방, 음식점, 식품 제조업, 횟집, 수도설비업, 서비스업, 수상요원, 오락실, 카바레, 접객업, 소방대, 술, 운동가, 여행사, 중계업종, 목욕탕, 해산물

위의 표를 토대로 판단하고자 하는 것이 목(木)의 오행일 경우라면, 후손들의 길흉(吉凶) 조건이 나타나게 되는데, 만약 길(吉)하다면 발복(發福)하는 시기는 3년이나 8년 후 혹은 3대 혹은 8대 후에 나타나게 되며, 체질은 간소폐대에 해당되는 태양인(太陽人)들이 많고, 직업은 목(木)과 관계되는 의류, 미용, 음악가, 가구점, 청과물, 환경직, 시설직, 목공예, 과수원, 원예업, 제지업, 농장, 종이, 섬유, 교사, 교수, 출판, 간호원, 종교, 보건 위생 등에 종사하면 적성에 맞고 성공한다.

그러나 음택(陰宅)이나 양택(陽宅)에서 황천수나 황천풍은 물론 수맥(水脈) 등으로 나쁜 조건에 해당되는 경우라면 위의 조건들은 모두 나쁜 흉(凶)으로 나타나게 된다.

즉, 목(木)의 경우 흉(凶)하다면, 망하는 시기는 3년이나 8년 후가 되며, 간이나 쓸개에서 병이 발생되고, 직업 역시 목(木)과 관련된 것들로 인하여 망하게 된다.

따라서, 다른 오행들 역시 위와 같은 길흉(吉凶) 조건에서 적용해 주면 된다.

지금까지 3층에서 삼합오행(三合五行)을 바탕으로 길흉(吉凶)을 판단해 보았다.

특히, 나경 3층에서는 삼합오행(三合午行)의 원리를 이용하여 방향(方向)을 결정하는데 이 경우 목국(木局)은 亥卯未, 화국(火局)은 寅午戌, 금국(金局)은 巳酉丑, 수국(水局)은 申子辰가 된다. 이는 음택(陰宅)에서 비석이나 상석을 세울 때 사용하고, 양택에서는 중요 지물을 세울 때 적용하는데 나경 6층과 더불어 사용된다.

이러한 방향(方向) 결정은 본인(주인)의 사주(四柱) 구성을 참조하여 용신(用神)이나 혹은 나쁜 악(惡)영향을 주는 조건들 혹은 부족한 오행(五行)을 채울 수 있는 것이다. 이것은 지기(地氣)를 통하여 오행의 쏠림현상을 없애기 때문에 출세(出世)와 재물(財物) 그리고 건강(健康) 등을 대대손손 유지시키기 위한 조건으로 만들 수 있는 것이다.

이것을 더 쉽게 설명하면 자신의 사주(四柱) 구성에서 화(火)기운이 없거나 혹은 약(弱)한 사람의 경우 3층의 삼합 방향을 결정할 때 화국(火局) 방향으로 설정하면 오행(五行)의 균형을 유지할 수가 있기 때문에 발복(發福)할 수 있는 조건이 된다. 다른 오행(五行)이나 용신(用神)의 방향 판단도 동일 하다.

본 책 사주(四柱) 부분에서 적용해 온 양력 1986년 6월 11일 밤 22:50분에 태어난 남자 이길동의 경우 무더운 화(火)기운이 너무 강한 사주이기 때문에, 3층(삼합오행 확인)으로 음택(陰宅)이나 양택(陽宅)의 방향을 결정할 때 다른 조건에 큰 문제를 주지 않는다면 화국(火局)이나 목국(木局) 방향보다는 더운 열기를 식혀 줄 수 있고, 용신의 방향에 해당되는 수국(水局) 방향이나 혹은 금국(金局) 방향으로 결정해 주면 된다.

이제 양력 1986년 6월 11일 밤 22:50분에 태어난 남자 이길동의 사주(주인)를 보고, 전원주택(田園住宅)의 양택(陽宅)이나 묘지(墓地)에 적용되는 풍수지리(風水地理) 조건을 제시해 보자.

구분	천간	지지
년주(年柱)	丙	①寅
월주(月柱)	甲	②午
일주(日柱)	丙	③戌
시주(時柱)	己	④亥

이길동 사주를 보면, 년지(年支) ①인(寅)과 시지(時支) ④해(亥)는 해인파(亥寅破)가 성립되고, 월지(月支) ②오(午)는 양인살(陽刃殺)과 공망(空亡)이 성립된다. 그리고 일지(日支) ③술(戌) 역시 묘(墓)는 물론 공망(空亡)과 백호대살(白狐大殺)이 성립된다. 그리고, 이길동은 아주 무더운 사주(四柱)로 무더위를 식혀줄 수 있는 시원한 수(水)나 혹은 금(金)이 필요로 하는 사주이다.

그렇지만, 지지 삼합(三合) ①寅②午③戌 즉 인오술(寅午戌)이 성립되어, 공망(空亡), 양인살(陽刃殺), 백호대살, 해인파(亥寅破)는 다소 완충작용을 통하여 해소시켜 주는 것만은 틀림없겠지만, 100% 해소를 기대하기란 어려운 실정이다.

이러한 이길동의 사주(주인) 조건에서 전원주택(田園住宅)의 양택(陽宅)이나 조상의 묘지(墓地)에 적용되는 풍수지리(風水地理) 조건에서 필요한 것들을 확인해 보자.

우선 유(酉) 방향으로 양택이나 음택의 방향을 설정하여 ③戌와 유술(酉戌) 방합(方合)을 적용해 보려고 하니, 유술(酉戌) 방합 작용은 금(金)으로 변화되어, 이길동의 더운 사주를 시원한 금(金)기운을 보충해 준다는 조건에는 좋은 것만은 사실이다. 그러나 방합은 공망을 해소시켜주는 영향은 약(弱)하다.

또한 인(寅) 방향을 적용하여 시지 ④亥와 해인합(亥寅合)를 적용해 보려고 하니, 이것은 역시 무더운 화(火)기운으로 변화되어 더욱 무더운 기운(氣運)으로 만들고, 인오술(寅午戌) 삼합 역시 무더운 화(火)로 변화되는 사주이므로 더욱 불덩어리 사주로 만들어 주는 조건이 되므로 좋은 조건은 아니다.

따라서, 다소 앙칼스러운 점은 있겠으나, 진(辰)방향을 적용하여 ③戌과 진술충(辰戌沖)을 만들어 공망(空亡)을 없애는 경우도 있겠으나, 이 방법 보다는 차라리 해(亥) 방향으로 결정해 주면, 월지 ②午와 해(亥)는 최고의 길신(吉神)에 해당되는 천덕귀인(天德貴人)이 성립되고, 아울러 일간 병(丙)과 해(亥) 역시 천을귀인(天乙貴人) 각각 성립되어 이것은 장성살(將星殺)과 동시에 존재하면 높은 관직(官職)은 물론 충(沖), 파(破), 해(害), 공망(空亡)을 방어해주는 역할을 담당하기 때문이다.

따라서, 이길동의 경우 무더운 사주이므로 나경(패철)으로서 양택(陽宅)과 음택(陰宅)의 조건(條件)과 방향(方向)을 최종 결정할때는 팔요황천살(八曜黃泉殺)이나 혹은 팔요풍(八曜風), 불배합룡(不配合龍) 등의 나쁜 조건에 해당되지 않는 다면, 무더운 더위를 식혀 줄 수 있는 서늘한 기운(氣運)에 해당되는 子(수), 亥(수), 申(금), 酉(금), 壬(수), 辛(금), 庚(금), 癸(수) 등의 방향을 선택하고 결정해 준다면 훌륭한 풍수 조건이 된다.

특히 독자들은 우리들이 살고 있는 풍수지리(風水地理) 즉 전원주택(田園住宅)이나 apt 등의 양택(陽宅) 혹은 조상 묘지(墓地) 등의 음택(陰宅)에서 조건과 방향 결정은 반드시 자신(주인)의 사주(四柱)를 보고 판단해야 된다. 즉, 자신의 사주(주인) 구성에서 부족한 오행(五行)이 존재하거나 혹은 자신에게 흉신(凶神)이 되는 조건들을 참고하여 결정해야만 명당(明堂)이 되는 것이지, 그렇지 않고 이것들을 무시한다면 오행(五行)의 쏠림현상으로 인하여 대대손손 흉운(凶運)으로 작용하게 된다.

따라서, 나경(패철)에서 이들의 조건과 방향을 결정하는 것들은 3층 삼합오행(三合五行), 6층 인반중침(人盤中針) 그리고 8층 천반봉침(天盤縫針)에 따른 '88향법(向法)' 등 인데 이들을 통하여 방향 결정은 물론 중요 지물은 물론 비석(碑石) 그리고 상석(床石)등을 세울 경우도 자신(주인)의 사주(四柱) 구성 조건에 맞아야 된다.

적어도 사주(四柱)는 물론 풍수지리(風水地理) 학자(學者)라면 가장 먼저 자신(주인)의 사주(四柱)를 정확하게 판단하고 이를 기초(基礎)로 하여 풍수지리(風水地理)의 조건을 만들어 주어야 될 임무(任務)가 있다.

(4) 패철 4층(지반정침 확인)

4층은 지반정침(地盤正針)으로 나경(패철)에 사용되는 모든 방위의 기준선이 된다. 따라서, 글자가 제일 크고 굵으며 24방위가 표시되어 있다.

4층은 나경 전체 방위선이며 기준으로 작용 되는 것이기 때문에 풍수지리(風水地理)에서 의미가 있는 것이다.

- 1층에서 9층에서 작용되는 24방위를 관장한다.
- 풍수지리에서 용(龍)과 혈(穴) 그리고 입수룡(入首龍)을 잡는데 사용한다.
- 혈(穴)의 좌향(坐向)을 잡는다(※ 본 책에서는 8층 천반봉침(天盤縫針)에서 물(水)의 파구(破口)를 기준으로 좌향을 판단하였다. 패철 8층 참조).
- 기타 방위를 측정하는데 사용한다.

〈※참고〉
방향(方向) 즉 좌향(坐向) 판단 기준은 4층인가? 8층인가?
이것은 풍수사(風水士) 사이에 논쟁(論爭)이 되고 있는데, 이것을 확인하려면 패철(나경)의 발전사를 알아야 된다.
4층 지반정침(地盤正針)은 중국의 한나라 때 12방위를 사용하면서 좌향(坐向)을 판단해 왔는데, 이때는 산맥에서 흐르는 혈(穴)의 방향으로 음(陰), 양택(陽宅)의 좌향(坐向)을 결정해 왔다.
이후부터는 8층 천반봉침(天盤縫針)에서 좌향을 판단했는데, 이는 당나라 때 구빈(救貧) 양균송이가 물이 빠져나가는 파구(破口)를 기준으로 88향법에서 좌향을 결정하면서 부터이다. 이는 4층 지반정침보다 7.5도 앞선 방위를 사용하고 있다.
본 책에서는 패철(나경) 사용법은 물론 좌향(坐向) 판단은 물(水), 바람,

> 도로(道路), 득수(得水), 파구(破口), 양택의 좌향 등과 같이 움직이는 양(陽) 기운에서는 8층 천반봉침(天盤縫針)을 기준으로 좌향을 판단하였고, 양택(陽宅)의 내부구조(동, 서사택, 기두 등) 즉 가택구성법(家宅九星法)는 물론 산맥(山脈), 입수룡 등의 움직이지 않는 음(陰)의 성질을 판단 할 때는 4층 지반정침(地盤正針)을 기준으로 좌향을 판단하였다〈뒷장 나결 8층 천반봉침 참조〉.

특히, 4층 24방위는 절기(節氣)를 관장하는 기준이 된다.

지구의 공전 주기는 1년에 365일이기 때문에 이것을 24절기로 나누면 1절기는 약 15.218이다. 이것을 비유하여 나경(패철)의 원은 360도 이므로 이것을 15.218로 나누면 약 24절기가 된다.

따라서, 나경의 최초 0도의 기준은 정북(正北) 방향 즉 자(子) 방향이고 절기는 동지(冬至)이다. 이것은 양기운(陽氣運)의 시발점으로 子, 癸, 丑, 艮, 寅, 甲, 卯, 乙, 辰, 巽, 巳, 丙까지 12방위가 이어진다. 그렇지만 午부터는 정남(正南) 방향이며 180도의 하지(夏至)가 되고, 하지부터는 음기운(陰氣運)이 시작된다. 즉, 丙, 未, 坤…壬의 12방위가 된다. 따라서 이미 6월의 하지부터는 밖엔 무더운 날들이 시작되는 시기이지만 서늘한 음(陰)기운이 시작된다는 뜻이다. 이것이 24절기이다.

따라서, 양택(陽宅)과 음택(陰宅)에서 양(陽)과 음(陰)을 판단하고 적용하여 사용하면 된다.

이 말은 가족을 책임지는 가장(家長)이나 혹은 후손(後孫)들의 사주(四柱) 구성에서 양(陽)의 기운으로 분류되는 화(火)나 혹은 목(木)기운이 부족한 경우 주택이나 묘지의 방향을 양기운(陽氣運) 방향에 놓고, 이와 반대인 경우에는 음기운(陰氣運) 방향에 놓아야만 우선 발복(發福)할 수 있는 조건을 맞추는 것이다.

즉, 24절기의 방향을 바탕으로 양택에서 집주인이나 음택에서는 망자의 후손들에게 자신들에게 부족한 음양(陰陽)의 균형(均衡)을 맞추어주는 것이기도 하다.

이제 4층으로 룡(龍)과 혈(穴)을 확인하기 위한 방법으로 입수룡(入首龍)을 결정해야 하는데 측정 방법을 알아보자.

입수룡은 지기(地氣)가 내려오는 방향이므로 4층으로 결정할 때는 지기가 내려오는 산맥의 중심에서 정반정침(正盤正針) 즉 나경을 수평으로 맞추고, 나침판의 위치 역시 남(南)과 북(北)에 맞춘다. 그리고 자(子)와 오(午) 방향으로 놓은 후 배합룡(配合龍)을 측정해야 한다.

배합룡(配合龍)이란? 나경 4층의 24방위를 2개 혹은 3개씩 묶은 것을 말하는데 일명 쌍산(雙山)이라고 한다.

종류로는 2자 정배합룡과 불배합룡 그리고 3자 정배합룡과 불배합룡이 있다.

2자 정배합룡은 임자(壬子), 계축(癸丑), 간인(艮寅)…등으로 묶은 것을 말하고, 2자 불배합룡은 자계(子癸), 축간(丑艮), 인갑(寅甲)…등으로 2개씩 묶은 것을 말한다.

3자 배합룡은 혈의 중심선에 지지를 가운데 두고 양쪽에 천간을 더하는 배합법을 말하는데 이것은 임자계(壬子癸), 계축간(癸丑艮), 간인갑(艮寅甲)…등을 말하고, 3자 불배합룡은 자계축(子癸丑), 축간인(丑艮寅), 인갑묘(寅甲卯)…등을 말한다.

풍수지리(風水地理)에서는 2자 불배합룡(不配合龍)과 3자 불배합룡(不配合龍)는 나쁜 흉(凶)으로 작용하므로 사용하지 않고, 2자 배합룡(配合龍)과 3자 배합룡(配合龍)만 사용한다.

아래 그림은 풍수에서 사용되는 2자 정배합룡의 임자(壬子), 계축(癸丑)과 사용하지 않는 자계(子癸), 축간(丑艮)의 2자 불배합룡을 나타낸 것이다. 따라서, 배합룡을 적용하여 입수룡을 측정할 때 壬子라면 아래 그림과 같이 壬과 子와의 사이 중앙 부분에 배합룡을 결정해 주어야 한다. ※〈참고〉 그림 출처 : 명당과 생활풍수(성필국)

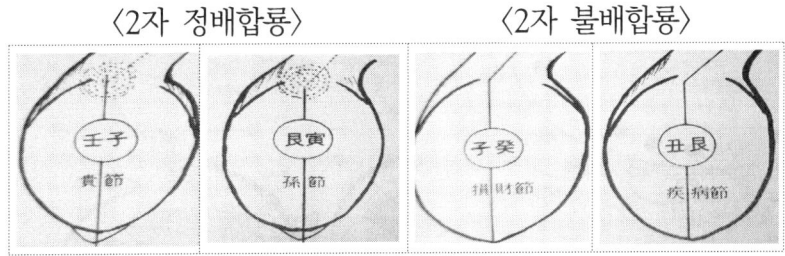

〈2자 정배합룡〉   〈2자 불배합룡〉

배합룡(配合龍)과 불배합룡(不配合龍)의 적용에 따른 길흉(吉凶)은 아래와 같다.

〈배합룡(配合龍) 길(吉) 4방위(四方位)〉

- 귀룡 4방위(貴龍 四方位) : 壬子, 丙午, 甲卯, 庚酉 방위(관운과 명성)
- 부룡 4방위(富龍 四方位) : 乙辰, 辛戌, 癸丑, 丁未 방위(복록과 부축척)

- 손룡 4방위(巽龍 四方位) : 艮寅, 坤申, 巽巳, 乾亥 방위(번 창과 무병장수)

〈불배합룡(不配合龍) 흉(凶) 4방위(四方位)〉

- 인패룡 4방위(人敗龍 四方位) : 亥壬, 寅甲, 巳丙, 申庚 방위 (참사, 몰사)
- 병패룡 4방위(丙敗龍 四方位) : 丑艮, 辰巽, 未坤, 戌乾 방위 (암, 만성질환)
- 재패룡 4방위(財敗龍 四方位) : 子癸, 卯乙, 午丁, 酉辛 방위 (가난, 풍비박산)

실전 풍수(風水)에서 배합룡(配合龍)과 불배합룡(不配合龍)이 적용되는 곳에서 혈(穴)의 확인은 물론 가로나 세로 방향으로 놓인 여러 개의 음택이나 양택이 존재하는 곳에서 이들 각각의 혈(穴)의 방향에 따른 길흉(吉凶)을 판단할 때 사용하면 명당(明堂)을 쉽게 찾을 수 있다.

(5) 패철 5층(천산72룡 확인)

5층은 천산72룡(穿山七十二龍)으로 주산에서 내려오는 용맥(방향)의 길흉(吉凶)을 판단한다.

72룡은 72칸으로 구성되어 있으며 이것은 60갑자(甲子)와 공란 12칸으로 구성되어 있다.

따라서, 나경 4층과 5층을 서로 비교해 보면 4층의 24방위 1개당 5층에서는 3개의 룡이 구성되어 있다. 예를 들어 보자. 4층의 자(子)에는 3개의 병자(丙子), 무자(戊子), 경자(庚子)가 5층에 구성되어 있다. 또 어떤 방향은 공란도 있는데 이것들은 방향에 따라서 각각에 작용되는 길흉(吉凶)을 나타낸다.

5층에서 존재하는 3개의 길흉(吉凶) 판단은 아래 〈72룡 길흉화복〉표와 같다.

〈72룡 길흉화복〉

오자순 \ 지지		子	丑	寅	卯	辰	巳	午	未	申	酉	戌	亥	길, 흉
甲子旬	냉기맥	甲子	乙丑	丙寅	丁卯	戊辰	己巳	庚午	辛未	壬申	癸酉	甲戌	乙亥	소길다흉
丙子旬	왕기맥	丙子	丁丑	戊寅	己卯	庚辰	辛巳	壬午	癸未	甲申	乙酉	丙戌	丁亥	길격
戊子旬	패기맥	戊子	己丑	庚寅	辛卯	壬辰	癸巳	甲午	乙未	丙申	丁酉	戊戌	己亥	대흉
庚子旬	상기맥	庚子	辛丑	壬寅	癸卯	甲辰	乙巳	丙午	丁未	戊申	己酉	庚戌	辛亥	길격
壬子旬	퇴기맥	壬子	癸丑	甲寅	乙卯	丙辰	丁巳	戊午	己未	庚申	辛酉	壬戌	癸亥	소길다흉
空亡	공망맥													대흉

이것을 판단하는 방법은 丙子旬(왕기맥)과 庚子旬(상기맥)에 해당되는 것들은 대길(大吉)로서 가장 좋은 것 들이고, 甲子旬(냉기맥), 壬子旬(퇴기맥)의 경우 소길다흉으로 보통 흉으로 판단한다. 戊子旬(패기맥)과 공망(空亡)에 해당되는 것들은 가장 나쁜 대흉(大凶)이므로 이런 방향은 사용할 수 없다.

이제 5층 천상72룡의 판단 방법을 예를 들어 보자.

> 예) 음택(陰宅)과 양택(陽宅)에서 4층 나경을 측정해보니 측정하고자 하는 좌향의 방향은 丁癸방향 즉 정좌계향(丁坐癸向)이었다. 앞 방향이 癸방향일 때 작용되는 길흉(吉凶)을 판단해 보자.

풀이) 4층 癸방향과 관계되는 것을 나경 5층에서 확인해 보니 壬子, 공란, 乙丑이다. 따라서, 이것들을 길흉(吉凶) 내용은 〈72룡 길흉화복〉 표에서 판단해 보면 아래와 같다.
 - 壬子 : 壬子방향은 壬子旬(퇴기맥)으로, 소길다흉이기 때문에 흉(凶)으로 본다.
 - 공란 : 공란은 아주 나쁜 대흉(大凶)으로 본다.
 - 乙丑 : 乙丑방향은 甲子旬(냉기맥)으로, 소길다흉이기 때문에 흉(凶)으로 본다

따라서, 4층 癸방향과 관계되는 나경 5층 중 '공란' 방향은 대흉(大凶)이기 때문에 사용할 수가 없고, 壬子과 乙丑 방향은 다소 나쁜 방향이지만 차선책으로 사용할 수 있다. 그렇지 않으면 대길에 해당될 수 있도록 전체 방향을 변경시켜 주면 된다.

(6) 패철 6층(인반중침 확인)

6층 인반중침(人盤中針)은 하늘에 존재하는 모든 행성들과 혈(穴)의 기운(氣運)과의 관계를 조정하는 것이다. 6층은 4층

의 24방위보다 시계방향으로 7.5도 뒤쪽으로 구성되어 있으며 총 24방위가 표시되어 있다.

6층의 측정법은 하늘의 모든 행성들에게 작용되는 성수오행(星宿五行)과 혈(穴)주위에 존재하는 산(山)이나 비석 혹은 건물의 방위에 따라서 길흉(吉凶)을 판단한다.

즉, 주위 여건들로 인하여 혈(穴)이 도움을 받을 수 있는 것들을 판단하는 것이다.

이때 사격 방위로 측정하는데 '사격(砂格) 방위'란? 혈(穴)에서 주위에 존재하는 산(山)이나 비석 혹은 건물의 방향을 말하는데, 측정 방법은 나경 4층의 좌방위(坐方位) 즉 뒤쪽 방위를 기준으로 측정한다. 그리고 4층의 좌방위와 6층의 성수오행(星宿五行)과 24방위를 비교하여 판단한다.

이때 존재하는 산(山) 등의 존재물 들은 방위각에 따라 24방위별 나타내는 인물(人物)을 판단 할 수도 있다.

즉, 임(壬)과 자(子)는 대통령 비서실장, 계(癸)는 종교지도자, 축(丑)은 의사 등의 보건부장관, 간(艮)은 상공부장관, 인(寅)과 갑(甲)은 농수산부장관, 묘(卯)는 의사 등의 보건부장관, 을(乙)은 내무부장관, 진(辰)은 검판사등의 법무부장관, 손(巽)은 여자 비서관, 사(巳)는 왕궁 관리자, 병(丙)은 과학기술처장관, 오(午)는 건교부장관, 정(丁)은 의사 등의 보건부장관, 미(未)와 곤(坤)은 상공부장관, 신(申)은 왕궁관리자, 경(庚)은 문체부장관, 유(酉)는 과학기술부장관, 신(辛)은 남자 비서관, 술(戌)은 검찰총장, 건(乾)은 교통부장관, 해(亥)는 대통령 등으로 판단할 수 있다.

또한 천기(天氣) 중 하늘에는 수 천 억 개의 별들이 존재하고 있다. 그중에서 인간이 살고 있는 지상에 비추는 것은 해(日)와 달(月)을 비롯하여 금성(金星), 수성(水星), 목성(木星), 토성(土星), 화성(火星)등과 자미원(紫微垣, 亥方), 천시원(天市垣, 艮方), 태미원(太微垣, 巽方), 소미원(小微垣, 兌方) 그리고 각(角), 항(亢), 방(房), 심(心), 미(尾), 기(箕) 등의 28개 성수(星宿)가 있는데 이들 역시 지상에 빛을 주는 것이 목적이므로 이것이 산(山)의 형태를 만들고, 혈(穴)에 비추어 인간의 길흉화복과 관계한다. 이러한 작용으로 지상에 존재하는 산(山) 등에 비추는 방위를 측정하는 것이 6층 인반중침(人盤中針)이며, 이것을 특수오행에 해당되는 성수오행(星宿五行)이다.

〈성수오행(星宿五行)과 24방위 관계〉

성수오행	목(木)			화(火)						토(土)			
24방위 (4층)	건乾	곤坤	간艮	손巽	갑甲	경庚	병丙	임壬	자子	오午	묘卯	유酉	을乙	신辛	정丁	계癸

성수오행	금(金)				수(水)		
24방위 (4층)	진辰	술戌	축丑	미未	인寅	신申	사巳	해亥

6층에서 이러한 길흉(吉凶) 판단은 음택(陰宅)이나 양택(陽宅)에서 성수오행(星宿五行)과 사격(砂格)의 방위로 상생(相生), 상극(相克), 상비(相比) 관계를 비교하여 구체적인 길흉(吉凶) 내용은 육친(六親) 내용으로 판단한다.

참고적으로 본인(주인)이나 시신이 성수오행(星宿五行)을 극(剋)하여 이기든지(재성으로 후손들은 부자가 된다.) 혹은 성수오행이 본인(주인)이나 시신에서 생(生)해 주든지(인성으로서 후손들은 효자가 된다), 아니면 土土, 水水, 金金, 木木와 같이 상비(相比) 관계(형제들이 서로 돕고 살아간다)가 되어야만 길(吉)하지, 이와 반대로 성수오행이 본인(주인)과 시신을 극(剋)하거나(관살이 되어 후손들은 형을 당한다.), 혹은 본인(주인)이나 시신이 성수오행을 생(生)하여 설기(힘이 빠지는 현상)되는 경우에는(식상이 되어 후손들은 출세하지 못한다.) 나쁜 흉(凶)으로 판단한다.

예를 들어보자.

> 예) 음택(陰宅)과 양택(陽宅)에서 4층 나경을 측정해보니 측정하고자 하는 좌향(坐向)의 방향이 子午방향 즉 자좌오향(子坐午向)이였다. 즉, 뒤 방향(坐)은 子방향이고, 앞 방향은 午방향이다.
> 이때 중요 산이나, 비석 등의 방향은 나경 6층으로 측정한 결과 '辰'방향일 경우 길흉(吉凶)을 판단해 보자.

풀이) 성수오행(星宿五行)으로 길흉(吉凶) 방향을 측정하기 위해서는 앞 방향(向)이 아니라 뒤 방향(坐)을 기준으로하기 때문에 위의 문제에서 子午방향 즉 자좌오향(子坐午向)의 경우는 뒤 방향(坐)은 '子'방향이 된다. 따라서, 성수 오행에서 '子'는 화(火)가 된다.

다음으로 산이나, 비석 등의 방향은 나경 6층으로 측정한 결과 '辰' 방향이므로 이것은 성수오행으로 금(金)이 된다.

따라서, 이들 관계를 확인해 보자.

火(집, 묘지, 비석, 시신)와 金(성수오행)의 관계는 火剋金이 되어 양택에서는 본인(주인) 음택에서는 묘지의 비석이나 시신이 성수오행을 극(剋)하여 이기므로 길(吉)하다.

이러한 적용은 묘지(墓地)는 물론 apt나 혹은 전원주택의 중요 방향(方向)을 결정할 경우도 동일하게 적용된다.

6층 인반중침(人盤中針)은 이러한 사격(砂格) 방위 즉 집이나 묘지의 혈(穴) 주변에 있는 중요 산(山)이나 비석 혹은 건물의 방위에 따른 길흉(吉凶)을 측정하는 것이므로, 나경 3층의 삼합오행(三合五行)과 더불어 묘지(墓地)의 비석이나 상석을 세울 때 방향(方向)이 활용되고, 양택(집)의 경우 중요 지물을 세울 경우도 본인(주인)의 사주(四柱)를 보고 최종 방향(方向)을 결정해 주어야 한다.

독자들을 위하여 묘지(墓地)에 세워지는 것들을 소개하면 아래와 같다.

신도비 (神道碑)	종2품 이상 벼슬아치의 무덤 앞이나 혹은 무덤으로 가는 길목에 세우는 것으로 내용은 망자의 생애(生涯) 관련 내용이며, 보통 무덤의 남동쪽에서 남쪽을 향하여 세운다.
망주석 (望柱石)	무덤을 꾸미고, 무덤이라는 것을 알리는 촛대 같은 돌기둥

문인석 (文人石)	머리에 관모(官帽) 즉 복두(幞頭)를 쓰고, 임금을 뵐 때 손에 쥔 홀(笏)을 들고 있다(좌, 우의정 및 4대부 집안의 경우).
무인석 (武人石)	머리에 투구를 쓰고, 갑옷과 칼을 소지하고 있다. ※문, 무를 동시에 갖춘 사람은 문인석과 무인석 모두를 놓을 수 있다.
묘갈(墓碣)	정3품 이하의 벼슬을 지낸 무덤 앞에 세우는 것으로 윗 부분이 동그란 모양의 비석을 말한다. 내용은 신도비와 비슷하나 대체적으로 신도비보다 규묘가 작다.
혼유석 (魂遊石)	상석 뒤에 무덤 앞에 놓는 직사각형 돌로 영혼이 나와서 놀도록 설치한 것을 말한다.
비석(碑石)	망자의 벼슬명 등을 기록한 것으로 상석의 뒤쪽에 세우며 묘의 좌(시신의 다리 부분)의 앞 방향에서 좌측에 세운다. 비석 뒷면에 새기는 글을 비음기(碑陰記)라고 하는데 이것은 비석 앞면에 다 새기지 못한 내용의 글을 말한다.
상석(床石)	직사각형 돌로 제상 크기로 다듬어 무덤 앞에 놓은 것

(7) 패철 7층(투지60룡 확인)

투지60룡(透地六十二龍)은 땅속에 들어가는 맥(脈)을 확인하는 것으로, 60갑자가 표시되어 있으며, 1개의 투지룡은 6도가 된다.

투지 60룡의 구성은 4층의 24방위 중 2개 방위마다 5개의 투지룡으로 구성되어 있다.

예를 들에 4층 壬子방위에서 7층 투지룡의 구성은 甲子, 丙子, 戊子, 庚子, 壬子의 5개의 투지로 구성되어 있다. 다른 것들에 해당되는 癸丑, 艮寅, 甲卯 등도 위와 같이 5개의 투지로 구성되어 있다.

쌍산(雙山)이란? 나경 4층에서 壬子, 癸丑, 艮寅… 등의 2개의 방위로 배합된 것을 말한다. 이것을 배합룡(配合龍) 이라고 하는데 그러나 같은 2개의 방위일 경우라도 子癸, 艮丑, 甲寅… 등의 불배합룡(不配合龍)은 풍수지리(風水地理)에서 사용하지 않는다.

7층 투지룡의 구성에 따른 길흉(吉凶) 판단은 아래 '투지60룡 길흉화복표'에 의거 판단한다.

〈투지60룡 길흉화복〉

오자순	쌍산	壬子	癸丑	艮寅	甲卯	乙辰	巽巳	丙午	丁未	坤申	庚酉	辛戌	乾亥	길, 흉
甲子旬	냉기맥	甲子	乙丑	丙寅	丁卯	戊辰	己巳	庚午	辛未	壬申	癸酉	甲戌	乙亥	매사불성
丙子旬	왕기맥	丙子	丁丑	戊寅	己卯	庚辰	辛巳	壬午	癸未	甲申	乙酉	丙戌	丁亥	부귀발복
戊子旬	패기맥	戊子	己丑	庚寅	辛卯	壬辰	癸巳	甲午	乙未	丙申	丁酉	戊戌	己亥	손재극자
庚子旬	상기맥	庚子	辛丑	壬寅	癸卯	甲辰	乙巳	丙午	丁未	戊申	己酉	庚戌	辛亥	부귀발복
壬子旬	퇴기맥	壬子	癸丑	甲寅	乙卯	丙辰	丁巳	戊午	己未	庚申	辛酉	壬戌	癸亥	매사불성

양택과 음택에서 적용 방법은 앞 즉 향(向) 방향이 丙子旬(왕기맥)과 庚子旬(상기맥)에 해당되는 것은 길(吉)하기 때문에 사

용하지만, 그 외의 것이 해당되는 甲子旬(냉기맥), 戊子旬(패기맥), 壬子旬(퇴기맥)은 흉(凶)하기 때문에 사용하지 않는 것이 좋다. 위에서 제시된 4층 壬子방위에서 7층 투지룡을 판단해 보면, 甲子, 丙子, 戊子, 庚子, 壬子의 5개 중 왕기맥과 상기맥에 해당되는 丙子와 庚子 방향은 부귀 발복에 해당되므로 가장 좋은 방위가 된다.

만약 7층 투지룡의 방향이 흉(凶) 방향이라면 방향(方向)을 조정하여 사용하면 된다.

(8) 패철 8층(천반봉침 확인)

8층은 천반봉침(天盤縫針)이라고 하며 24방위로 구성되어 있고, 4층보다 7.5도 순행 방향으로 앞서 있다.

여기서는 음(陰), 양택(陽宅)의 방향 판단 즉 좌향(坐向)을 판단하는 곳이다.

한나라 때의 좌향 판단은 4층 지반정침(地盤正針)에서 혈(穴)의 흐름 방향쪽으로 좌향을 판단했으나, 당나라 양균송의 88향법(向法)론이 나온 이후부터는 8층 천반봉침(天盤縫針)에서 실시하였다.

여기서는 양균송의 88향법(向法) 이론에 맞추어 8층 천방봉침에서 좌향을 판단한다(※이에 관한 상세한 설명은 향법 판단법(2) 참조).

88향법(向法)은 양택과 음택에서 가장 앞에 존재하는 물(水)

의 파구(破口) 방향을 보고 판단 한다.

특히, 양택(陽宅)이나 음택(陰宅)에서 가장 먼저 좌향(坐向)을 결정하고 판단해야만 된다. 그 이유는 기준방향(基準方向)을 먼저 정한 후 다른 조건들을 설정하고 판단해야만 그만큼 실수도 없을뿐더러 작업을 쉽고 빠르게 마무리 할 수 있기 때문이다. 그래서 8층 천반봉침은 큰 의미가 있는 것이기도 하다.

특히 독자들은 음택이나 양택에서 좌향(坐向) 결정은 가급적 자신(主人)의 사주(四柱)를 보고 최종 향(向)을 판단해 주면 좋다. 즉, 자신(주인)의 사주 구성에서 악(惡)영향을 주는 오행(五行)의 조건 방향이거나 혹은 부족한 오행이 존재하거나 혹은 용신(用神)을 참조하고, 또한 오행의 쏠림현상이 없는 방향(方向) 쪽을 선택해 준다면 건강(健康)은 물론 대대손손 발복(發福)하게 된다는 사실을 잊지 말길 바란다.

그래서 풍수(風水)를 제대로 판단하려면, 반드시 사주(四柱) 학문을 알고 적용시켜야만 완성(完成)되는 것이다.

양택(陽宅)이나 음택(陰宅)에서 명당(明堂)이 될 수 있는 조건은 배산임수(背山臨水) 즉 뒤에는 산(山)이 있어야 되겠지만 앞에는 반드시 물(水)이 있어야만, 산(山)에서 내려오는 혈(穴)이 더 이상 빠져나가지 못하고 음양(陰陽)이 상호 교배(交配)되기 때문에 좋은 기운(氣運)을 받는 명당(明堂)이 되는 것이다.

특히, 우선수(右旋水)에 좌선룡(左旋龍) 원칙 혹은 좌선수(左旋水)에 우선룡(右旋龍) 원칙을 지켜야 한다. 즉, 혈(穴)이 흐르는 산맥(山脈) 위치에서 위에서 아래로 보았을 때 최초 물길의 방향이 우측에서 흘러 좌측 파구(破口) 쪽으로 빠져나간다면 우선수(右旋水)가 되며, 이때는 좌선룡(左旋龍) 원칙을 지켜야 된다.

좌선룡(左旋龍) 원칙이란? 혈(穴)이 흐르는 산맥(山脈) 위치에서 위에서 아래로 보았을 때 산맥의 흐름이 좌측 방향에서 우측 방향으로 휘어진 지점에서 좌향(坐向)을 결정하는 것을 말한다.

이와는 반대로, 혈(穴)이 흐르는 산맥(山脈) 위치에서 위에서 아래로 보았을 때 최초 물길의 방향이 좌측에서 흘러 우측 파구(破口) 쪽으로 빠져나간다면 좌선수(左旋水)가 되며, 이때는 우선룡(右旋龍) 원칙을 지켜야 된다.

우선룡(右旋龍) 원칙이란? 혈(穴)이 흐르는 산맥(山脈) 위치에서 위에서 아래로 보았을 때 산맥의 흐름이 우측 방향에서 좌측 방향으로 휘어진 지점에서 좌향(坐向)을 결정하는 것을 말한다.

혹자(或者)는 파구(破口)에 따른 방향(方向) 설정에 있어서 이미 양(陽)에 해당되는 물(水)과 음(陰)에 해당되는 산(山)과는 상호 교배(交配)가 이루어졌다는 원리를 주장하는 사람이 있으나, 이러한 우선수(右旋水)에 좌선룡(左旋龍)과 좌선수(左旋水)에 우선룡(右旋龍) 원칙을 지켜야 된다.

이러한 원칙을 어긴다는 것은 명당(明堂)으로서 기능을 상실할 뿐이다.

'용을 찾는데 3년 걸리고, 용에서 혈(穴)을 찾는데 10년 걸린다'라는 풍수(風水) 격언이 있다. 좋은 땅에서는 혈(穴)이 존재하지만, 나쁜 땅에서는 아무리 좋은 이론을 접목시킨다고

해서 절대 혈을 찾을 수 없는 것이다. 그래서 혈을 찾는다는 것은 이론도 중요하지만 마음에 문이 열려야 혈을 찾을 수 있는 것이다.

여기서는 풍수(風水)에 혈(穴)과 동일선상에 존재하는 방향 즉 향(向)을 파구(破口)를 통하여 찾는 88향법(向法)을 확인해 보고자 한다.

참고적으로, 본 책에서의 방향(方向) 즉 좌향(坐向) 판단 기준은, 패철(나경) 4층 지반정침(地盤正針)이 아니라, 8층 천반봉침(天盤縫針)을 기준 방위로 적용하였는데, 이는 당나라 때 구빈(救貧) 양균송이가 물이 빠져나가는 파구(破口)를 기준으로 88향법을 창안했기 때문이다.

이와 관련된 구체적인 사항은, 향법 판단법(2)에서 설명하였으니 독자들은 참조해 주길 바란다.

따라서, 향법 판단법(1)은 당나라의 양균송의 〈88향법 조견표〉를 판단해 보고, 향법 판단법(2)에서는 〈88향법 조견표〉와 동일선상에 존재하는 현장(現場) 풍수(風水)에서 가장 많이 활용되는 좌향(坐向) 판단법을 소개할 것이니, 독자들은 쉽고 편리한 것을 익혀서 활용해 주면 된다.

이제부터 음(陰), 양택(陽宅)에서 방향(方向) 즉 좌향(坐向)을 판단해 보자.

1. 향법 판단법(1)

음(陰), 양택(陽宅)에서의 방향(方向) 즉 좌향(坐向)을 판단하는 이유는, 용혈사수론(龍穴砂水論)에서는 좋은 지기(地氣)을 얻기 위함이라면, 방향 즉 향법론(向法論)은 하늘의 기운 즉 천기(天氣)를 얻기 위함이다.

용혈사수론은 보는 사람마다 차이가 있겠으나. 향법론은 불변한 논리이다.

음, 양택에서 좌향(坐向)을 결정하는 방법은 오랜 세월부터 발전되어 오고 있다. 즉

지리오결(地理五訣)은 청나라 때 조정동이 쓴 풍수지리(風水地理)책으로 이는 파구(破口)를 기준으로 사국(四局) 즉 목국(木局), 화국(火局), 금국(金局), 수국(水局)을 구분해서 좌향을 판단한 것이며, 이것은 당나라 때의 구빈(救貧) 양균송의 88향법과 일치한다.

지리신법(地理申法)은 송나라의 호순신이 쓴 풍수지리(風水地理)책으로 이는 혈장에 입수한 내룡의 방위로 사국(四局) 즉 목국(木局), 화국(火局), 금국(金局), 수국(水局)을 구분해서 좌향을 판단했으며,

또한 형상 오행은 파구(破口)에서 향(向)을 기준으로 사국(四局) 즉 목국(木局), 화국(火局), 금국(金局), 수국(水局)을 구분해서 좌향을 판단하였다.

일단 여기 향법 판단법(1)에서는 당나라 때 양균송의 88향법을 다룬다.

특히 양균송은 움직이는 양(陽)의 방향에서의 좌향(坐向) 판단은 4층이 아니라, 8층 천반봉침(天盤縫針)을 기준으로 설정했다는 것이 큰 의미가 있다.

(양균송)

양균송의 88향법론은 가난한 사람들을 구제해 준다는 뜻으로 구빈(救貧)이라고 하였다.

그는 14진신수법(十四進神水法) 중 11개 즉 정생향(正生向), 정왕향(正旺向), 정양향(正養向), 정묘향(正墓向), 태왕태류(胎向胎流), 절향절류(絶向絶流), 쇠향태류(衰向胎流), 자생향(自生向), 자왕향(自旺向), 문고소수(文庫消水), 목욕소수(沐浴消水)를 목(木), 화(火), 금(金), 수(水)의 4개의 각국(各局)으로 구분했는데, 이것은 44방향(11개*4개=44개)이 된다.

그러나 44방향은 풍수(風水)에서 쌍산 배합(乾亥, 甲卯, 丁未, 艮寅, 丙午, 辛戌, 巽巳, 庚酉, 癸丑, 坤申, 壬子, 乙辰)의 2개의 방향(方向)이 적용되므로 실질적으로는 총 88개(44*2)가 풍수 방향에 활용되고 있다.

88향법은 양택과 음택에서 좌향(坐向) 위치에서 위에서 아래로 보았을 때 최초 흐르는 물(水)의 이동 방향과 패철 8층에서 물이 빠져나가는 파구(破口)와의 방위각을 통해서 길흉(吉凶)을 판단하는 것이다.

즉, 우측에서 좌측으로 흐르는 우선수(右旋水, 우수도좌)와 좌측에서 우측으로 흐르는 좌선수(左旋水, 좌수도우)를 기준으로 해서, 물(水)이 들어오는 입수룡(入首龍)과 물이 빠져나가는 파구(破口)와의 상호 방향 관계를 토대로 88향법의 방향이 결정된 것이며 이는 고착화된 이기풍수(理氣風水)이다.

특히, 좌향(坐向) 방향은 쌍산(雙山) 배합론(配合論)의 원칙에 따른다.

즉, 임자(①壬②子), 병오(③丙④午)...의 경우 ①壬③丙의 壬丙 처럼 첫째는 첫째하고 짝을 맞추어서 향법을 정하고, ②子④午처럼 子午 처럼 둘째는 둘째하고 짝을 맞추어 향법을 정한다.

88향법의 방향은 12운성(포태법)에서 출발하는데, 12운성 중 양(養), 장생(長生), 관대(冠帶), 건록(建祿), 제왕(帝旺), 쇠(衰)는 88향법에 적용할 수가 있고, 흉(凶)에 해당되는 태(胎), 묘(墓), 절(絶) 경우는 파구(破口)와 득수(得水)에 따라서 사용할 수도 있다.

따라서, 이제부터 이러한 개념을 바탕으로 11개의 신수법(神水法)에 적용되는 각각의 88향법의 방향(方向)을 구체적으로 판단해 보자. ※〈참고〉사진 출처 : 정통 풍수지리(정경연)

(1) 정생향(正生向) 좌향(坐向) 판단법
《《정생향 지형 조건》》

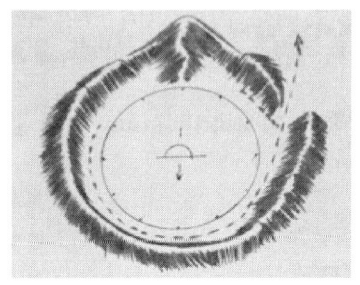

1. 파구(破口)는 12운성(포태법)의 묘(墓)에 있다.

2. 좌향(坐向) 위치에서 위에서 아래로 보았을 때 최초 흐르는 물(水)의 이동 방향(方向)은 우측에서 좌측으로 흐르는 【우선수(右旋水)】이다.

3. 좌향(坐向)의 위치 판단은 【좌선룡(左旋龍) 원칙】이다. 즉 굽이굽이 흐르는 산맥 즉 용(龍)의 위치에서, 위에서 아래고 보았을 때 산맥이 좌측에서 우측으로 휘어진 곳에서 음택과 양택의 좌향(坐向)의 위치를 선택해야 되고, 이곳에서 88향법을 결정한다.

4. 물이 들어오는 방향 즉 득수(得水)의 방향을 패철로 측정해 보니 각각 (갑묘, 을진), (병오, 정미), (경유, 신술), (임자, 계축)이었고, 물이 빠져나가는 방향 즉 파구(破口)

를 패철로 측정해 보니 각각 (정미), (신술), (계축), (을진) 방향(方向)이었다.

5. 정생향 지형에서, 목국(木局), 화국(火局), 금국(金局), 수국(水局)의 조건 중에서 찾는다.
(※각국(各局)의 선택 조건을 판단하는 방법은 용(龍), 혈(穴), 사(砂), 수(水)이며 좋은 지형에서 선택하거나 혹은 주인(主人)의 사주(四柱)를 고려해서 선택한다. 즉 주인(主人)의 사주 용신(用神) 오행(五行)이 목(木)인 경우 가급적 목국(木局)을 선택하고, 목국에 맞는 좌향을 선택한다.

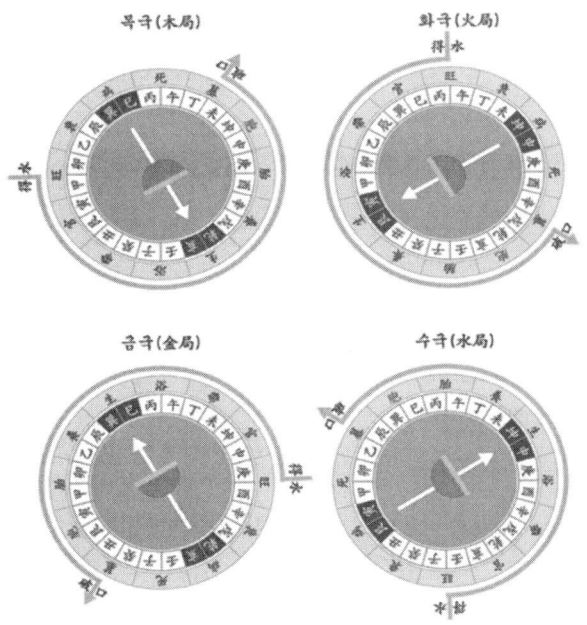

6. 88향법 좌향 최종 판단법

국(局)	파구(破口)	향(向)	최종 방향(方向)
목국(木局)	정미(丁未)	건해(乾亥)	손좌건향(巽坐乾向), 사좌해향(巳坐亥向)
화국(火局)	신술(申戌)	간인(艮寅)	곤좌간향(坤坐艮向), 신좌인향(申坐寅向)
금국(金局)	계축(癸丑)	손사(巽巳)	건좌손향(乾坐巽向), 해좌사향(亥坐巳向)

즉,

각국(各局)이 판단되었다면,

정생향(正生向) 지형 조건에서 최종 88향법 좌향(坐向) 판단은,

〈목국(木局)을 선택한다면〉

손좌건향(巽坐乾向) 혹은 사좌해향(巳坐亥向) 방향을 선택해야 된다.

〈화국(火局)을 선택한다면〉

곤좌간향(坤坐艮向) 혹은 신좌인향(申坐寅向) 방향(方向)을 선택해야 된다.

〈금국(金局)을 선택한다면〉

건좌손향(乾坐巽向) 혹은 해좌사향(亥坐巳向) 방향(方向)을 선택해야 된다.

〈수국(水局)을 선택한다면〉

간좌곤향(艮坐坤向), 인좌신향(寅坐申向) 방향(方向)을 선택해야 된다.

7. 정생향(正旺向) 88향법 좌향은 부귀쌍전(富貴雙全)하고, 아내와 자식은 어질고 효도(孝道)한다. 그러나 좌선수(左旋水)이거나 흉(凶)한 방향이면 패절(敗絶)하고 가정이 깨진다.

 이렇게 해서 88향법 중 대표적으로 〈정생향(正生向) 좌향(坐向) 판단법〉의 조건을 확인해 보았다.
 독자들은 나머지 정왕향(正旺向), 정양향(正養向), 정묘향(正墓向), 태왕태류(胎向胎流), 절향절류(絶向絶流), 쇠향태류(衰向胎流), 자생향(自生向), 자왕향(自旺向), 문고소수(文庫消水), 목욕소수(沐浴消水)에 대한 〈향법(向法) 판단 조건〉들은 위에서 설명한 〈(1) 정생향(正生向) 좌향(坐向) 판단법〉의 설명을 토대 적용해 주면 된다.
 따라서, 나머지 부분에 대한 향법 판단법은 〈지형 조건〉, 〈88향법 좌향 적용법〉, 〈88향법 좌향 최종 판단법〉을 제시할 것이니 이를 토대로 독자들은 88향법을 판단해 주길 바란다.

〈〈용어 설명〉〉
1. 우선수(右旋水) 혹은 우수도좌(右水致(倒)左) : 음(陰), 양택(陽宅)의 경우 용(龍)이 흐르는 산맥에서 위에서 아래로 보았을 때, 앞에 흐르는 최초 물길이 우측에서 좌측으로 빠져나가는 것을 우선수(右旋水) 혹은 우수도좌(右水致(倒)左)라고 말한다. 이때 물(水)이 빠져나가는 끝 부분을 파구(破口)라고 하는데 파구와 방위를 판단해서 좌향(坐向)을 결정한다.

2. 좌선수(左旋水) 혹은 좌수도우(左水致(倒)右) : 음(陰), 양택(陽宅)의 경우 용(龍)이 흐르는 산맥에서 위에서 아래로 보았을 때, 앞에 흐르는 최초 물길이 좌측에서 우측으로 빠져나가는 것을 좌선수(左旋水) 혹은 좌수도우(左水致(倒)右)라고 말한다. 이때 물(水)이 빠져나가는 끝 부분을 파구(破口)라고 하는데 파구와 방위를 판단해서 좌향(坐向)을 결정한다.

3. 우선룡(右旋龍) 원칙
좌선수(左旋水)일 때 좌향(坐向)을 판단하는 원칙을 우선룡(右旋龍) 원칙이라고 한다. 즉, 용(龍)이 흐르고 있는 산맥에서, 위에서 아래고 보았을 때 산맥이 우측에서 좌측으로 휘어진 방향에서 음택과 양택의 좌향(坐向)을 결정하는 것을 말한다. 즉, 좌선수(左旋水)일 때는 우선룡(右旋龍) 원칙을 적용시키는데, 이때의 좌향(坐向) 방향은 좌측으로 방향을 잡는다.

4. 좌선룡(左旋龍) 원칙
우선수(右旋水)일 때 좌향(坐向)을 판단하는 원칙을 좌선룡(左旋龍) 원칙이라고 한다. 즉, 용(龍)이 흐르고 있는 산맥에서, 위에서 아래고 보았을 때 산맥이 좌측에서 우측으로 휘어진 방향에서 음택과 양택의 좌향(坐向)을 결정하는 것을 말한다. 즉, 우선수(右旋水)일 때는 좌선룡(左旋龍) 원칙을 적용시키는데, 이때의 좌향(坐向) 방향은 우측으로 방향을 잡는다.

(2) 정왕향(正旺向) 좌향(坐向) 판단법
《〈정왕향 지형 조건〉》

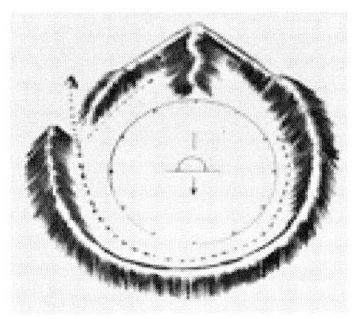

1. 파구(破口)는 12운성(포태법)의 묘(墓)에 있다.

2. 좌향(坐向) 위치에서 위에서 아래로 보았을 때 최초 흐르는 물(水)의 이동 방향(方向)은 좌측에서 우측으로 흐르는 【좌선수(左旋水)】가 되어야 한다.

3. 좌향(坐向)의 위치 판단은 【우선룡(右旋龍) 원칙】이다. 즉 굽이굽이 흐르는 산맥 즉 용(龍)의 위치에서, 위에서 아래로 보았을 때 산맥이 우측에서 좌측으로 휘어진 곳에서 음택과 양택의 좌향(坐向)의 위치를 선택해야 되고, 이곳에서 88향법을 결정한다.

4. 정왕향 지형에서, 목국(木局), 화국(火局), 금국(金局), 국(水局)의 조건 중에서 찾는다.

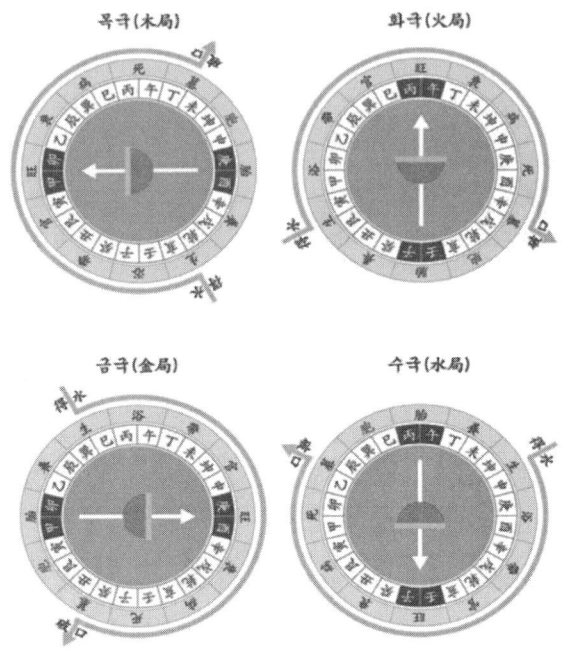

5. 88향법 좌향 최종 판단법

국(局)	파구(破口)	향(向)	최종 결정 방향(方向)
목국 (木局)	정미 (丁未)	갑묘 (甲卯)	경좌갑향(庚坐甲向), 유좌묘향(酉坐卯向)
화국 (火局)	신술 (申戌)	병오 (丙午)	임좌병향(壬坐丙向), 자좌오향(子坐午向)
금국 (金局)	계축 (癸丑)	경유 (庚酉)	갑자경향(甲坐庚向), 묘자유향(卯子酉向)
수국 (水局)	을진 (乙辰)	임자 (壬子)	병좌임향(丙坐壬向). 오좌자향(午坐子向)

6. 정왕향(正旺向) 88향법 좌향은 부귀쌍전(富貴雙全)하고, 자손이 번창하며, 총명하다. 그러나 우선수(右旋水)이거나 흉(凶)한 방향이면 패절(敗絶)하고 대흉(大凶) 한다.

(3) 정양향(正養向) 좌향(坐向) 판단법
〈〈정양향 지형 조건〉〉

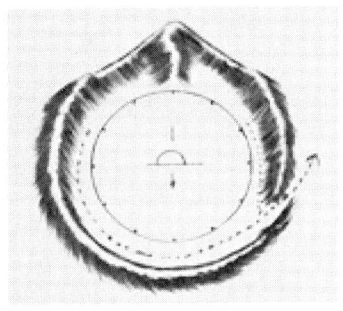

1. 파구(破口)는 12운성(포태법)의 포(胞)에 있다.

2. 좌향(坐向) 위치에서 위에서 아래로 보았을 때 최초 흐르는 물(水)의 이동 방향(方向)은 좌측에서 우측으로 흐르는 【우선수(右旋水)】가 되어야 한다.

3. 좌향(坐向)의 위치 판단은 【좌선룡(左旋龍) 원칙】이다. 즉 굽이굽이 흐르는 산맥 즉 용(龍)의 위치에서, 위에서 아래고 보았을 때 산맥이 좌측에서 우측으로 휘어진 곳에서 음택과 양택의 좌향(坐向)의 위치를 선택해야 되고, 이곳에서 88향법을 결정한다.

4. 정양향 지형에서, 목국(木局), 화국(火局), 금국(金局), 수국(水局)의 조건 중에서 찾는다.

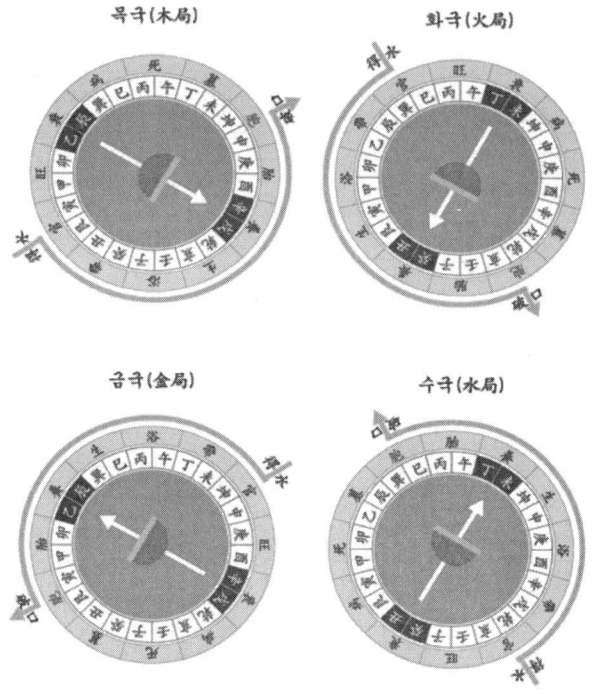

5. 88향법 좌향 최종 판단법

국(局)	파구(破口)	향(向)	최종 결정 방향(方向)
목국 (木局)	곤신 (坤辛)	신술 (辛戌)	을좌신향(乙坐申向), 진좌술향(辰坐戌向)
화국 (火局)	건해 (乾亥)	계축 (癸丑)	정좌계향(丁坐癸向), 미좌축향(未坐丑向)
금국	간인	을진	신좌을향(申坐乙向),

(金局)	(艮寅)	(乙辰)	술좌진향(戌坐辰向)
수국	손사	정미	계좌정향(癸坐丁向).
(水局)	(巽巳)	(丁未)	축좌미향(丑坐未向)

6. 정양향(正養向) 88향법 좌향은 부귀영화 한다. 그러나 자선수(左旋水) 이거나 흉(凶)한 방향이면 패절(敗絶)하고 대흉(大凶) 한다.

(4) 정묘향(正墓向) 좌향(坐向) 판단법
〈〈정묘향 지형 조건〉〉

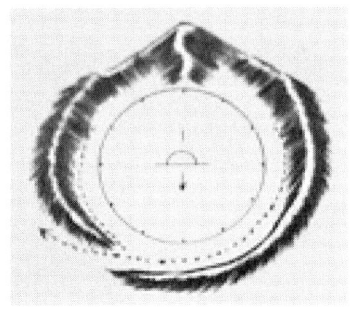

1. 파구(破口)는 12운성(포태법)의 포(胞)에 있다.

2. 좌향(坐向) 위치에서 위에서 아래로 보았을 때 최초 흐르는 물(水)의 이동 방향(方向)은 좌측에서 우측으로 흐르는 【좌선수(左旋水)】가 되어야 한다.

3. 좌향(坐向)의 위치 판단은 【우선룡(右旋龍) 원칙】이다. 즉

굽이굽이 흐르는 산맥 즉 용(龍)의 위치에서, 위에서 아래고 보았을 때 산맥이 우측에서 좌측으로 휘어진 곳에서 음택과 양택의 좌향(坐向)의 위치를 선택해야 되고, 이곳에서 88향법을 결정한다.

4. 정묘향 지형에서, 목국(木局), 화국(火局), 금국(金局), 수국(水局)의 조건 중에서 찾는다.

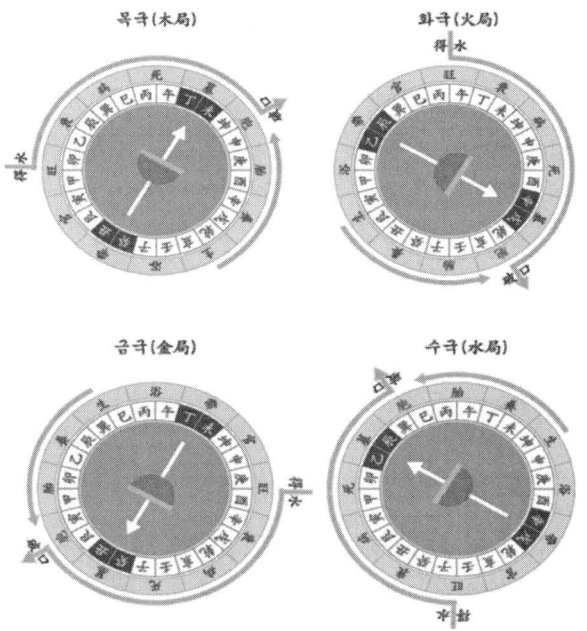

5. 88향법 좌향 최종 판단법

국(局)	파구(破口)	향(向)	최종 결정 방향(方向)
목국(木局)	곤신(坤辛)	정미(丁未)	계좌정향(癸坐丁向), 축좌미향(丑坐未向)
화국(火局)	건해(乾亥)	신술(辛戌)	을좌신향(乙坐辛向), 진좌술향(辰坐戌向)
금국(金局)	간인(艮寅)	계축(癸丑)	정좌계향(丁坐癸向), 미좌축향(未坐丑向)
수국(水局)	손사(巽巳)	을진(乙辰)	신좌을향(申坐乙向), 술좌진향(戌坐辰向)

6. 정묘향(正墓向) 88향법 좌향은 부귀(富貴)와 장수(長壽)한다. 그러나 우선수(右旋水) 이거나 흉(凶)한 방향이면 패절(敗絶)하고 대흉(大凶) 한다.

(5) 태왕태류(胎向胎流) 좌향(坐向) 판단
⟨⟨태왕태류 지형 조건⟩⟩

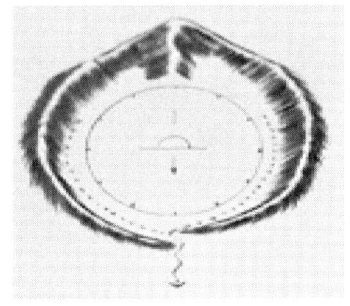

1. 파구(破口)는 12운성(포태법)의 태(胎)에 있다.

2. 좌향(坐向) 위치에서 위에서 아래로 보았을 때 최초 흐르는 물(水)의 이동 방향(方向)은 좌측에서 우측으로 흐르는 【우선수(右旋水)】가 되어야 한다.

3. 좌향(坐向)의 위치 판단은 【좌선룡(左旋龍) 원칙】이다. 즉 굽이굽이 흐르는 산맥 즉 용(龍)의 위치에서, 위에서 아래고 보았을 때 산맥이 좌측에서 우측으로 휘어진 곳에서 음택과 양택의 좌향(坐向)의 위치를 선택해야 되고, 이곳에서 88향법을 결정한다.

4. 태왕태류 지형에서, 목국(木局), 화국(火局), 금국(金局), 수국(水局)의 조건 중에서 찾는다.

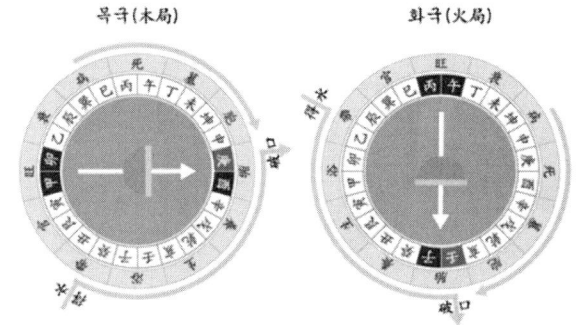

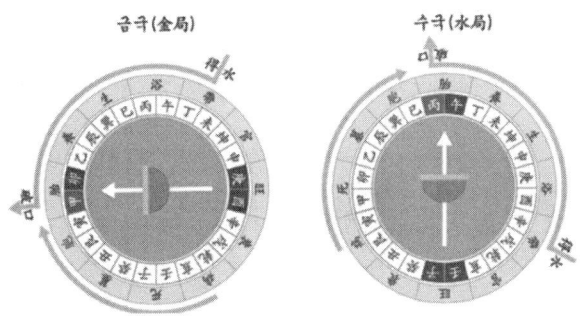

5. 88향법 좌향 최종 판단법

국(局)	파구(破口)	향(向)	최종 결정 방향(方向)
목국(木局)	경(庚)	경유(庚酉)	갑좌경향(甲坐庚向), 묘좌유향(卯坐酉向)
화국(火局)	임(壬)	임자(壬子)	병좌임향(丙坐壬向), 오좌자향(午坐子向)
금국(金局)	갑(甲)	갑묘(甲卯)	경좌갑향(庚坐甲向), 유좌묘향(酉坐卯向)
수국(水局)	병(丙)	병오(丙午)	임자병향(壬坐丙向), 자좌오향(子坐午向)

6. 태왕태류(胎向胎流) 88향법 좌향은 부귀(富貴)하고 자손이 번창(繁昌) 한다. 그러나 좌선수(左旋水) 이거나 흉(凶)한 방향이면 음란하고 재산을 탕진한다.

(6) 절향절류(絶向絶流) 좌향(坐向) 판단법
《〈절향절류 지형 조건〉》

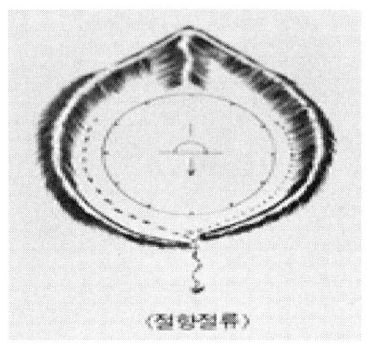

1. 파구(破口)는 12운성(포태법)의 포(胞)에 있다.

2. 좌향(坐向) 위치에서 위에서 아래로 보았을 때 최초 흐르는 물(水)의 이동 방향(方向)은 좌측에서 우측으로 흐르는 【우선수(右旋水)】가 되어야 한다.

3. 좌향(坐向)의 위치 판단은 【좌선룡(左旋龍) 원칙】이다. 즉 굽이굽이 흐르는 산맥 즉 용(龍)의 위치에서, 위에서 아래고 보았을 때 산맥이 좌측에서 우측으로 휘어진 곳에서 음택과 양택의 좌향(坐向)의 위치를 선택해야 되고, 이곳에서 88향법을 결정한다.

4. 절향절류 지형에서, 목국(木局), 화국(火局), 금국(金局), 수국(水局)의 조건 중에서 찾는다.

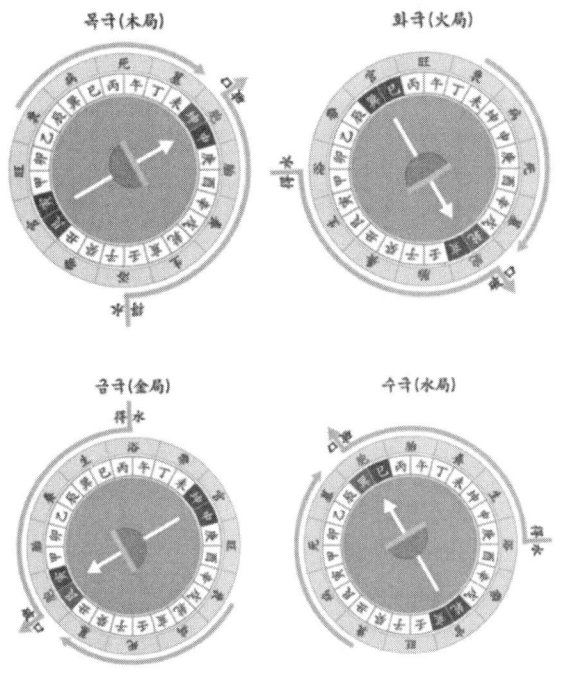

5. 88향법 좌향 최종 판단법

국(局)	파구(破口)	향(向)	최종 결정 방향(方向)
목국(木局)	곤(坤)	곤신(坤申)	간좌곤향(艮坐坤向), 인좌신향(寅坐申向)
화국(火局)	건(乾)	건해(乾亥)	손좌건향(巽坐乾向), 사좌해향(巳坐亥向)
금국(金局)	간(艮)	간인(艮寅)	곤좌간향(坤坐艮向), 신좌인향(申坐寅向)
수국(水局)	손(巽)	손사(巽巳)	곤좌손향(乾坐巽向), 해좌사향(亥坐巳向)

6. 절향절류(絶向絶流) 88향법 좌향은 대길(大吉) 한다. 그러나 좌선수(左旋水)이거나 흉(凶)한 방향이면 패절(敗絶)하고 대흉(大凶) 한다.

(7) 쇠향태류(衰向胎流) 좌향(坐向) 판단법
〈〈쇠향태류 지형 조건〉〉

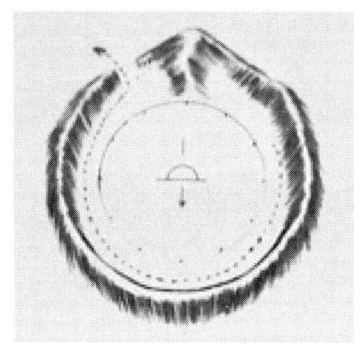

1. 파구(破口)는 12운성(포태법)의 태(胎)에 있다.

2. 좌향(坐向) 위치에서 위에서 아래로 보았을 때 최초 흐르는 물(水)의 이동 방향(方向)은 좌측에서 우측으로 흐르는 【좌선수(左旋水)】가 되어야 한다.

3. 좌향(坐向)의 위치 판단은 【우선룡(右旋龍) 원칙】이다. 즉 굽이굽이 흐르는 산맥 즉 용(龍)의 위치에서, 위에서 아래로 보았을 때 산맥이 우측에서 좌측으로 휘어진 곳에서 음택과 양택의 좌향(坐向)의 위치를 선택해야 되고, 이 곳에서 88향법을 결정한다.

4. 쇠향태류 지형에서, 목국(木局), 화국(火局), 금국(金局), 수국(水局)의 조건 중에서 찾는다.

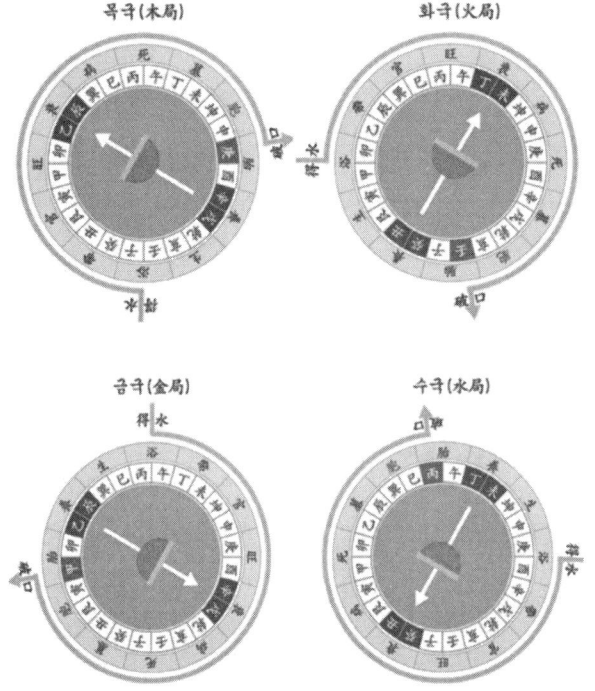

5. 88향법 좌향 최종 판단법

국(局)	파구(破口)	향(向)	최종 결정 방향(方向)
목국(木局)	경(庚)	을진(乙辰)	신좌은향(申坐乙向), 술좌진향(戌坐辰向)
화국(火局)	임(壬)	정미(丁未)	계좌정향(癸坐丁向), 축좌미향(丑坐未向)

| 금국
(金局) | 갑(甲) | 신술
(辛戌) | 을좌신향(乙坐辛向),
진좌술향(辰坐戌向) |
| 수국
(水局) | 병(丙) | 계축
(癸丑) | 정좌계향(丁坐癸向),
미좌축향(未坐丑向) |

6. 쇠향태류(衰向胎流) 88향법 좌향은 부귀하고, 장수한다. 그러나 우선수(右旋水) 이거나 흉(凶)한 방향이면 패절(敗絶) 한다.

(8) 자생향(自生向) 좌향(坐向) 판단법
《〈자생향 지형 조건〉》

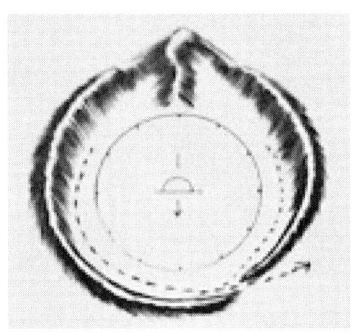

1. 파구(破口)는 12운성(포태법)의 묘(墓)에 있다.

2. 좌향(坐向) 위치에서 위에서 아래로 보았을 때 최초 흐르는 물(水)의 이동 방향(方向)은 좌측에서 우측으로 흐르는 【우선수(右旋水)】가 되어야 한다.

3. 좌향(坐向)의 위치 판단은 【좌선룡(左旋龍) 원칙】이다. 즉 굽이굽이 흐르는 산맥 즉 용(龍)의 위치에서, 위에서 아래고 보았을 때 산맥이 좌측에서 우측으로 휘어진 곳에서 음택과 양택의 좌향(坐向)의 위치를 선택해야 되고, 이곳에서 88향법을 결정한다.

4. 자생향 지형에서, 목국(木局), 화국(火局), 금국(金局), 수국(水局)의 조건 중에서 찾는다.

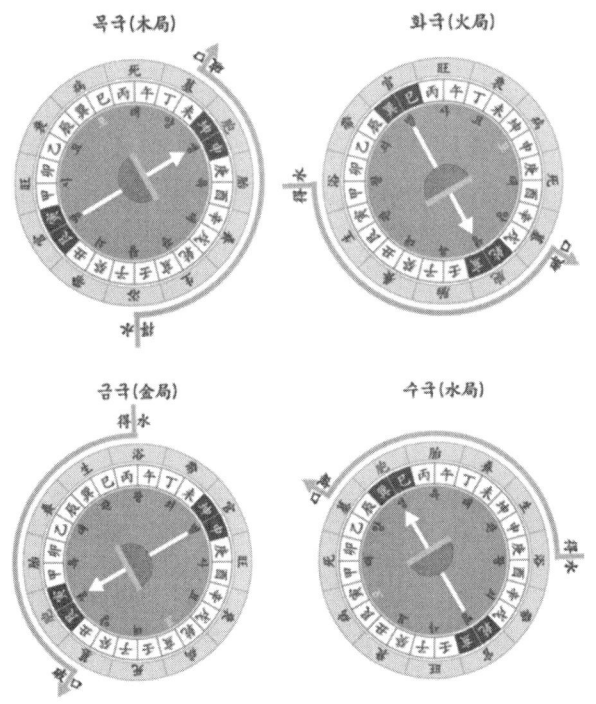

5. 88향법 좌향 최종 판단법

국(局)	파구(破口)	향(向)	최종 결정 방향(方向)
목국(木局)	정미(丁未)	곤신(坤申)	간좌곤향(艮坐坤向), 인좌신향(寅坐申向)
화국(火局)	신술(辛戌)	건해(乾亥)	손좌건향(巽坐乾向), 사좌해향(巳坐亥向)
금국(金局)	계축(癸丑)	간인(艮寅)	곤좌간향(坤坐艮向), 신좌인향(辛坐寅向)
수국(水局)	을진(乙辰)	손사(巽巳)	건좌손향(乾坐巽向), 해좌사향(亥坐巳向)

6. 자생향(自生向) 88향법 좌향은 부귀하고, 장수한다. 그러나 좌선수(左旋水)이거나 흉(凶)한 방향이면 패절(敗絶)한다.

(9) 자왕향(自旺向) 좌향(坐向) 판단법

《〈자왕향 지형 조건〉》

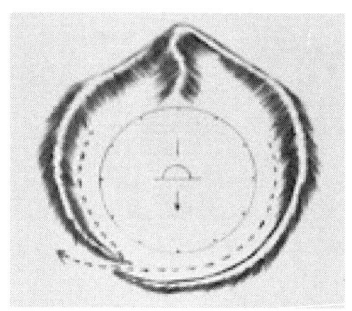

1. 파구(破口)는 12운성(포태법)의 묘(墓)에 있다.

2. 좌향(坐向) 위치에서 위에서 아래로 보았을 때 최초 흐르는 물(水)의 이동 방향(方向)은 좌측에서 우측으로 흐르는 【좌선수(左旋水)】가 되어야 한다.

3. 좌향(坐向)의 위치 판단은 【우선룡(右旋龍) 원칙】이다. 즉 굽이굽이 흐르는 산맥 즉 용(龍)의 위치에서, 위에서 아래고 보았을 때 산맥이 좌측에서 우측으로 휘어진 곳에서 음택과 양택의 좌향(坐向)의 위치를 선택해야 되고, 이곳에서 88향법을 결정한다.

4. 자왕향 지형에서, 목국(木局), 화국(火局), 금국(金局), 수국(水局)의 조건 중에서 찾는다.

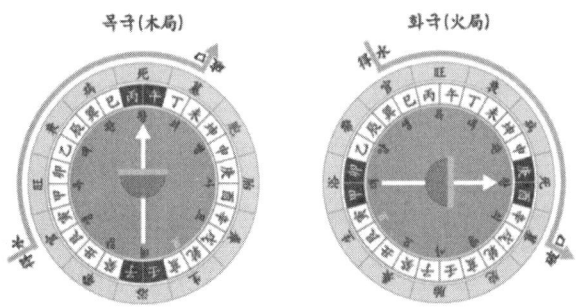

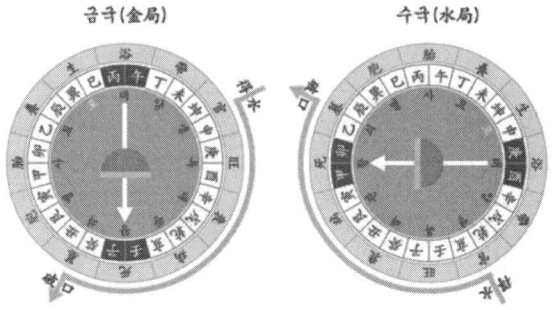

5. 88향법 좌향 최종 판단법

국(局)	파구(破口)	향(向)	최종 결정 방향(方向)
목국 (木局)	정미 (丁未)	병오 (丙午)	임좌병향(壬坐丙向), 자좌오향(子坐午向)
화국 (火局)	신술 (辛戌)	경유 (庚酉)	갑좌경향(甲坐庚向), 묘좌유향(卯坐酉向)
금국 (金局)	계축 (癸丑)	임자 (壬子)	병좌임향(丙坐壬向), 오좌자향(午坐子向)
수국 (水局)	을진 (乙辰)	갑묘 (甲卯)	경좌갑향(庚坐甲向), 유좌묘향(酉坐卯向)

6. 자왕향(自旺向) 88향법 좌향은 부귀(富貴)는 물론 자녀가 총명하고 번창 한다. 그러나 우선수(右旋水) 이거나 흉(凶)한 방향이면 대흉(大凶) 한다.

(10) 문고소수(文庫消水) 좌향(坐向) 판단법
《〈문고소수 지형 조건〉》

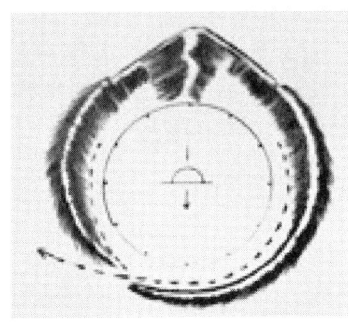

1. 파구(破口)는 12운성(포태법)의 태(胎)에 있다.

2. 좌향(坐向) 위치에서 위에서 아래로 보았을 때 최초 흐르는 물(水)의 이동 방향(方向)은 좌측에서 우측으로 흐르는 【좌선수(左旋水)】가 되어야 한다.

3. 좌향(坐向)의 위치 판단은 【우선룡(右旋龍) 원칙】이다. 즉 굽이굽이 흐르는 산맥 즉 용(龍)의 위치에서, 위에서 아래고 보았을 때 산맥이 좌측에서 우측으로 휘어진 곳에서 음택과 양택의 좌향(坐向)의 위치를 선택해야 되고, 이곳에서 88향법을 결정한다.

4. 문고소수 지형에서, 목국(木局), 화국(火局), 금국(金局), 수국(水局)의 조건 중에서 찾는다.

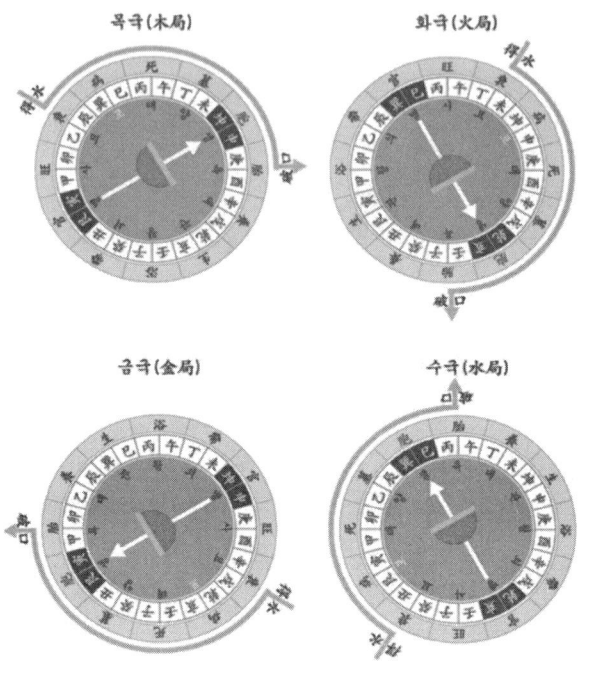

5. 88향법 좌향 최종 판단법

국(局)	파구(破口)	향(向)	최종 결정 방향(方向)
목국(木局)	경유(庚酉)	곤신(坤申)	간좌곤향(艮坐坤向), 인좌신향(寅坐申向)
화국(火局)	임자(壬子)	건해(乾亥)	손좌건향(巽坐乾向), 사좌해향(巳坐亥向)
금국(金局)	갑묘(甲卯)	간인(艮寅)	곤좌간향(坤坐艮向), 신좌인향(申坐寅向)
수국(水局)	병오(丙午)	손사(巽巳)	곤좌손향(乾坐巽向), 해좌사향(亥坐巳向)

6. 문고소수(文庫消水) 88향법 좌향은 부귀(富貴)와 총명한 자녀가 출생한다. 그러나 우선수(右旋水) 이거나 흉(凶)한 방향이면 대흉(大凶) 한다.

(11) 목욕소수(沐浴消水) 좌향(坐向) 판단법
〈〈목욕소수 지형 조건〉〉

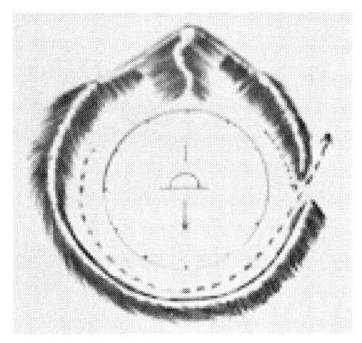

1. 파구(破口)는 12운성(포태법)의 태(胎)에 있다.

2. 좌향(坐向) 위치에서 위에서 아래로 보았을 때 최초 흐르는 물(水)의 이동 방향(方向)은 좌측에서 우측으로 흐르는 【우선수(右旋水)】가 되어야 한다.

3. 좌향(坐向)의 위치 판단은 【좌선룡(左旋龍) 원칙】이다. 즉 굽이굽이 흐르는 산맥 즉 용(龍)의 위치에서, 위에서 아래고 보았을 때 산맥이 좌측에서 우측으로 휘어진 곳에서 음택과 양택의 좌향(坐向)의 위치를 선택해야 되고, 이

곳에서 88향법을 결정한다.

4. 목욕소수 지형에서, 목국(木局), 화국(火局), 금국(金局), 수국(水局)의 조건 중에서 찾는다.

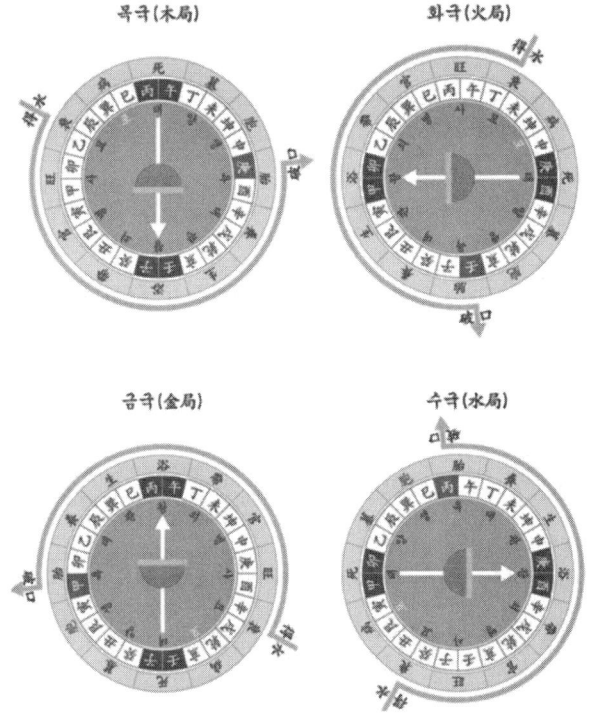

5. 88향법 좌향 최종 판단법

국(局)	파구(破口)	향(向)	최종 결정 방향(方向)
목국(木局)	경(庚)	임자(壬子)	병좌임향(丙坐壬向), 오좌자향(午坐子向)

화국 (火局)	임(壬)	갑묘 (甲卯)	경좌갑향(庚坐甲向), 유좌묘향(酉坐卯向)
금국 (金局)	갑(甲)	병오 (丙午)	임좌병향(壬坐丙向), 자좌오향(子坐午向)
수국 (水局)	병(丙)	경유 (庚酉)	갑좌경향(甲坐庚向), 묘좌유향(卯坐酉向)

6. 목욕소수(沐浴消水) 88향법 좌향은 자손이 크게 번창(繁昌) 한다. 그러나 좌선수(左旋水) 이거나 흉(凶)한 방향이면 대흉(大凶) 한다.

이상으로 11개의 신수법(神水法)에 대한 88개의 방향 즉 좌향(坐向)을 판단해 보았다.

특히 잘못된 좌향(坐向) 판단은, 어린 자손이 끊겨 절손되거나, 수명이 짧거나, 재산을 탕진하거나, 과부가 되거나, 음독자살을 하거나, 불구자가 된다.

이러한 것들을 도표로 취합해 보면 아래처럼 〈88항법 조견표〉로 나타낼 수가 있다.

독자들은 지금까지 전개시켜 온 11개의 신수법으로 88좌향을 판단할 수도 있고, 아래의 〈88항법 조견표〉를 이용해서 향(向)과 물이 빠져 나가는 파구(破口)만 알면, 우선룡과 좌선룡 원칙을 토대로 쉽게 좌향(坐向)을 판단 할 수 있다. 즉, 음, 양택에서 방향(方向)만 정해진다면 나머지 마무리 작업을 쉽게 행(行) 할 수가 있는 것이다.

이제 예제를 바탕으로 이들을 확인해 보자.

예1) 양택(陽宅)과 음택(陰宅)에서 좌향 즉 향(向)이 갑묘(甲卯) 방향이고 앞에 있는 최초 물길은 우측에서 좌측으로(우선수) 흐를 때 파구(破口) 방향이 임자(壬子)일 경우 길흉(吉凶)을 판단해 보자.

풀이) 갑묘(甲卯)와 임자(壬子)이므로 〈88향법 조견표〉를 보고 판단해 보면 '대길(大吉) 壬破 : 沐浴小水(右水致左)'가 되어 아주 좋은 방향이라는 뜻이다. 이때 패철의 최종 방향 결정시 자(子)에 침입하지 않도록 해야 한다. 그러나 갑묘(甲卯) 방향에서 파구가 계축(癸丑)일 경우는 흉(凶)이 되어 아주 나쁜 방향이란 뜻이다.

예2) 음택(陰宅)과 양택(陽宅)의 중심 부분에서 최초 좌향(坐向)의 방향을 결정하기 위해서 4층 나경으로 확인해본 결과 손사(巽巳)방향이었다.
이때 최초 산맥에 감싸고도는 물의 흐름을 확인해 본 결과 물은 좌에서 돌아서 우측으로 빠져나가고 있었다. 즉 좌수도우(左水到右)이고 파구는 우측에 있다. 이러한 조건에서 음택이나 양택에서 선택되어야될 방향(方向) 즉 기준방향(基準方向)은 어느 방향인가?

풀이) 음택(陰宅)과 양택(陽宅)의 중심 부분 즉 혈(穴) 부분에서 최초 산맥에 감싸고도는 최초 물의 방향은 좌에서 우측으로(좌선수) 흐르기 때문에 양택과 음택의 방향은 【우선룡(右旋龍) 원칙】을 적용시킨다.
이제 향(向) 즉 방향을 알았으니 룡(龍)과 혈(穴)이 존재하는 손사(巽巳) 방향과 파구(破口) 방향을 〈88향법 조견표〉를 통해서 확인해보면 된다.
따라서 파구(破口)는 좌선수(左水致(倒)右) 이면서 대길 방향(方向)은 향(向)은 손사(巽巳)이면서 파구가 병오(丙午) 방향일 때만 성립되므로 4층 나경으로 손사(巽巳)와 병오(丙午)를 〈88향법 조견표〉에서 확인해 보면 문고소수(文庫消水) 지형에서 방향이다. 이때 병오(丙午) 방향에서 오(午)자는 침입하지 말아야 한다.

  다른 것들도 위와 같이 양택과 음택에서의 좌향(坐向) 결정은 물이 빠져나가는 파구(破口)와 용(龍)에서의 방향과의 방위각으로 길흉(吉凶)을 판단해 주면 되는 것이다.
  원래 〈88향법 조견표〉는 120개의 길흉(吉凶) 방향으로 구성되어 있는 것이나, 여기서는 독자들에게 쉽게 활용시키기 위하여 길(吉) 방향은 대길(大吉)로 표시하였고, 흉(凶) 방향 모두는 흉에 대한 구체적인 내용은 기재하지 않고, 그냥 흉(凶)으로 표시만 하였다.

⟨88향법 조견표⟩

破口＼向	壬子	癸丑	艮寅	甲卯	乙辰	巽巳
壬子	대길(大吉) 壬破： 胎向胎流 (右水致左) ※子자에 침입하면 패절한다.	흉(凶)	흉(凶)	대길(大吉) 壬破： 沐浴小水 (右水致左) ※子자에 침입하면 패절한다.	흉(凶)	흉(凶)
癸丑	대길(大吉) 自旺向 (左水致右)	흉(凶)	대길(大吉) 自生向 (右水致左)	흉(凶)	흉(凶)	대길(大吉) 正生向 (右水致左)
艮寅	흉(凶)	대길(大吉) 正墓向 (左水致右) 細小右水	대길(大吉) 艮破： 絶向絶流 (右水致左) ※寅자에 침입하면 패절한다.	흉(凶)	대길(大吉) 正養向 (右水致左)	흉(凶)
甲卯	흉(凶)	흉(凶)	대길(大吉) 文庫消水 (左水致右) ※卯자에 침입하면 패절한다.	대길(大吉) 甲破： 胎向胎流 (右水致左) ※卯자에 침입하면 패절한다.	흉(凶)	흉(凶)
乙辰	대길(大吉) 正旺向 (左水致右)	흉(凶)	흉(凶)	대길(大吉) 自旺向 (左水致右)	흉(凶)	대길(大吉) 自生向 (右水致左)
巽巳	흉(凶)	흉(凶)	흉(凶)	흉(凶)	대길(大吉) 正墓向 (左水致右) 細小右水	대길(大吉) 巽破： 絶向絶流 (右水致左) ※巳자에 침입하면 패절한다.
丙午	흉(凶)	대길(大吉) 丙破： 衰向胎流 朝來左水穴 後破	흉(凶)	흉(凶)	흉(凶)	대길(大吉) 文庫消水 (左水致右) ※午자에 침입하면

向\破口	丙午	丁未	坤申	庚酉	辛戌	乾亥
		※평지에는 발복하나, 산에서는 패절한다.				패절한다.
丁未	흉(凶)	흉(凶)	흉(凶)	대길(大吉) 正旺向 (左水致右)	흉(凶)	흉(凶)
坤申	흉(凶)	흉(凶)	흉(凶)	흉(凶)	흉(凶)	흉(凶)
庚酉	대길(大吉) 庚破: 沐浴消水 (右水致左) ※酉자에 침입하면 패절한다.	흉(凶)	흉(凶)	흉(凶)	대길(大吉) 庚破: 衰向胎流 朝來左水穴 後破 ※평지에는 발복하나, 산에서는 패절한다.	흉(凶)
辛戌	흉(凶)	흉(凶)	대길(大吉) 正生向 (右水致左)	흉(凶)	흉(凶)	흉(凶)
乾亥	흉(凶)	대길(大吉) 正養向 (右水致左)	흉(凶)	흉(凶)	흉(凶)	흉(凶)

向\破口	丙午	丁未	坤申	庚酉	辛戌	乾亥
壬子	흉(凶)	대길(大吉) 壬破: 衰向胎流 朝來左水 穴後破 ※평지에는 발복하나, 산에서는 패절한다.	흉(凶)	흉(凶)	흉(凶)	대길(大吉) 文庫消水 (左水致右) ※子에 침입하면 패절한다.
癸丑	흉(凶)	흉(凶)	흉(凶)	대길(大吉) 正旺向 (左水致右)	흉(凶)	흉(凶)
艮寅	흉(凶)	흉(凶)	흉(凶)	흉(凶)	흉(凶)	흉(凶)

甲卯	대길(大吉) 甲破 : 沐浴消水 (右水致左) ※卯자에 침입하면 패절한다.	흉(凶)	흉(凶)	흉(凶)	대길(大吉) 甲破 : 衰向胎流 朝來左水 穴後破 ※평지에는 발복하나, 산에서는 패절한다.	흉(凶)
乙辰	흉(凶)	흉(凶)	대길(大吉) 正生向 (右水致左)	흉(凶)	흉(凶)	흉(凶)
巽巳	흉(凶)	대길(大吉) 正養向 (右水致左)	흉(凶)	흉(凶)	흉(凶)	흉(凶)
丙午	대길(大吉) 甲破 : 胎向胎流 (右水致左) ※午자에 침입하면 패절한다.	흉(凶)	흉(凶)	대길(大吉) 庚破 : 沐浴消水 (右水致左) ※午자에 침입하면 패절한다.	흉(凶)	흉(凶)
丁未	대길(大吉) 自旺向 (左水致右)	흉(凶)	대길(大吉) 自生向 (右水致左)	흉(凶)	흉(凶)	대길(大吉) 正生向 (右水致左)
坤申	흉(凶)	대길(大吉) 正墓向 (左水致右) 細小右水	대길(大吉) 坤破 : 絶向絶流 (右水致左) ※申자에 침입하면 패절한다.	흉(凶)	正養向 (右水致左)	흉(凶)
庚酉	흉(凶)	흉(凶)	대길(大吉) 文庫消水 (左水致右)	대길(大吉) 庚破 : 胎向胎流 (右水致左) ※酉자에 침입하면 패절한다.	흉(凶)	흉(凶)
辛戌	대길(大吉) 正旺向 (左水致右)	흉(凶)	흉(凶)	대길(大吉) 自旺向 (左水致右)	흉(凶)	대길(大吉) 自生向 (右水致左)

乾亥	흉(凶)	흉(凶)	흉(凶)	흉(凶)	대길(大吉) 正墓向 (左水致右) 細小右水	대길(大吉) 乾破 : 絶向絶流 (右水致左) ※亥자에 침입하면 패절한다.

　지금까지는 음택(陰宅)과 양택(陽宅)에서 최초 물(水)이 들어오는 득수(得水)와 만나서 빠져나가는 파구(破口)가 눈으로 보일 때, 좌향(坐向) 즉 방향(方向) 결정법을 〈88향법 조견표〉를 통해서 확인해 보았다.

2. 향법 판단법(2)

　앞절 향법 판단법(1)에서는 당나라 양균송의 〈88향법 조견표〉를 참고 해서 좌향(坐向)의 길흉(吉凶)을 판단하였다.
　그러나 실제 현장(現場)에서 적용시키는 풍수(風水)의 지형은 다양하고, 또한 〈88향법 조견표〉를 맞추어 판단해 나간다는 규칙이 강하게 작용 된다는 것들도 존재한다.
　원래 12운성(포태법)은 지형에 따라서 나경 8층으로 측정했을 때 물이 빠져나가는 파구(破口)와 들어오는 득수(得水)에 의거 좌향(坐向)을 판단하기가 어려운 경우도 있겠다. 이러한 조건들을 참조해서 여기서는 향법 판단법(2)를 다루어 보자.
　양균송의 〈88향법 조견표〉와 여기서 소개하는 향법 판단법(2)은 원천적으로 동일하다. 그러나 다소 이견을 달리하는 부분들은 한나라 때 부터 적용시켜온 4층 지반정침(地盤正針)에서 혈(穴)의 흐름 방향에 따른 좌향(坐向) 판단법과 송나라 때 지리신법(地理申法) 등의 풍수(風水)에 따른 것으로 본다.

따라서 독자들은 향법 판단법(1)의 〈88향법 조견표〉와 향법 판단법(2)를 서로 비교해서 쉽고, 편리한 방법을 선택해서 활용해 주길 바란다.

이제 향법 판단법(2)를 제시할 것이다.

이것을 판단하려면 우선 아래처럼 12운성(포태법)에 따른 좌향(坐向) 길흉법을 알아야 한다.

〈12운성(포태법)에 따른 좌향(坐向) 길흉법〉

구분	12운성	뜻	88향법 판단	득수(得水) 및 파구(破口) 방향
태동기	태(胎)	태기가 생김	빈고핍사 (貧苦乏嗣)	흉(凶) ※경우에 따라서 사용	태(胎) 방향으로 득수(得水)되면 흉(凶)하나, 파구(破口)되면 큰 벼슬에 오른다.
	양(養)	모체에서 태기가 성장	별무발복 (別無發福)	길(吉)	양(養) 방향으로 득수(得水)되면 부귀(富貴)하나, 파구(破口)되면 단명(短命)하고, 절손(絶孫)한다.
성장기	장생(長生)	신생아가 태어남	왕정발재 (旺丁發財)	길(吉)	장생(長生) 방향으로 득수(得水)되면 부귀(富貴)하나, 파구(破口)되면 단명(短命)하고, 절손(絶孫)한다.
	목욕(沐浴)	신생아 목욕시켜 모체와 분리	음란도사 (淫亂賭奢)	흉(凶)	목욕(沐浴) 방향으로 득수(得水)되면, 패가망신(敗家亡身)하고, 파구(破口)되면 부귀를 얻는다.
	관대(冠帶)	성장(결혼)하고 활동 단계	등과급제 (登科及第)	길(吉)	관대(冠帶) 방향으로 득수(得水)되면, 총명한 자손이 나오고, 파구(破口)되면 과부나 고아가 난다.

	건록(建祿)	벼슬을 하고 재물을 모음	등과부귀(登科富貴)	길(吉)	건록(建祿) 방향으로 득수(得水)되면, 고위직에 오르나, 파구(破口)되면, 총명한 자손이 먼저 죽는다.
	제왕(帝旺)	최고 절정기 단계	부귀왕정(富貴旺丁)	길(吉)	제왕(帝旺) 방향으로 득수(得水)되면, 큰 재물을 얻고, 파구(破口)되면, 하루아침에 망한다.
쇠퇴기	쇠(衰)	내리막길 단계	정재안정(丁財安定)	길(吉)	쇠(衰) 방향으로, 득수(得水) 혹은 파구(破口)되면, 부귀(富貴)가 축척된다.
	병(病)	병이 들고 쇠약 단계	장병패산(長病敗産)	흉(凶)	병(病) 방향으로, 득수(得水) 혹은 파구(破口)되면, 흉(凶)하여, 전사하거나 자살한다.
	사(死)	죽음 단계	장병패산(長病敗産)	흉(凶)	사(死) 방향으로, 득수(得水)하면 집안이 망하고, 파구(破口)되면 번창한다.
	묘(墓)	무덤에 묻힘 단계	장병패망(長病敗亡)	흉(凶) ※경우에 따라서 사용	묘(墓)방향으로, 득수(得水)하면 집안이 망하고, 파구(破口)되면 번창한다.
	절(絶)	무덤 형태가 없어진 상태	빈고핍사(貧苦乏嗣)	흉(凶) ※경우에 따라서 사용	절(絶)방향으로 득수(得水)되면 흉(凶)하나, 파구(破口)되면 큰벼슬에 오른다.

※〈참고1〉 12운성 중 태(胎) 방향의 좌향(坐向)은 빈고핍사(貧苦乏嗣)라고 해서 흉(凶)하다. 그러나 태(胎) 방향으로 물이 득수(得水)되면 흉(凶)하나, 태(胎)방향으로 파구(破口)되면 큰 벼슬에 오른다는 뜻이다.
※〈참고2〉 좌향으로 놓을 수 있는 양(養), 장생(長生), 건록(建祿), 관대(冠帶), 제왕(帝旺)은 득수(得水)되면 좋으나 파구(破口)되면 나쁘다.
※〈참고3〉 태(胎), 묘(墓), 절(絶) 방향은 득수(得水)되면 흉(凶)하나 파구(破口)되면 좋다.
※〈참고4〉 병(病) 방향은 파구(破口)나 득수(得水)에 상관 없이 모두 흉(凶)하기 때문에 좌향(坐向)으로 놓을 수 없다.
이것들을 종합해 보면,
• 좌향(坐向) 판단 때 득수(得水)처가 길(吉)한 경우 : 양(養), 장생(長生), 관대(冠帶), 건록(建祿), 제왕(帝旺), 왕, 쇠(衰) 방위
• 좌향(坐向) 판단 때 파구(破口)처가 길(吉)한 경우 : 태(胎), 쇠(衰), 목욕(沐浴), 사(死), 묘(墓), 절(絶) 방위
• 득수, 파구처 모두 흉(凶) 방위 : 병(病) 방위

이제, 위에서 설명된 12운성(포태법)에 따른 좌향(坐向) 길흉법을 바탕으로, 각국(各局)에 적용되는 12운성(포태법)의 방향을 토대로 좌향(坐向)을 최종 판단해 보자.

12운성(포태법)에 따른 좌향법(坐向法)을 판단하기 위해서는, 풍수(風水) 좌향 판단 전용으로 제작된 〈포태법 패철〉을 구입하여 사용하면 쉽게 판단 할 수가 있다.

그러나 〈포태법 패철〉이 없어도 12운성이 표시된 〈포태법 윗판〉을 구입해서 이것을 〈일반 패철〉에 삽입해서 풍수(風水) 좌향(坐向)을 판단해도 무방하다.

따라서 일반적으로 사용하는 〈패철〉로 풍수의 좌향(坐向)을 판단 할 경우에는 〈포태법 윗판〉이 있어야 된다.

여기서는 일반 〈패철〉에 〈포태법 윗판〉을 삽입해서 풍수 좌향을 판단해 보도록 한다.

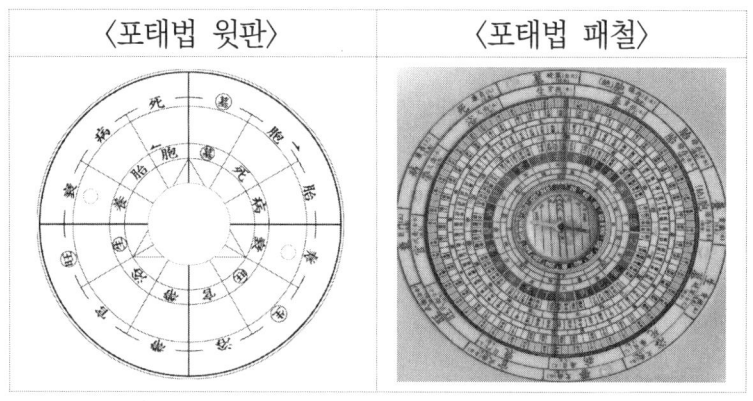

| 〈포태법 윗판〉 | 〈포태법 패철〉 |

12운성(포태법)에 따른 좌향(坐向) 판단은 아래처럼 파구(破口)의 방향을 기준으로 결정한다.

국(局)	파구(破口)
목국(木局)	정미(丁未), 곤신(坤申), 경유(庚酉) 방향
화국(火局)	신술(辛戌), 건해(乾亥), 임자(壬子) 방향
금국(金局)	계축(癸丑), 간인(艮寅), 갑묘(甲卯) 방향
수국(水局)	을진(乙辰), 손사(巽巳), 병오(丙午) 방향

　예를 들면 좌향(坐向)을 결정하려는 혈(穴)자리 위치에서 파구가 패철 8층으로 측정해보니 정미(丁未), 곤신(坤申), 경유(庚酉) 방향이라면 포태법은 목국(木局)에 해당되는 것이며, 을진(乙辰), 손사(巽巳), 병오(丙午) 방향으로 파구가 존재한다면 이것은 수국(水局)에 해당되는 것이다. 따라서 해당되는 국(局)의 첫 번째 방위에서 포태법 윗판의 묘(墓)자를 위치시키고, 좌향을 결정해 주면 된다. 이제부터 각국(各局)의 좌향(坐向)을 판단해 보도록 한다.

■ 좌향(坐向) 판단 기준은 4층인가? 8층인가?

좌향(坐向) 판단 기준은 4층인가? 8층인가? 이것은 풍수사(風水士) 사이에서 논쟁(論爭)이 되고 있다. 이것을 확인하려면 패철(나경)의 발전사를 알아야 된다.
• 4층 지반정침(地盤正針)은 중국의 한나라 때 12방위를 사용하면서 좌향(坐向)을 판단해 왔는데, 이때는 산맥에서 흐르는 혈(穴)의 방향으로 좌향을 결정해 왔다.
　지금도 어떤 풍수사(風水士)들은 좌향을 결정할 때 반대

편 높은 곳에 올라가서 혈(穴)이 흐르는 방향으로 좌향을 결정하는 경우가 있는데, 이것은 한나라 때의 좌향판단법 즉 4층 지반정침(地盤正針)을 기준으로 좌향을 판단하는 것이다.

- 6층 인반중침(人盤中針)은 중국 송나라의 뢰태소에 의해서 만들어졌는데, 이것은 4층 지반정침보다 7.5도 뒤처진 방위를 사용하고 있다.
- 8층 천반봉침(天盤縫針)은 24방위를 사용하며, 이는 당나라 때 구빈(救貧) 양균송이가 물이 빠져나가는 파구(破口)를 기준으로 88향법의 좌향이 만들어졌다. 이는 4층 지반정침보다 7.5도 앞선 방위를 사용하고 있다.

양균송의 88향법 적용 이때부터는,

- 4층(地盤正針)은 움직이지 않는 음(陰)의 성질을 측정한다. 즉, 산맥(山脈), 입수룡은 물론 양택(陽宅)에서는 내부 구조에 해당 되는 기두, 동, 서사택 판단 등의 가택구성법(家宅九星法)을 판단할 때 사용 되었다.
- 8층 천반봉침(天盤縫針)은 움직이는 양(陽)의 성질을 측정한다. 즉, 물(水), 바람, 도로(道路), 득수(得水), 파구(破口)등을 물론 양택(陽宅)에서는 외부 방향 즉 좌향을 판단 할 때 사용한다.

본 책에서는 앞 절에서 설명해 온 패철(나경) 사용법은 물론 양균송의 88향법을 기준으로 8층 천반봉침(天盤縫

針)에서 판단하였다.

또한 양택(陽宅)의 내부구조(동서사택, 기두 등)는 물론 산맥(山脈), 입수룡 등의 음(陰)의 성질을 판단할 때는 4층 지반정침(地盤正針)에서 판단하였다.

※〈참고2〉 만약 좌향(坐向) 판단에서 4층과 8층을 서로 혼돈해서 적용시킨다면, 이때는 15도의 차이가 발생되므로 이는 풍수 좌향에서 큰 착오(錯誤)가 발생하게 된다.

(1) 목국(木局)에서 좌향(坐向) 판단법

좌향(坐向)이 결정될 지점에서 패철 8층의 정미(丁未), 곤신(坤申), 경유(庚酉) 방향으로 물이 빠져나가는 파구(破口)가 있는 것은 목국이다.

목국(木局)을 포태법 윗판으로 맞추려면 아래처럼 패철 8층 정미(丁未) 윗부분에 포태법 윗판의 묘(墓)자를 위치시킨다.

〈포태법 윗판〉	파구(破口)가 목국(木局)인 경우 〈포태법 윗판〉을 패철 8층의 정미(丁未) 위에 묘(墓)자를 위치시킨다.
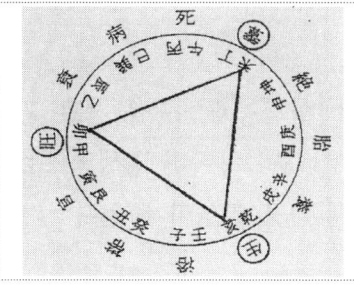	

이렇게 정반정침(正盤正針)에서 목국에서 패철 8층 정미(丁未)의 위치에 포태법 윗판의 묘(墓)자를 위치 시켰다면, 혈(穴)이 내려오는 방향을 기준으로 황천살(黃泉殺), 황천풍(黃泉風) 등은 물론 머리를 둘 수 없는 회두극좌(回頭剋坐) 방향(方向)이 아니어야 한다.

따라서, 물이 빠져나가는 파구(破口)가 목국인 경우, 패철 8층의 정미(丁未)에 포태법 윗판의 묘(墓)자를 그대로 위치 시켜둔 상태에서 최종 좌향(坐向) 판단 방향은 포태법 윗판을 기준으로 좌향을 판단해 준다.

이때 결정해 주는 방향은 앞절 〈12운성(포태법)에 따른 좌향(坐向) 길흉법〉을 참고하고, 또한 파구와 득수를 고려해서 12운성 중 양(養), 장생(長生), 관대(冠帶), 건록(建祿), 제왕(帝旺), 쇠(衰) 방향은 물론 태(胎), 묘(墓), 절(絶) 방향으로도 파구와 득수의 조건만 맞으면 최종 좌향으로 결정해 주면 된다.

(예를 들면) 좌향(坐向)이 묘(墓) 방향인 경우 물이 득수(得水)되면 집안이 망하나, 파구(破口)되면 번창(繁昌)한다. 따라서 좌향이 묘(墓) 방향인 경우, 묘(墓) 방향으로 파구가 존재한다면 좋은 좌향(坐向)이 된다. 그러나 파구나 득수에 상관없이 병(病) 방향인 경우의 좌향은 모두 흉(凶)하기 때문에 놓을 수가 없는 방향이다. 앞〈12운성(포태법)에 따른 좌향(坐向) 길흉법〉 참조.

물론 좌향(坐向)을 결정할 때는 우선수(右旋水), 좌선수(左旋水) 및 우선룡(右旋龍), 좌선룡(左旋龍) 원칙은 기본적으로 적용시켜야 된다.

이제 독자들을 위해서 다시 한번 더 좌향(坐向) 판단법을 처음부터 상세히 설명하면 다음과 같다.

1. 용(龍)을 따라 혈(穴)이 내려와서 뭉쳐있는 자리에서 좌향(坐向)을 잡는다.

2. 좌향을 잡는 자리에서 패철은 아래처럼 항시 4층의 정반정침(正盤正針) 즉 나침판은 북(北)과 남(南)을 가리키도록 한다.

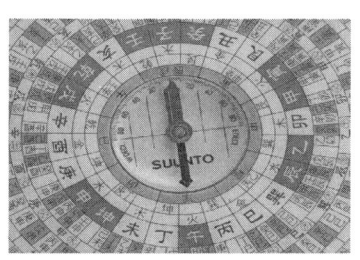

3. 정반정침(正盤正針)이 된 상태에서 혈(穴)이 흐른 후 뭉쳐있는 지점에서 좌향(坐向)을 설정한다.

또한 혈(穴)이 흐르는 좌향(坐向) 방향은 황천살(黃泉殺), 황천풍(黃泉風)은 물론 머리를 둘 수 없는 회두극좌(回頭剋坐) 방향(方向)이 아니어야 한다.

4. 좌향을 잡는 자리에서 물이 빠져나가는 파구(破口)를 보니, 파구는 8층 패철에서 정미(丁未) 방향이었다고 가정하면, 이것은 사국(四局) 중 정미(丁未), 곤신(坤申), 경유(庚酉) 방향이 되므로 목국(木局)에 해당 된다. 따라서 목국에서는 포태법 윗판의 묘(墓)자 위치를 아래처럼 8층 정미(丁未) 방향에 맞춘다.

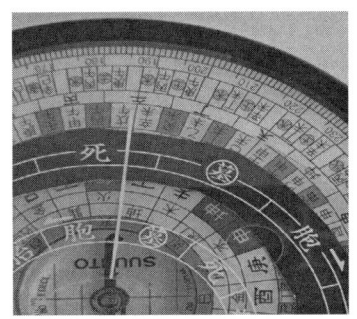

5. 보통 음(陰), 양택(陽宅)에서 좌향(坐向)의 결정 방향(方向)은 햇볕을 고려해서 동(東)쪽이나 혹은 남(南)쪽으로 결정해 준다. 그러나 상황에 따라서는 북(北)쪽으로 좌향 방향을 결정되는 경우도 있는데, 이 경우는 반드시 뒷산이 낮아야 되고, 북쪽은 앞이 확 트이고 멀리 보이는 곳이어야만 북향

(北向)을 놓을 수 있다.

6. 지금까지 좌향(坐向)을 잡는 자리 즉 혈(穴)의 자리에서 정방정침(正盤正針), 황천살(黃泉殺), 황천풍(黃泉風), 회두극좌(回頭剋坐), 우, 좌선수 및 우, 좌선룡 방향을 확인하였고, 또한 파구(破口)가 패철 8층에서 정미(丁未) 방향이니 목국(木局)이 되어 포태법 윗판의 묘(墓)자를 패철 8층 정미(丁未) 방향에 맞추었다.

또한 혈(穴)이 뭉쳐있는 방향에서, 햇볕이 잘들고, 양(陽)기운이 강하고, 또한 한 동남(東南)쪽의 방향을 참조하고, 〈12운성(포태법)에 따른 좌향(坐向) 길흉법〉을 통해서 8층 패철로 측정해 보니, 다소 괜찮은 좌향은 3개(붉은 줄) 정도 판단되었다.

- (1번)은 북동쪽 방향으로 8층으로 측정해보면, 오좌자향(午坐子向)이며, 포태법 윗판은 관대(冠帶) 방향이 되어 득수(得水)되면, 총명한 자손이 나오지만, 파구(破口)가 되면 과부나 고아가 난다.
- (2번)은 동남쪽 방향으로 8층으로 측정해보면, 병좌임향(丙坐壬向)이며, 포태법 윗판은 제왕(帝旺) 방향이 되어, 득수(得水)되면, 큰 재물을 얻지만, 파구(破口)되면, 하루아침에 망한다.
- (3번)은 동남쪽 방향으로 8층으로 측정해보면, 을좌신향(乙坐辛向)이며 포태법 윗판은 양(養) 방향이 되어 득수(得水)되면 부귀(富貴)하나, 파구(破口)되면 단명(短命)하고, 절손(絶

孫)한다.

(1번) 북동쪽 방향, 8층의 오좌자향(午坐子向)방향, 포태법 윗판은 관대(冠帶)방향	(2번) 동남쪽 방향, 8층의 병좌임향(丙坐壬向)방향, 포태법 윗판은 제왕(帝旺)방향
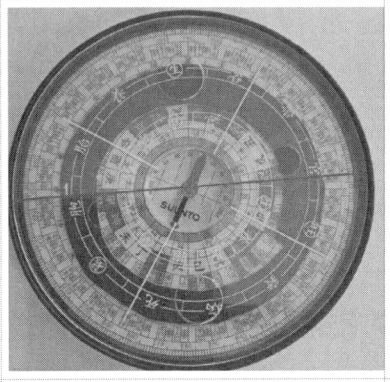	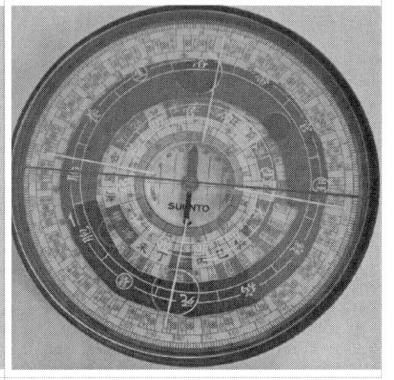
(3번) 동남쪽 방향, 8층의 을좌신향(乙坐辛向)방향, 포태법 윗판은 양(養)방향	
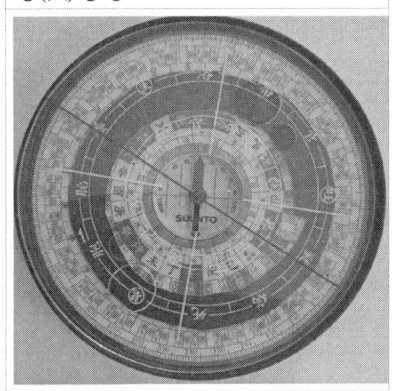	

위와 같이 위에서 판단된 3가지 좌향(坐向) 중 (1)번의 경우는 북동쪽이라 귀문방(鬼門方)에 속하기 때문에 통상적으로 좌향을 잘 두지 않는 방향에 속하나, (2번)과 (3)번은 동남쪽이라 양(陽)의 기운이 강한 방향에 해당되므로 좌향 방향으로 합당하다. 따라서 파구(破口)가 없는 경우라면 〈12운성(포태법)에 따른 좌향(坐向) 길흉법〉에 의거 좋은 좌향이 되므로 결정할 수가 있다.

 따라서, 나쁨 영향을 주는 황천살(黃泉殺), 황천풍(黃泉風) 그리고 머리를 둘 수 없는 회두극좌(回頭剋坐) 방향과 각종 지형 형상에서 악(惡)영향을 주지 않는 외부 조건은 물론 자신의 사주(四柱)에 나쁜 영향을 주는 방향은 제외하고 좌향을 선택해 주면 된다.

 만약 결정해야 될 좌향(坐向)이 포태법의 병(病) 방향이라면, 이는 흉(凶) 방향이 되어 놓을 수가 없는 방향이 되는데, 이런 경우는 최초 좌향 방향을 수정해서 방향을 조정해 본다. 즉 통상적으로 햇볕이 많은 동남(東南)쪽 이면서, 좋은 방향은 물론, 흉(凶) 방향이라도 파구(破口)나 득수(得水) 등의 조건이 맞으면 좌향(坐向)을 놓을 수 있는 방향으로 결정해 주면 된다.

 만약 좌향이 결정되는 지형(地形)에서 파구(破口) 등을 조정해서 좌향의 위치를 결정했는데도 불구하고, 좋은 좌향이 없는 경우는 본래 명당(明堂) 자리가 아닌 것으로 판단한다.

 이어서 설명될 다른 모든 각국(各局)에 대한 좌향(坐向) 판단들은 위에서 설명된 내용을 토대로 독자들은 판단해 주면 된다.

(2) 화국(火局)에서 좌향(坐向) 판단법

좌향(坐向)이 결정될 지점에서 패철 8층의 신술(辛戌), 건해(乾亥), 임자(壬子) 방향으로 물이 빠져나가는 파구(破口)가 있는 것은 화국이다.

화국(火局)을 포태법 윗판으로 맞추려면 아래처럼 패철 8층 신술(辛戌) 윗부분에 포태법 윗판의 묘(墓)자를 위치시킨다.

| 〈포태법 윗판〉 | 파구(破口)가 화국(火局)인 경우〈포태법 윗판〉을 패철 8층의 신술(辛戌) 위에 묘(墓)자를 위치시킨다. |

이렇게 화국에서 패철 8층 신술(辛戌)에 포태법 윗판의 묘(墓)자를 위치시켰다면, 좌향(坐向)을 잡는 위치의 패철은 정반정침(正盤正針)이 되어야 하고, 혈(穴)이 내려오는 방향을 기준으로 황천살(黃泉殺), 황천풍(黃泉風) 등은 물론 머리를 둘 수 없는 회두극좌(回頭剋坐) 방향(方向)이 아니어야 한다.

따라서, 물이 빠져나가는 파구(破口)가 화국인 경우, 패철 8층 신술(辛戌)에 포태법 윗판의 묘(墓)자를 그대로 위치 시켜

둔 상태에서 최종 좌향(坐向) 판단 방향은 패철 8층에서 결정해 주면 된다.

이때 결정해 주는 방향은 파구와 득수를 고려해서 12운성 중 양(養), 장생(長生), 관대(冠帶), 건록(建祿), 제왕(帝旺), 쇠(衰) 방향은 물론 태(胎), 묘(墓), 절(絶) 방향으로 결정해 주는데, 이때는 파구와 득수의 조건만 맞으면 최종 좌향으로 결정해 주면 된다.

물론 좌향(坐向)을 결정할 때는 우선수(右旋水), 좌선수(左旋水) 및 우선룡(右旋龍), 좌선룡(左旋龍) 원칙은 기본적으로 적용시켜야 된다.

(3) 금국(金局)에서 좌향(坐向) 판단법

좌향(坐向)이 결정될 지점에서 패철 8층의 계축(癸丑), 간인(艮寅), 갑묘(甲卯) 방향으로 물이 빠져나가는 파구(破口)가 있는 것은 금국이다.

금국(金局)을 포태법 윗판으로 맞추려면 아래처럼 패철 8층 계축(癸丑) 윗부분에 포태법 윗판의 묘(墓)자를 위치시킨다.

〈포태법 윗판〉	파구(破口)가 금국(金局)인 경우 〈포태법 윗판〉을 패철 8층의 계축(癸丑) 위에 묘(墓)자를 위치시킨다.

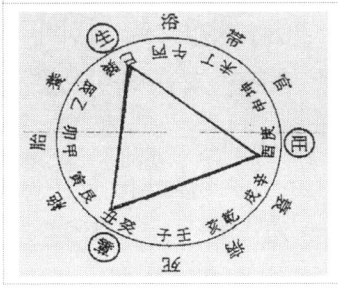 

 이렇게 금국에서 패철 8층 계축(癸丑)의 위치에 포태법 윗판의 묘(墓)자를 위치시켰다면, 좌향(坐向)을 잡는 위치에서의 패철은 정반정침(正盤正針)이 되어야 하고, 혈(穴)이 내려오는 방향을 기준으로 황천살(黃泉殺), 황천풍(黃泉風) 등은 물론 머리를 둘 수 없는 회두극좌(回頭剋坐) 방향(方向)이 아니어야 한다.
 따라서, 물이 빠져나가는 파구(破口)가 금국인 경우, 패철 8층 계축(癸丑)에 포태법 윗판의 묘(墓)자를 그대로 위치 시켜둔 상태에서 최종 좌향(坐向) 판단 방향은 패철 8층에서 결정해 주면 된다.
 이때 결정해 주는 방향은 파구와 득수를 고려해서 12운성 중 양(養), 장생(長生), 관대(冠帶), 건록(建祿), 제왕(帝旺), 쇠(衰) 방향은 물론 태(胎), 묘(墓), 절(絶) 방향으로 결정하는데, 이때 파구와 득수의 조건만 맞으면 최종 좌향으로 결정해 주면 된다.

물론 좌향(坐向)을 결정할 때는 우선수(右旋水), 좌선수(左旋水) 및 우선룡(右旋龍), 좌선룡(左旋龍) 원칙은 기본적으로 적용시켜야 된다.

(4) 수국(水局)에서 좌향(坐向) 판단법

좌향(坐向)이 결정될 지점에서 패철 8층의 을진(乙辰), 손사(巽巳), 병오(丙午) 방향으로 물이 빠져나가는 파구(破口)가 있는 것이 수국이다.

수국(水局)을 포태법 윗판으로 맞추려면 아래처럼 패철 8층 을진(乙辰) 윗부분에 포태법 윗판의 묘(墓)자를 위치시킨다.

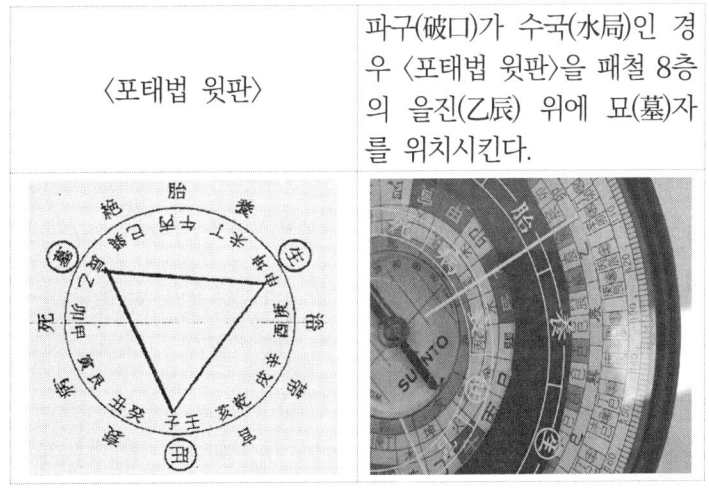

| 〈포태법 윗판〉 | 파구(破口)가 수국(水局)인 경우 〈포태법 윗판〉을 패철 8층의 을진(乙辰) 위에 묘(墓)자를 위치시킨다. |

이렇게 수국에서 패철 8층 을진(乙辰)의 위치에 포태법 윗판의 묘(墓)자를 위치 시켰다면, 좌향(坐向)을 잡는 위치에서의

패철은 정반정침(正盤正針)이 되어야 하고, 혈(穴)이 내려오는 방향을 기준으로 황천살(黃泉殺), 황천풍(黃泉風) 등은 물론 머리를 둘 수 없는 회두극좌(回頭剋坐, ※8장 참조) 방향(方向)이 아니어야 한다.

따라서, 물이 빠져나가는 파구(破口)가 수국인 경우, 패철 8층 을진(乙辰)에 포태법 윗판의 묘(墓)자를 그대로 위치 시켜 둔 상태에서 최종 좌향(坐向) 판단 방향은 패철 8층에서 결정해 주면 된다.

이때 결정해 주는 방향은 파구와 득수를 고려해서 12운성 중 양(養), 장생(長生), 관대(冠帶), 건록(建祿), 제왕(帝旺), 쇠(衰) 방향은 물론 태(胎), 묘(墓), 절(絶) 방향으로 판단해 주고, 이때 파구와 득수의 조건만 맞으면 최종 좌향으로 결정해 주면 된다.

물론 좌향(坐向)을 결정할 때는 우선수(右旋水), 좌선수(左旋水) 및 우선룡(右旋龍), 좌선룡(左旋龍) 원칙은 기본적으로 적용시켜야 된다.

참고적으로 음, 양택에서 좌향 결정 지점의 우선수(右旋水), 좌선수(左旋水)의 물길의 크기로 본 재물(財物) 판단법은 다음과 같다.

- ■ 좌선수, 우선수 크기로 본 재물(財物) 판단법
- 폭이 작고 빨리 흐르는 물인 경우는 큰 부자이기 보다는, 재물(財物)이 빨리 왔다가, 빨리 사라진다.
- 폭이 넓고, 서서히 흐르는 경우는 큰 재물(財物)이 모인다.
- 물이 빠져나가는 끝 부분의 모양이 넓으면 재물(財物)이 빨리 사라지며, 끝 부분의 모양이 좁으면 재물을 모을 수가 있다.

또한, 우선수 혹은 좌선수에서 물(水)의 흐름이 평탄하게 흐르거나 혹은 라운드형인 경우에서 득수(得水)와 파구(破口)의 위치 판단은 고개만 좌우로 돌려 보았을 때 8궁위(8칸) 위치가 된다.

즉, 좌향이 계좌정향(癸坐丁向)인 경우, 고개를 좌우로 돌려 보면, 정(丁) 방위에서 8궁위(8칸) 떨어진 갑(甲) 혹은 건(乾) 방위를 파구의 위치로 본다.

이렇게 해서, 독자들은 향법 판단법(1)에서 양균송 〈88향법 조견표〉를 판단해 보았고, 이어서 동일한 조건으로 적용되는 현장(現場) 풍수에서 많이 활용되는 향법 판단법(2)를 확인해 보았다. 따라서 독자들은 이들 중 편리한 것을 선택해서 좌향(坐向)을 판단 해 주길 바란다.

참고적으로 향법 좌향(坐向) 판단을 종합적으로 정리해 보면 아래와 같다. 참고해주길 바란다.

局別	木局		火局		金局		水局	
理氣論句	金羊收癸甲之靈		乙丙交而趨戌		斗牛納丁庚之氣		辛壬會而聚辰	
水來去 山龍別	得水 破水	來龍 入首	得水 破水	來龍 入首	得水 破水	來龍 入首	得水 破水	來龍 入首
四局	丁未, 坤申, 庚酉		辛戌, 乾亥, 壬子		癸丑, 艮寅, 甲卯		乙辰, 巽巳, 丙午	
正午行陰障	甲陽木	癸陰水	丙陽火	乙陰木	庚陽金	丁陰火	壬陽水	辛陰金
장생(長生)	乾亥	甲卯	艮寅	丙午	巽巳	庚酉	坤辛	壬子
목욕(沐浴)	壬子	艮寅	甲卯	巽巳	丙午	坤申	庚酉	乾亥
관대(冠帶)	癸丑	癸丑	乙辰	乙辰	丁未	丁未	辛戌	辛戌
임관(臨官)	艮寅	壬子	巽巳	甲卯	坤申	丙午	乾亥	庚酉
제왕(帝王)	甲卯	乾亥	丙午	艮寅	庚酉	巽巳	壬子	坤申
쇠(衰)	乙辰	辛戌	丁未	癸丑	辛戌	乙辰	癸丑	丁未
병(病)	巽巳	庚酉	坤申	壬子	乾亥	甲卯	艮寅	丙午
사(死)	丙午	坤申	庚酉	乾亥	壬子	艮寅	甲卯	巽巳
장(藏), 묘(墓)	丁未	丁未	辛戌	辛戌	癸丑	癸丑	乙辰	乙辰
포(胞), 절(絶)	坤申	丙午	乾亥	庚酉	艮寅	壬子	巽巳	甲卯
태(胎)	庚酉	巽巳	壬子	坤申	甲卯	乾亥	丙午	艮寅
양(養)	辛戌	乙辰	癸丑	丁未	乙辰	辛戌	丁未	癸丑
순(順), 역(逆)	順胞	逆胞	順胞	逆胞	順胞	逆胞	順胞	逆胞

※〈참고1〉양포태(陽胞胎) : 물(水)의 파구(破口)와 득수(得水)를 판단하는 것으로, 포태법 윗판이 시계방향으로 순행하는 것을 말함. 예를 들면 목국(木局)의 경우 정미(丁未)에서 묘(墓)가 시작되어-절(絶)-태(胎)-양(養)-생(生)-욕(浴)-대(帶)-관(官)-왕(旺)-쇠(衰)-병(病)-사(死)로 행하는 경우를 말한다.
양포태의 경우 득수(得水)가 생(生), 대(帶), 관(官), 왕(旺) 방향에 존재하면 대길(大吉)하고, 파구(破口)는 포(胞), 태(胎), 병(丙), 묘(墓) 방향에 존재하면 대길(大吉)하다.

※〈참고2〉음포태(陰胞胎) : 용(龍)의 길흉(吉凶)을 판단하는 것으로, 포태법 윗판을 반시계방향으로 순행하는 것을 말함. 예를 들면 목국(木局)의 경우 정미(丁未)에서 묘(墓)가 시작되어-절(絶)-태(胎)-양(養)-생(生)-욕(浴)-대(帶)-관(官)-왕(旺)-쇠(衰)-병(病)-사(死)로 행하는 경우를 말한다.
음포태의 경우 용(龍)의 방향이 생(生), 대(帶), 관(官), 왕(旺) 방향에 존재하면 대길(大吉)하고, 용(龍)의 방향이 포(胞), 태(胎), 병(丙), 묘(墓) 방향이면 흉(凶)하다.

※〈참고3〉금양수갑계지령(金羊收癸甲之靈) : 갑(甲)과 계(癸)는 미파구(未破口) 즉 순행하든지 혹은 역행하든지, 정미(丁未)에서 묘(墓)가 되어 다시 만난다.

※〈참고4〉을병교이추술(乙丙交而趨戌) : 패철 3층의 을(乙)과 병(丙)은 신술(辛戌)에서 묘(墓)가 되어 다시 만난다. 신술(辛戌)은 화국(火局)에서 묘(墓)이다.

※〈참고5〉두우납정경지지(斗牛納丁庚之氣) : 패철 3층의 정(丁)과 경(庚)은 축파구(丑破口)의 계축(癸丑)에서 묘(墓)가 되어 다시 만난다.

※〈참고6〉신임회이치진(辛壬會而聚辰) : 패철 3층의 신(辛)과 임(壬)은 진파구(辰破口)의 을진(乙辰)에서 묘(墓)가 되어 다시 만난다.

3. 향법(3) 파구(破口)가 없는 지형에서 향법 좌향(坐向) 판단법

도시(都市) 혹은 기타 지형에서는 물(水)이 빠져나가는 파구(破口)가 보이지 않거나 혹은 파구가 없기 때문에 파구를 찾을 수 없는 경우가 대부분이다.

이러한 경우 파구(破口) 위치 어떻게 판단해서 좌향(坐向)을 결정할까?

보통 이러한 경우에는 2가지로 구분해서 파구의 위치를 결정한다.

첫째는 좌향(坐向) 지점 즉 혈(血)의 자리를 멀리서 혹은 높은 곳에서 관측해 보면 낮은 지형이 존재하는데 이곳을 파구의 위치를 판단해서 좌향을 결정해 주면 된다.

둘째는 좌향(坐向) 지점 즉 혈(血) 자리를 패철의 3층의 삼합(三合)의 위치의 오행을 판단해서 파구를 결정해 주면 된다. 즉 패철 3층 삼합 오행 중 목(木), 화(火), 금(金), 수(水) 방향에서 국(局)을 찾는다.

예를 들면, 혈(穴)의 자리 위치를 패철 3층으로 방향을 판단해 보니, 삼합 오행 중 목(木)에 해당 된다면 이것은 파구가 목국(木局)에 해당되는 것이며, 삼합 오행이 화(火)에 해당 된다면 이것은 파구가 화국(火局)에 해당되는 것으로 판단해서 좌향(坐向)을 결정해 주면 된다.

이러한 논리는 아래와 같다.

삼합(4층 방위)			파구(破口) (물이 빠져 나가는 방위)
수국 (水局)	申子辰	坤申(帝旺龍, 長生向)	물이 乙辰, 巽巳, 丙午 방위 로 빠져나간다.
		壬子(帝旺向, 長生龍)	
		乙辰(墓破)	
목국 (木局)	亥卯未	乾亥(帝旺龍, 長生向)	물은 丁未, 坤申, 庚酉 방위 로 빠져나간다.
		甲卯(帝旺向, 長生龍)	
		丁未(墓破)	
화국 (火局)	寅午戌	艮寅(帝旺龍, 長生向)	물은 辛戌, 乾亥, 壬子 방위 로 빠져나간다.
		丙午(帝旺向, 長生龍)	
		辛戌(墓破)	
금국 (金局)	巳酉丑	巽巳(帝旺龍, 長生向)	물은 癸丑, 艮寅, 甲卯 방위 로 빠져나간다.
		庚酉(帝旺向, 長生龍)	
		癸丑(墓破)	

만약, 음택이나 양택에서 좌향(坐向) 위치를 나경(패철) 3층에서 방향을 판단해보니 '목(木)' 방위였다면, 이는 파구(破口)가 목국(木局)이며, 이때의 파구(破口)의 방향은 정미(丁未), 곤신(坤申), 경유(庚酉)의 방향이 되는 것이다.

따라서, 〈포태법 윗판〉을 패철 8층의 정미(丁未) 위에 묘(墓)자를 위치시킨 후 앞절에서 판단 한 〈향법 판단법(2)〉를 적용 적용시켜서 최종 좌향(坐向)을 판단해 주면 된다.

다른 것들도 위와 같이 판단해 주면 된다.

4. 향법(4) 현지 지형에서 파구(破口) 판단법

현지 지형에서의 물이 빠져 나가는 파구(破口) 판단법은 아래와 같다. ※〈참고〉그림 출처 : 정통 풍수지리 교과서(고제희)

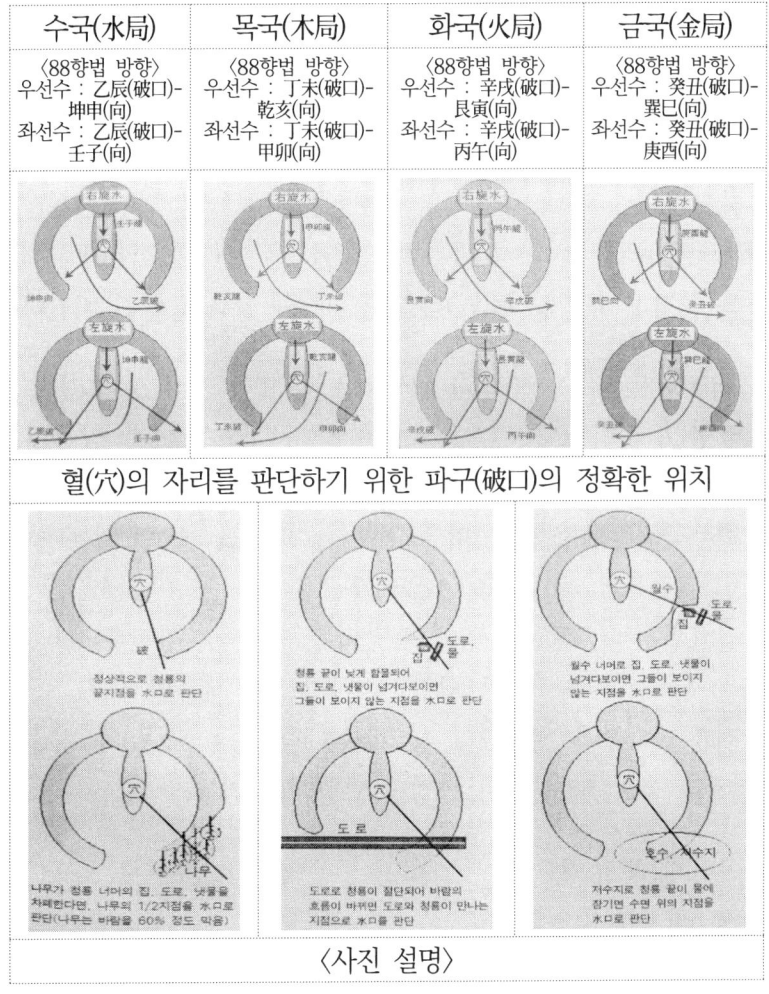

〈사진 설명〉

※ 위의 사진은 삼합(三合) 즉 수국(水局), 목국(木局), 화국(火局), 금국(金局) 중 정생향(正生向), 정왕향(正旺向)의 기준이 되는 방향 즉 향(向)과 혈(穴)을 잡을 때 기준이 되는 파구(破口)의 정확한 위치를 설명한 것으로 이것 들은 모두 〈88향법 조견표〉의 일부분이다.

이렇게 해서 독자들은 양택이나 음택에서 좌선수와 우선수에서 파구(破口)는 물론 방향 즉 향(向)의 위치를 알았다.

참고적으로 양택(陽宅)이나 음택(陰宅)은 물론 합장(合葬)과 쌍분(雙墳)에서 놓을 수 없는 방향(方向)은 아래와 같은데 이것들을 참고해서 명당 혈(穴)을 찾을 때 꼭 활용해 주길 바란다.

음택(陰宅)이나 양택(陽宅)에서 놓을 수 없는 풍수 방향(方向)
- 방향(方向)이 맞지 않는 경우 ⇒ 88향법으로 흉(凶) 방향인 경우 〈※나경 8층 88향법 참조〉
- 회두극좌(回頭剋坐) 방향일 경우 ⇒ 머리를 둘 수 없는 방향 〈※8장 참조〉
- 팔요황천살(八曜黃泉殺)에 해당되는 경우 ⇒ 황천수, 황천풍 방향 〈※나경 1층 사용법 참조〉
- 집과 묘(墓)가 정면으로 바라보는 경우 ⇒ 묘(墓)와 집은 서로 정면 방향이면 안됨.

이렇게 해서 독자들은 양택이나 음택에서 방향 즉 좌향(坐向)의 위치를 알았다.

이제 향(向)을 알았으니 풍수(風水)의 최종 단계인 혈(穴)의 위치 즉 정혈(定穴)을 통한 점혈(點穴) 방법을 알아보자.

5. 방향 즉 향법(向法)을 알았으니, 혈(穴)을 찾자(정혈법, 定穴法).

음, 양택 풍수(風水)의 특징은, 이들에게 작용되는 모든 조건을 만족해야만 길지(吉地)가 되는 것이지, 여기서 단 한 개라도 필요 충분 조건을 벗어난다면 흉지(凶地)가 되는 것이다.

일단 심혈법(尋穴法)으로 멀리서 바라보고 혈(穴)이 있을 만한 위치를 찾는 것이다. 심혈을 해서 그곳을 찾아들어 갔으면 이제 혈이 뭉쳐있는 곳을 정해야 한다.

본래 풍수지리의 목적(目的)은 정혈법(定穴法)으로 진혈(眞穴)을 찾아서 한치의 오차도 없는 곳 즉 혈(穴)이 모이는 위치에 점혈(點穴)시키는데 있다. 이제 매장(埋葬)에서 최종 단계에 해당되는 정혈법(定穴法)으로 가장 좋은 곳 즉 명당(明堂)자리에 위치시키기 위한 점혈 방법을 알아보자.

우선 혈(穴)을 찾기 전 지형(산)의 구조를 보고 혈의 흐름을 판단해 보자.

산(山)은 보통 음산(陰山)과 양산(陽山)이 존재하는데, 음산(陰山)은 산(山)이 뾰족 뾰족하고, 날카롭고, 경사지고, 바위 등의 굴곡이 심하고, 말라 있는 산이 음산(陰山)이다.

양산(陽山)은 산(山)이 둥글고, 부드럽고, 스무스하고, 살이 찐 산이 양산(陽山)이다.

음산(陰山)과 양산(陽山)에서 혈(穴)의 흐름은 산에서 내려오면서 과협이나 산 능선이가 경사진 곳을 만나는 경우 즉 음산(陰山)에서의 혈처(穴處) 흐름 방향은 신(辛), 유(酉) 방향으로 흐르고, 양산(陽山)에서의 혈처(穴處) 흐름 방향은 경(庚) 신(辛) 방향으로 흐른다.

혈(穴)의 흐름은 천 가지 모양과 만 가지 형태가 되기 때문에 천태만상(千態萬象)이라고 한다. 예를 들면 이들을 판단하기 위한 방법으로 앞절 패철(나경)에서는 5층 72룡이 있고, 7층에는 투지 60룡이 있으며, 이들의 형상은 수없이 많다. 따라서 독자들은 기본적인 풍수 형상을 바탕으로 형상에 따른 길흉(吉凶) 판단법을 지속적으로 연구하고 연마해 주길 바란다.

지형(地形)에서 흐르는 혈(穴)은 지형이 조금이라도 높은 곳(능선, 과협 등)은 용(龍)이라고 하며, 용이 있는 곳에서는 반드시 혈(穴)이 흐르고 있다는 증거이다. 그러나 움푹 들어간 지형은 용이 없으니 혈(穴)도 없는 곳이다.

지형에서 혈의 흐름을 쉽게 확인하는 방법은 자신의 손으로 오링테스트를 해보면 알 수 있다. 즉 조금이라도 높은 곳에서는 혈이 흐르고 있기 때문에 그곳에서 아래 그림처럼 자신의 손으로 오링테스트를 해보면 혈(穴)의 흐름을 쉽게 판단할 수 있다. 즉 지형이 조금이라도 높은 곳은 혈이 존재하므로 손가락에 힘이 들어가지만, 움푹 들어간 낮은 지형은 혈이 없는 관계로 손가락에 힘이 들어가지 않는다.

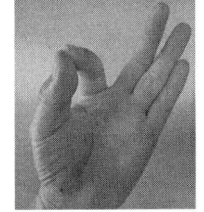 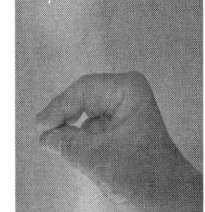

※〈오링 테스트 방법〉
혈(穴) 자리가 있는 곳을 판단하기 위해서는 오른쪽 3개의 손가락(엄지, 검지, 중지)을 왼쪽 엄지와 검지 손가락 속으로 넣어서 오른쪽 손가락을 벌여 보면, 혈이 흐르거나 혹은 존재하는 곳에서는 힘이 들어가지만, 혈이 없는 곳에서는 힘이 들어가지 않는다.
※참고적으로 바람 통로, 저지대, 골짝풍 지역의 경우에도 기(氣)가 빠지는 지형이 되므로 흉지(凶地)이다.
※참고적으로 바람 통로, 저지대, 골짝풍 지역의 경우에도 기(氣)가 빠지는 지형이 되므로 흉지(凶地)이다.

 명당(明堂) 즉 혈처(穴處) 혹은 점혈(點穴)된 곳은 혈(穴)이 흐르고 있는 지점이 아니라, 혈(穴)이 맺혀서 모이 있는 지점이 된다.
 따라서, 명당은 지맥(룡)을 따라 지기(地氣)가 흘러와 혈(穴)이 멈추어 맺히는 곳을 말하고 이곳은 진혈(眞穴)이야만 제대로 인정을 받는데, 명당에서 혈처 모양은 크게 와혈(窩穴), 겸혈(鉗穴), 유혈(乳穴), 돌혈(突穴)의 네 가지로 구분한다. 그러나 이러한 것들 외에 기이하고 교묘한 곳에서의 혈처(穴處)가 맺는 곳 즉 괴교혈(怪巧穴) 등이 존재한다. 따라서 이들 모두는 길지(吉地)이며 명당터가 된다. 우리나라의 혈처는 유혈(乳穴)의 형태가 가장 많다. 이들을 구체적으로 확인해 보면 다음과 같다.

※〈참고〉 와혈(窩穴)과 겸혈(鉗穴)은 음(陰) 혈로서 중간 부분이 들어간 오목렌즈 형으로 물이 침범하기 쉬우며, 유혈(乳穴)과 돌혈(突穴)은 양(陽) 혈로서 중간 부분이 볼록한 볼록렌즈 형이다.

- 와혈(窩穴) : 와혈은 입수용보다 낮은 위치에 존재하는 것으로 소쿠리, 손바닥, 조개 껍질, 삼태기, 닭둥우리, 제비집처럼 오목하게 생긴 형상이다. 단점으로는 물(水)이 침범하기 쉽다. 혹은 여성의 성기와 비슷하다고 해서 일명 음부혈이라고도 한다.

〈여러 형태의 와혈〉

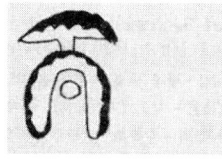  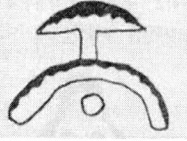 

- 겸혈(鉗穴) : 겸혈은 입수룡보다 낮은 위치에 존재하는 곳으로 와혈과 비슷하나 두 다리의 길이가 와혈보다 길게 뻗은 모양을 말한다. 따라서 겸혈 역시 와혈처럼 물(水)이 침범하기 쉽기 때문에 혈(穴)이 맺히기가 다소 어렵다. 때문에 흙이 두텁고 볼록해야 길격 겸형이 된다.

〈여러 형태의 겸혈〉

- 유혈(乳穴) : 우리나라에 가장 많이 분포된 것으로 두 팔을 벌리는 형상으로 여성 유방 같은 모양을 말하는데, 높은 산이나 평지 등을 불문하고 여러 곳에서 혈을 맺지만 대게는 산(山) 지각이 끝나는 지점에서 진혈(眞穴)을 맺는다.

〈여러 형태의 유혈〉

- 돌혈(突穴) : 국자를 엎은 모양으로 맥이 돌출된 것과 같은 형태로 높은 산이나 혹은 평지 혹은 논 같은 곳에서 맺는 혈로, 거북이 혹은 가마솥처럼 생긴 형태를 말하는데, 혈장이 짧은게 특징이다.

〈여러 형태의 돌혈〉

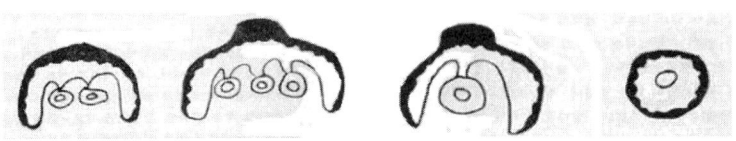

 이렇게 혈(穴)이 뭉쳐있는 곳을 알았으니, 풍수의 기본 요건을 충족한 지형(地形)에서 1~2평 남직한 혈처(穴處) 즉 명당(明堂) 지점에 해당되는 곳에 점혈(點穴)하는 방법을 구체적으로 알아보자.
 첫째는 입수도두(入首倒頭) 즉 혈처 뒤에는 항상 볼록한 부분이 존재하므로 이것 아래에서 혈처를 결정한다.
 둘째 선익(蟬翼)으로 매미의 날개 모양새로 혈처의 좌, 우를 지탱해 주는 곳에서 찾고,
 셋째는 순전(脣氈)으로 혈(穴)이 결지하고 남은 혈(穴)은 혈처 앞에 뭉쳐있게 되는 곳의 바로 윗부분을 결정한다.
 넷째는 혈토(穴土)에 존재하는 흙은 맛은 달고, 홍황자윤(紅黃紫潤)에 비석비토(非石非土)한 흙이다. 즉 색깔은 붉은 황토색이면서 자색, 흙색, 백색 등의 오색토(五色土)이며, 돌도 아니고 흙도 아닌 것처럼 보이는 흙이 혈토층의 혈토이다.
※〈참고〉 그림 출처 : 정통 풍수지리(정경연)

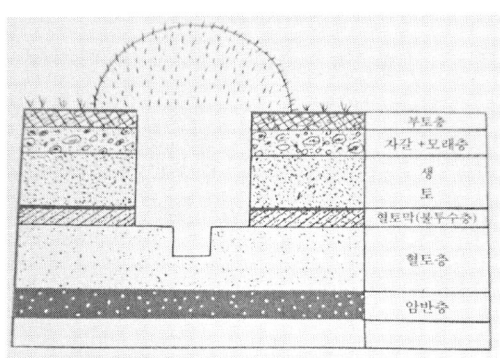

 광중(묘지 깊이)에 따른 혈(穴) 즉 점혈된 지점을 찾는 방법으로 묘지(墓地)의 깊이는 혈(穴)이 땅속으로 지나가는 혈토층이어야만 한다. 아무리 좋은 명당이라도 혈이 지나가지 않는 곳에 시신을 안치한다면 사상누각이다. 일반적으로 묘지의 깊이는 1m~1m 80cm 정도가 맞다. 산이 높은 곳은 혈(穴)이 낮게 존재하므로 묘지 깊이는 가급적 낮게 파고, 산이 낮은 곳에서의 혈(穴)은 깊게 존재하므로 묘지의 깊이를 다소 깊게 파는 것이 정상이다.

 점혈(點穴) 지점을 탐침봉으로 혈토를 확인해 보면, 평균 온도는 약 16도 정도이며 습도는 5가 적당하다. 땅속 온도가 높으면 화염(火炎)이 되고, 온도가 낮으면 습도가 높다. 흙을 만져보아 만두처럼 흙이 굳어지면 습(濕)이 많은 흉지로 분류된다.

 특히, 최초 묘지(墓地) 조성 시 필요량에 따라서 수맥(水脈) 차단은 물론 좋은 기운(氣運)을 얻기 위한 방법으로 영구적으로 사용되는 동(銅) 파이프 및 수맥 중화 키트를 필요량에 따라서 광중 때 땅속에 묻어주는 방법도 있다.

또한 최초 시신을 덥는 흙은 석회를 배합하여 벌레나 수분을 없애주는 방법도 있다.

따라서 혈(穴)이 모여 있는 지점 즉 혈처 혹은 명당 지점에 점혈(點穴)하기 위한 내용을 종합하면 아래와 같다.

- 혈처(명당)을 선택하기 위해서는 수맥(水脈)은 물론 좋은 기운(氣運)을 확인하기 위해서 수맥봉 1개 혹은 천맥지 장비, 명당탐지기(친기룡, 관용자/심룡척) 등으로 기운을 살핀 후, 좋은 기운에 해당되는 곳은 가로, 세로로 깃대 등으로 표시를 한 후, 이를 토대로 정혈법(定穴法)을 적용시켜서 점혈(點穴)을 찾아서 최종 묘지(墓地) 위치를 결정한다.
- 안산(安山)과 조산(祖山)은 혈(血)처 앞에 있는 모든 산을 말하는데, 특히 혈 앞에 가장 가깝게 있는 산이나 언덕을 안산이라고 하며, 안산 뒤쪽에 있는 모든 산을 조산이라고 한다. 따라서 안산이 없으면, 타인에게 방어막이 없는 것이며, 너무 높으면 타인에게 위약감을 받고 또한 너무 낮으면 누구에게 도움을 받을 수 없다. 안산은 공직자(公職者)에겐 책상 역할이며, 사업가에겐 노적봉(재물)을 상징한다. 안산 높이는 혈처(명당)에서 30도의 높이가 적당하다.

따라서 혈처(穴處) 즉 명당(明堂)의 높낮이의 결정은 안산을 보고 결정 하는데, 안산이 높으면 높은 곳에 혈처(穴

處)을 정하고, 안산이 낮으면 낮은 곳에 혈처(명당)를 정한다.
- 좌청용과 우백호가 높아서 압박을 받으면 혈처(명당)은 높은 천혈에 정하고, 좌청용과 우백호가 얕으면 혈은 바람에 닿을 증거이니 혈처(명당) 아래 지혈에서 정한다.
- 청용은 있으나 백호가 없고, 백호가 있으나 청용이 없는 경우가 있다. 이때에는 청용이 없는 경우에 물(水)은 좌변을 두르며 흐르는 것이 길(吉)하고, 백호가 없는 경우에 물(水)은 우변을 두르며 흐르는 물길이 길(吉)하다.
- 산에서 내려오는 혈(穴)의 방향은 바람이 불어오지 않는 방향으로 치우쳐져 있기 때문에 나무의 나이테를 보면 나이테가 좁아져 있는 쪽이 혈(穴)이 존재하는 방향이다.
- 좌청룡과 우백호 중 백호의 위세가 청룡보다 높으면 혈은 위세가 강(强)한 백호쪽에 혈(穴)을 잡고, 반대로 청룡이 백호보다 더 높으면 혈은 청룡쪽에 혈(穴)을 잡는다. 또한 백호와 청룡의 높이가 똑 같다면 혈(穴)은 중앙에서 잡는다.
- 패철의 천간(天干)에서 혈(穴)을 정했으면 방향 즉 향(向) 역시 천간(天干) 향(向)으로 결정하고. 지지(地支)에서 혈(穴)을 정했으면 향 역시 지지(地支) 향(向)으로 결정한다. 그러나 천간과 지지가 함께 공존하면, 천간의 힘이 지지파보다 더 강(强)하므로 예상 혈(穴) 자리에서 보았을 때 나경에 표시된 천간의 1개 총 길이의 50% 되는 지점 즉

5분금이 되는 곳을 혈(穴) 자리로 결정한다.
- 파구(破口)나 높은 임관봉에서의 혈(穴) 판단은 용(龍)에서 파구나 임관봉을 보았을 때 나경에 표시된 24방위 중 예상 혈(穴) 자리에서 선택된 해당 1개의 방향 길이의 50% 되는 지점 즉 5분금이 되는 곳이 혈(穴) 자리가 된다. 특히 파구(破口)의 기준점은 청룡이나 백호의 끝 지점, 물에 침몰 된 경우 집이나 도로 등이 보이면 이들이 보이지 않는 지점, 저수지 혹은 호수로 침몰 된 경우는 수면 위에 보이는 지점을 파구의 기준점으로 결정한다.
- 혈(穴)을 찾고자 하는 산에서 오르락 내리락하면서 앞에 있는 조산(안산)을 보았을 안산의 높이가 사람의 눈썹 높이에 위치하면 그곳이 혈(穴)의 지점이다.
- 혈(穴)을 찾고자 하는 산에서 오르락내리락하면서 좌, 우측에 존재하는 청룡과 백호의 높이가 어깨높이가 되는 곳이 혈(穴)의 지점이다.
- 청룡과 백호의 높이와 위세가 서로 같이 않는 경우 낮은 곳을 선택해서 그곳의 높이가 어깨 위치가 되는 곳이 혈(穴)의 지점이다.
- 혈처에서 좌청룡과 우백호의 산 넘어로 언덕, 들판, 강이 보이거나(월수, 越水) 혹은 너무 낮아 바람(황천풍, 곡장)을 막지 못하면 흉(凶)하다. 따라서 이들로부터 보이지 않는 지점이거나 혹은 보호되는 지점의 위치가 혈(穴)의 지점이다.

• 끊어진 혈 즉 단관(斷關)에 정혈하는 것은 발복은 될 수 있으나, 오래 가지 못한다.

또한 룡(龍)에서 내려오는 혈(穴) 자리를 찾기 위해 좌, 우선수 물길은 물론 파구(破口)를 통하여 혈(穴) 자리를 찾는 방법과 좌, 우백호에 존재하는 큰 산 즉 임관봉을 기준으로 명당자리 즉 점혈(點穴) 자리를 찾기 위한 방법은 아래와 같다.
※〈참고〉 그림 출처 : 정통 풍수지리 교과서(고제희)

좌, 우선수에 의한 정혈법 (定穴法)으로 혈(穴)을 판단	좌, 우청룡에 존재하는 큰 산 (임관봉)으로 혈(穴)을 판단
〈조건〉 임자룡(壬子龍)에서 파구(破口) 쪽을 바라보니 파구는 경유(庚酉) 중 경(庚)의 위치에 존재하고 있다.	〈조건〉 임자룡(壬子龍)에서 백호 쪽으로 보니 높은 건해봉(乾亥峰)이 존재하고 있다.
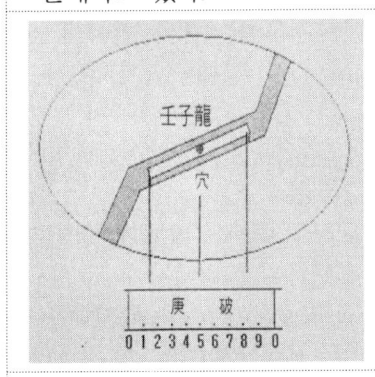	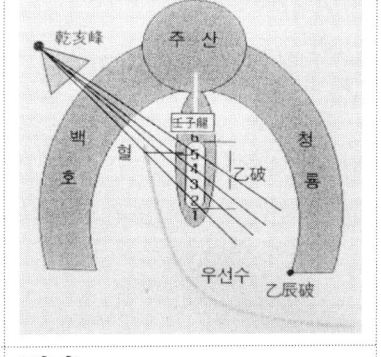
〈설명〉 임자룡(壬子龍)에서 본 파구(破口)의 위치를 나경으로 확인해보	〈설명〉 수국(水局)에서 임자룡(壬子龍)을 거쳐 백호쪽으로 보니 높은

니 경유(庚酉) 방향이었다. 따라서 임자룡에서 혈(穴) 자리는 경(庚) 아니면 유(酉)의 위치로 방위각을 선택해야 한다.

혈(穴)은 지지(地支)보다 천간(天干)의 것이 힘이 더 강(强)한 관계로 경(庚)과 유(酉) 중 힘이 강한 천간의 경(庚)을 선택한다.

이때 혈(穴)을 찾기 위한 조건은 임자룡(壬子龍)에 위치한 예상 혈(穴) 자리에서 나경으로 파구가 있는 경(庚) 자리를 보았을 때 나경 경(庚)의 총 길이 중 50%가 되는 지점 즉 5분금이 되는 지점을 혈(穴) 자리로 결정한다. 물론 임자룡(壬子龍)과 파구(破口)의 방위각 판단은 〈88향법 조견표〉에 만족해야 된다.

참고적으로 임자룡(壬子龍)에서 결정된 혈(穴)의 위치에서 바라본 좌청룡과 우백호의 높이는 어깨 높이가 되어야 하고, 앞에 존재하는 안산의 높이는 눈썹 높이가 되어야 한다.

건해봉(乾亥峰)이 존재하는 경우, 임자룡에서 왔다 갔다 하면서 나경의 위치를 건해봉에 판단해 보면 천간 건(乾)과 지지의 해(亥)가 존재하는데 이때는 힘이 강(强)한 천간(天干) 건(乾)을 선택해 주고, 나경에 표시된 건(乾)의 총길이 중 50%되는 지점 즉 중앙의 5분금 지점을 임자룡(壬子龍)에 존재하는 혈(穴) 자리로 결정한다.

※〈참고〉 좌청룡, 우백호의 좌, 우측에 존재하는 큰 봉우리(임관봉)의 위치 기준은 아래와 같은데, 도시(都市)등 현지 지형에서는 임관봉이 있을 수도 있고, 없을 수도 있다. 만약 임관봉이 없는 경우에는 아래 각국에 제시된 가상 임관봉 방향을 기준으로 혈(穴)을 찾는다.

- 수국(水局) : 건해(乾亥)방향에 임관봉이 있다.
- 목국(木局) : 간인(艮寅)방향에 임관봉이 있다.
- 화국(火局) : 손사(巽巳)방향에 임관봉이 있다.
- 금국(金局) : 곤신(坤申)방향에 임관봉이 있다.

또한 룡(龍)과 임관봉의 방향은

> 〈88향법 조견표〉와는 무관하며, 좌향(坐向) 즉 방향(方向)은 단지 좌선수와 우선수의 물 흐름으로 결정한다.

(9) 패철 9층(120분금 확인)

 패철 9층 120분금은 양택(陽宅)이나 음택(陰宅)에서 최종 마무리 작업을 하는 것이다.
 이것은 집주인과 영혼의 명복은 물론 자손들 역시 대대손손(代代孫孫) 부귀왕정(富貴王丁) 함을 성취하기 위한 최종 방향(方向) 작업이 납음오행(納音五行)이다.
 납음오행은 사람의 출생 년월일시를 나타내는 60갑자 중 2개씩을 짝지어 하나의 오행으로 나타내는 것을 말하는 것으로 30개(60÷2)의 오행이 된다.
 이것은 자연(自然)과 인간(人間)이 서로 반응하여 얻어지는 오행(五行)의 기운(氣運)을 판단하는 것이기 때문에 사주의 남여간 궁합 등과 음택(陰宅)과 양택(陽宅)의 풍수지리(風水地理)에서 최종 방향(方向)을 설정할 때 사용된다.
 나경 9층의 구조는 4층(24방위)에서 각각 5개의 분금이 추가되어 120개(24*5) 칸으로 구성되어 있는데, 이들 5개의 분금 중 3개 분금은 공란으로 구성되어 있고, 이중 2개 분금만 60갑자 중 丙, 丁, 庚, 辛으로 구성되어 있기 때문에 총 분금은 60분금이다.

이때 공란으로 된 3개의 분금은 나쁜 흉(凶) 방향이므로 사용할 수 없다.

분금을 사용할 때, 양택과 음택에서 자신(주인)이나 시신의 방향(方向) 판단은 아래 '납음오행(納音五行) 표'에 의한다.

〈납음오행(納音五行) 표〉

甲子 乙丑	■해중금 (海中金) - 바다 속에 감추어진 금으로 이름만 있고 형체가 없기 때문에 시작을 의미함	丙寅 丁卯	■노중화 (爐中火) - 큰 화로 불	戊辰 己巳	■대림목 (大林木) - 울창한 숲을 이룬 큰 나무(※金을 만나면 길)	庚午 辛未	■노방토 (路傍土) - 길 기에 넓게 퍼진 흙(※木을 만나면 길)	壬申 癸酉	■검봉금 (劍鋒金) - 칼과 창의 금(※火를 만나면 길)
甲戌 乙亥	■산두화 (山頭火) - 산꼭대기에 타오르는 불(※水를 만나면 길)	丙子 丁丑	■간하수 (澗下水) - 산골짝이 좁은 틈사이로 흐르는 물	戊寅 己卯	■성두토 (城頭土) - 성 대기 꼭 흙지(※木을 만나면 길)	庚辰 辛巳	■백납금 (白蠟金) - 땜납하는 금(※火를 만나면 길)	壬午 癸未	■양류목 (楊柳木) - 강가의 작은 버드나무(※사중토를 만나면 길)
甲申 乙酉	■천중수 (泉中水) - 샘 가운데 솟아나는 물	丙戌 丁亥	■옥상토 (屋上土) - 지붕의 흙(※평지목과 대림목을 만나면 길)	戊子 己丑	■벽력화 (霹靂火) - 벼락의 큰 불(※水를 만나면 길)	庚寅 辛卯	■송백목 (松柏木) - 산에 홀로 서있는 소나무와 잣나무	壬辰 癸巳	■장류수 (長流水) - 넓은 대지를 가로지르며 흐르는 큰 강물
甲午 乙未	■사중금 (砂中金) - 모래 속에 작은 금(※火를 만나면 길)	丙申 丁酉	■산하화 (山下火) - 산 아래서 타오르는 작은 불	戊戌 己亥	■평지목 (平地木) - 들 판에 서 있는 큰 나무(※金을 만나면 길)	庚子 辛丑	■벽상토 (壁上土) - 벽에 붙어 있는 흙(※평지목을 만나면 길)	壬寅 癸卯	■금박금 (金箔金) - 표면에 붙은 작은 금(※금기운이 미약하여 木이 있어야 하며, 火를 만나면

							길하지만, 노중화는 크게 꺼린다)
甲辰 乙巳	■복등화 (覆燈火) - 호롱불, 촛불, (※대해수, 천하수를 만나면 흉)	丙午 丁未	■천하수 (天河水) - 하늘 위에 존재하는 모든 이슬과 비(※土를 만나면 길)	戊申 己酉	■대역토 (大驛土) - 큰 길에 존재하는 단단한 흙(※木을 만나면 길)	庚戌 辛亥	■채천금 (釵釧金) - 비녀 속에 존재하는 작은 금(※火를 만나면 길)	壬子 癸丑	■상자목 (桑柘木) - 산뽕나무처럼 작은 잡목(※사중토, 노방토, 대역토를 만나면 길)
甲寅 乙卯	■대계수 (大溪水) - 큰 계곡에 흐르는 물	丙辰 丁巳	■사중토 (沙中土) - 모래 속의 작은 흙(※木을 만나면 길)	戊午 己未	■천상화 (天上火) - 태양 같은 큰 불(※水를 만나면 길)	庚申 辛酉	■석류목 (石榴木) - 작고 질기고 매운 나무(※성옥두토와 상토를 만나면 길)	壬戌 癸亥	■대해수 (大海水) - 바다의 큰 물(※土를 만나면 길)

 납음오행 방향 판단은, 자신(주인)이나 시신이 납음오행(納音五行)을 극(剋)하여 이기든지, 납음오행이 자신(주인)이나 시신을 생(生)해 주든지 아니면, 土土, 水水, 金金, 木木와 같이 상비(相比) 관계가 되어야만 길(吉)하고(※참고, 火火의 상비관계는 나쁨), 이와 반대로 납음오행이 자신(주인)과 시신을 극(剋)하거나 혹은 자신(주인)이나 시신이 납음오행을 생(生)하여 설기(힘이 빠지는 현상)되는 방향은 나쁜 흉(凶)으로 판단한다.
 이제 납음오행을 통하여, 자신(주인)이나 음택에서 시신과 어떤 방향에서 작용을 하는지 판단해 보자.
 우선 납음오행을 찾는 방법을 알아야 하는데 이것은 2가지가 있다. 이것은 년주의 고유 수, 천간(天干)과 지지(地支)의 합(合)에 의하여 결정되는 것으로 이것을 계산으로 찾는 방법이 있고, 납음오행표를 보고 찾는 방법이 있다.

계산으로 납음오행을 찾는 방법은 아래와 같다.

> 〈※참고〉 납음오행(納音五行) 계산법
> 이는 년주(年柱)의 고유 수로 결정하는데 년간이 甲乙⇒1, 丙丁 ⇒2, 戊己⇒3, 庚辛⇒4, 壬癸⇒5가 되고, 년지는 子丑午未⇒1, 寅卯申酉⇒2, 辰巳戌亥⇒3이 고유 수가 된다.
> 이때 천간과 지지를 합(合)하여 1(木), 2(金), 3(水), 4(火), 5(土)로 결정되고, 합(合)하여 5가 넘는 경우는 5를 뺀 나머지 수가 납음오행(納音五行)의 선천수가 된다.
> 예를 들면, 1986년 6월 11일 밤 22:50분에 태어난 남자 이길동의 납음오행(納音五行) 선천수를 판단해 보자.
> 이길동의 년간은 병인년(丙寅年)이므로, 년간 병(丙)의 고유수는 2이고, 년지 인(寅)은 2이다. 따라서 둘을 합해보면 4가 되므로 이길동의 납음오행의 선천수는 4가 되고, 이는 화(火)이다. 이를 구체적으로 확인해 보면 노중화(爐中火)가 된다.

지금까지 납음오행(納音五行) 찾는 방법 중 계산법에 의하여 확인해 보았으나, 지금부터는 위에서 제시한 납음오행표를 보고 곧바로 판단해 보기로 하자.

이것은 아래와 같이 예제를 통하여 판단하고 활용하는 방법을 알아보자.

> 예) 1989년 기사생(己巳生)의 양택(집)이나 혹은 음택(묘지)에서 방향을 측정해보니 4층에서 壬丙방향이였다. 즉 임좌병향(壬坐丙向) 이것은 묘지(墓地)의 경우 시신의 머리 방향이 壬방향이고(양택의 경우 집 뒤쪽 방향), 다리 방향이 丙방향 이다(양택의 경우

집 앞쪽 방향).
이 경우 음택과 양택에서 최종 방위를 판단하고자 할 때, 나경 9층의 분금은 어떻게 놓아야 하는가?

풀이) 1989년생은 기사생(己巳生)이므로 '납음오행(納音五行) 표'에서 확인해 보면, 대림목(大林木)으로 木중에서도 큰 나무에 해당된다.

이제 임좌병향(壬坐丙向)을 확인해 보자. 나경 4층 壬丙방향은 9층에서 확인해 보면 각각 丁亥와 辛亥 방향이 된다. 최종 방향은 시신의 머리 방향이 壬방향이고, 다리 방향이 丙방향이다.

이것을 토대로 9층에서 확인해 보면, 시신의 머리 방향에 해당되는 壬은 辛亥와 丁亥이고, 다리 방향에 해당되는 丙는 丁巳와 辛巳가 된다.

이들을 각각 '납음오행(納音五行) 표'에서 확인해 보자.

시신의 머리 방향에 해당되는 辛亥와 丁亥 중 辛亥는 채천금(釵釧金)의 금(金)이 되고, 丁亥는 옥상토(屋上土)의 토(土)가 된다.

다리 방향에 해당되는 丁巳와 辛巳 중 丁巳는 사중토(沙中土)로서 토(土)가 되고, 辛巳는 백납금(白蠟金)으로 금(金)이 된다.

1989년 기사생(己巳生)은 대림목(大林木)의 '木'이므로, '木'과 이들 관계를 정리하면 아래와 같다.

1989년생 기사생 (己巳生)	시신의 머리 방향 (양택은 집 뒤쪽 방향)		시신의 다리 방향 (양택은 집 앞쪽 방향)	
	작용	판정	작용	판정
木(기준)	辛亥 ; 金(金剋木)	흉(凶)	丁巳 ; 土(木剋土)	길(吉)
	丁亥 ; 土(木剋土)	길(吉)	辛巳 ; 金(金剋木)	흉(凶)

이들 관계는 양택에서는 자신(주인)이나, 음택에서는 시신이 납음오행(納音五行)을 극(剋)하여 이기든지, 납음오행이 자신(주인)이나 시신을 생(生)해 주든지 아니면, 土土, 水水, 金金, 木木와 같이 상비(相比) 관계가 되어야만 길(吉)하고, 이와 반대는 흉(凶)하다(※참고, 火火의 상비관계는 나쁨).

따라서, 위의 조건을 판단해 보면 1989년 기사생(己巳生)의 경우 '木'이고, 시신의 머리 방향(양택은 집 뒤쪽 방향)에서 丁亥방향은 납음오행에서 옥상토의 '土'가 되기 때문에 木剋土가 되어 길(吉)하고, 시신의 다리 방향(양택은 집 앞쪽 방향)에서 丁巳은 사중토(沙中土)의 '土'가 되기 때문에 木剋土가 되어 길(吉) 방향이 된다.

따라서, 시신의 머리 방향은 丁亥방향에 맞추고, 시신의 다리 방향은 아래와 같이 丁巳방향에 맞추어야만 된다.

만약 1989년 기사생(己巳生)이 양택(陽宅) 즉 전원주택을 짓는 경우 최종 방향으로는 집 뒤쪽 방향은 丁亥방향으로, 집의 앞 방향은 丁巳방향에 맞추어야만 명당(明堂) 주택이 완성(完成) 되는 것이다.

따라서, 양택(陽宅)은 물론 음택(陰宅)에서 9층 120분금을 판단할 때는 납음오행(納音五行)에서 제시된 오행들의 실질적인 작용 내용으로 관계를 판단해 주어야 한다.

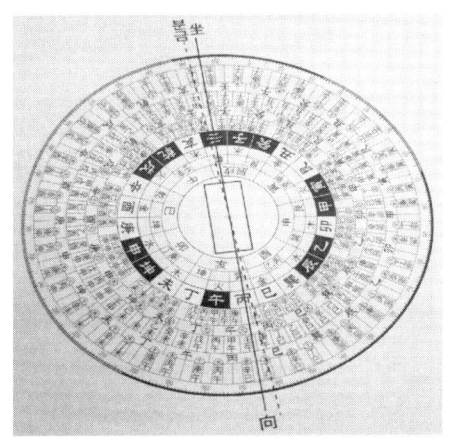

즉, 납음오행(納音五行)은 납음오행표에서 제시된 실질적으로 작용되는 오행(五行)들의 상생(相生)과 상극(相剋) 그리고 상비(相比)관계를 판단하여 양택에서는 자신(주인)이나, 음택에서는 시신에게 왕생할 수 있는 조건을 만들어 주어야 한다.

이제 납음오행(納音五行) 원리에 입각하여 오행들이 실질적으로 작용되는 이치를 확인하고 판단해 보자.

우선 토(土)는 토극수(土剋水)가 되어 수(水)를 극(剋)하여 이기는 것이다. 그렇지만 토(土) 중에서도 화분의 작은 토에 해당되는 己(토)는 큰 강물 즉 壬(수)를 이길 수 없고, 오히려 壬(수)에게 수극토(水剋土)가 작용되어 극(剋)을 당한다.

이번에는 이러한 의미에서 같은 불(fire)기운에 해당되는 태양열의 丙(火)과 모닥불의 丁(火)를 보자.

추운 겨울에는 태양열의 丙(火)의 불은 불로서의 기능을 상실되어 따듯함을 느끼지 못하지만, 모닥불의 丁(火)은 따듯함을 느끼게 된다. 그렇지만 여름이면 이들의 관계는 반대가 된다.

수(水)에 해당되는 대해수(大海水)와 천하수(天河水)는 큰 바다물과 하늘에 존재하는 이슬과 빗물이므로 모래속에 묻어있는 작은 흙에 해당되는 사중토(沙中土)의 경우 토극수(土剋水)의 원리가 적용되는 것이 아니라, 수극토(水剋土)가 되어 오히려 대해수와 천하수가 사중토를 극(剋)하게 되므로 토극수(土剋水)의 관계는 의미가 없어지는 것이다.

또한 이들의 강한 물은 석류목(石榴木)와 같은 작은 질긴 나무와는 수생목(水生木)으로 생(生)해주면 오히려 석류나무가 살지 못하고 말라 죽고 만다. 따라서 이들 관계는 큰 오행(五行)이 작은 오행(五行)을 생(生)해주는 경우이므로 상생관계가 성립되지 않는다. 이러한 원리로 강한 물에 해당되는 대해수(大海水)와 천하수(天河水)는 수(水)를 극(剋)하는 토(土)를 만나야 형통하다.

금(金)은 나무 즉 목(木)을 극(剋)하므로 금극목(金剋木)이 된다.

그렇지만 금박금(金箔金)은 금박지 종이에 붙어 있는 아주 작은 금(金)이기 때문에 대림목(大林木)이나 평지목(平地木)과 같은 큰 나무를 자를 수도 없을 뿐만 아니라, 오히려 부러지기 때문에 금극목(金剋木)으로 쇠가 나무를 이기는 것이 아니라,

목극금(木剋金)이 되어 오히려 나무(木)에게 금(金)이 극(剋)을 당하게 된다. 따라서 대림목과 평지목은 금(金)을 만나야만 나무를 다듬기 때문에 길(吉)하다.

　사중금(砂中金)과 백납금(白蠟金)은 금(金)으로서 화(火)를 만나면 화극금(火剋金)이 되어 나쁜 극(剋)작용이 되지만, 그러나 이들은 화(火)를 만나면 오히려 길(吉)하다.

　그 이유는 사중금은 모래속에 존재하는 작은 금(金)이라, 이것은 화(火)로서 녹여 주어야만 금(金)의 형체가 형성되기 때문이며, 백납금은 땜납하는 금(金)이기 때문에 이것 역시 화(火)로 녹여주어야만 땜납을 할 수 있기 때문이다.

　검봉금(劍鋒金)은 칼과 창으로 이것을 만들려면 쇠를 녹이는 화(火)를 만나야만 칼의 형체를 이룰 수 있기 때문에 이것 역시 화(火)를 만나야 길(吉)하다.

　벽력화(霹靂火)와 천상화(天上火)는 벼락 종류의 큰 불과 태양 같은 큰불이기 때문에 이것은 오히려 수(水)를 만나야만 길(吉)하다.

　이러한 원리로 산뽕나무처럼 약한 나무에 해당되는 상자목(桑柘木)은 사중토(沙中土), 노방토(路傍土), 대역토(大驛土)를 만나서 목극토(木剋土)로 극(剋)해여 힘을 얻어야 되기 때문에 이들의 만남은 길(吉)하다.

　납음오행은 자연(自然)과 인간(人間)이 서로 반응하여 얻어지는 오행(五行)의 기운(氣運)을 판단하는 것이기 때문에 어쯤 자연과학(自然科學)으로서 현대(現代)를 살아가는 우리들에게 던져주는 의미는 신비스러움 자체이기도 하다.

독자들을 위하여 이러한 납음오행 관계를 쉽게 판단하기 위하여 몇 가지 한자(漢字)를 제시하였으니 상생(相生), 상극(相剋), 상비(相比) 관계 판단시 활용해 주길 바란다.

蠟(땜납 납)	釵(비녀 채)	鋒(갈끝 봉)
爐(화로 로)	釧(팔지 천)	榴(석류 류)
覆(덮을 복)	箔(발 박)	柏(잣나무 백)
霹(벼락 력)	柘(산뽕나무 자)	澗(산골물 간)

지금까지 독자들은 나경(패철) 서용법을 통하여 양택(집)과 음택(묘지)에서 적용되는 풍수지리(風水地理)를 모두 배웠다.

독자들은 여기서 알아야 될 사항은 천지(天地)의 작은 우주(宇宙)로서 정교하게 판단하고 활용할 수 있게 만들어진 나경(패철)을 이용함에 있어서 풍수(風水)의 기본 틀은 반드시 나경을 바탕으로 적용되어야만 되는 것이지, 추론(推論)이나 직감(直感)으로 행한다면 우주 공간에 존재하는 자연과학(自然科學)을 무시하는 행위임을 잊지 말자.

이제 독자들은 풍수지리(風水地理)에서 판단되고, 확인해야 될 수맥(水脈)은 물론 음택(陰宅)의 조상 묘지(墓地) 및 양택(陽宅) 즉 전원주택과 apt 등에 해당되는 길흉(吉凶) 판단은 아래와 같은 〈풍수-감정서〉를 통하여 최종 감정해 보면 된다.

〈풍수-감정서〉

□ 의뢰인 성명 (   )   □ 감정일 ; 20   년, 월, 일

주소	tel ;	사주
생년월일시	(음, 양) 년 ( )월 ( )일 ( )시생 사주 참고 사항 ;	
구분 위치	□양택 신규( ), 보수( ), 증설( ) □음택( ) □기타( )	
위치 좌표(坐, 향), 용(龍), 혈(穴), 사(砂), 수(水) 및 좌향(坐向), 물형(物形), 점혈(點穴), 회두극좌(回頭剋坐), 길지(吉地), 흉지(凶地) 판단		
※〈요도〉	북, 남	
서 동	(위성지도 이미지)	동 서
※〈참고〉 위성 지도와 좌표(좌, 향) 및 사진 그리고 평면도를 포함한 양, 음택 감정 상세도는 별도 제공함.		
	남, 북	
주위 환경		
판 정		
제 안		

제8장
안장, 이장, 합장, 파묘(산신제, 제사, 제문)을 알자

　여기서는 망자(亡者)에 대한 장례(葬禮) 안장일(安葬日) 잡기를 시작으로 입, 하관시 피해야 될 사람, 그리고 취토(取土)는 물론 요즘은 묘지(墓地) 관리가 어려워 이장(移葬)과 합장(合葬) 그리고 화장(火葬)후 가족묘(家族墓), 납골당(納骨堂), 납골평장 석관묘, 석물(石物), 자연장(自然葬)은 물론 묘지의 방향(方向)을 결정짓는 회두극좌(回頭剋坐)에 대한 내용 들을 모두 쉽게 구체적으로 설명하였다. 그 이유는 이러한 내용 들은 현대(現代)를 살아가는 우리들이 알아야 될 시대적 배경에 와 있기 때문이다. 따라서 기존의 매장된 묘지를 파묘(破墓) 후 화장(火葬)하거나 혹은 다른 곳으로 이장(移葬)=개장(改葬)에 따른 산신제(山神祭), 제사(祭祀) 그리고 이들과 관련된 제문(祭文)은 물론 준비 절차를 구체적으로 알아보도록 하자.

1. 변화되는 장례문화

• 예전엔 매장 문화였으나, 요즘은 묘지를 안치할 명당(明堂)

찾기가 어려울뿐 아니라, 간편성과 묘지 관리의 여려움 등으로 2019년 우리나라의 경우 화장(火葬) 비율은 82.6%가 되었다(일본 화장 비율 99.9%).
- 화장 후 납골당, 가족 납골묘 안치는 물론 '인간은 자연에서 태어나 자연으로 돌아간다'란 의미로 친환경 장례문화 즉 수목장, 잔디장, 정원장, 화초장, 바이오장, 그린(green)장, 디지털장례(QR코드 묘비) 등이 증가 추세에 있다.
- 유골함 선택은 화장 후 납골당(納骨堂)에 골분(骨粉)을 안치하는 경우에는 도자기 혹은 사기 유골함이 좋으나, 자연장(自然葬) 즉 수목장, 잔디장, 정원장, 화초장, 가족 평장 석관묘 등은 땅에 유골함을 묻는 관계로 '도자기' 혹은 '사기 유골함'을 선택하는 경우 차후 유골함에 물고임 현상(水炎), 목염(木炎), 화염(火炎), 풍염(風炎), 충염(蟲炎), 사염(巳炎) 등이 발생되어 오히려 나쁘다. 따라서 자연장에서는 일정 시간 후면 자연으로 되돌아가는 '한지 유골함', '전분 유골함', '나무 유골함'을 사용하는 것이 바람직하며, 유골함을 사용하지 않고 골분만 묻는 경우에는 흙과 섞어서 골분을 묻어야 한다.

2. 입관, 하관, 안장일(安葬日) 잡기

망자(亡子)에 대한 안장일(安葬日)은 사망 후 일반적으로 3

일 혹은 5일장으로 치러지는 경우가 많으나 제반 여건, 문화 등으로 인해서 안장 택일을 결정하는 경우도 있다. 이것은 일정상 장례를 치를 수 없는 경우도 있기 때문이다. 안장일의 선택은 이장(移葬), 화장(火葬) 매장(埋葬) 모두 동일하다. 보통 입관(入棺), 하관(下棺)에 따른 안장일(安葬日), 이장(移葬)일은 결혼, 이사, 개업 등에 많이 적용되는 황도정국일(黃道定局日)이 무난하고 또한 입관(入棺), 하관(下棺) 시간으로는 황도시(黃道時)와 귀인시(貴人時)를 선택하면 좋다. 그러나 요즘은 장례(葬禮) 문화(文化) 간소화(簡素化) 그리고 화장장(火葬場) 등의 사용 시간 등으로 인해서 다소 제한적이기도 한다. 이제 안장(安葬)에 따른 제반 사항들을 알아보자.

▫ 황도정국일(黃道定局日) ⇒ 안장, 입, 하관일, 이장일이 좋은날 (※ 제15장, 좋은날(택일) 잡기 참조)

▫ 황도시(黃道時) ⇒ 입관, 하관 좋은 시간

일지	子, 午	丑, 未	寅, 申	辰, 戌	巳, 亥	卯, 酉
시간	午, 申時	巳, 申時	辰, 巳, 未時	辰, 巳, 申時	辰, 午, 未時	午, 未時

▫ 귀인시(貴人時) ⇒ 입관, 하관 좋은 시간

일간	甲戊庚	乙己	丙丁	辛	壬癸
시간	未時	申時	酉時	午時	巳時

□ 이장(移葬)=개장(改葬)이 좋은날

> 모든 황도정국일(黃道定局日), 청명(淸明), 한식(寒食)날, 경오(庚午), 신미(辛未), 임신(壬申), 계유(癸酉), 무인(戊寅), 기묘(己卯), 임오(壬午), 계미(癸未), 갑신(甲申), 을유(乙酉), 갑오(甲午), 을미(乙未), 병신(丙申), 정유(丁酉), 임인(壬寅), 계묘(癸卯), 병오(丙午), 정미(丁未), 무신(戊申), 기묘(己卯), 경신(庚申), 신유(辛酉)
> ※〈복단일(伏斷日)〉은 이장(移葬)을 꺼리는 날이다(※제15장, 좋은날(택일) 잡기 참조).

□ 안장주당(安葬主堂) 보는 방법

8	1	2
객(客)	부(父)	남(男)
7	6	5
7		3
부(婦)		손(孫)
8		4
6	5	4
모(母)	여(女)	사(死)
1	2	3

안장주당은 음력으로 판단하는데 입관, 하관일이 적용되는 달이 음력으로 대월(30일)일 때는 부(1,父)에서 최초 1일을 출

발하여 시계방향으로 남(2,男)-손(3,孫)-사(4,死)-여(5,女)-모(6,母)-부(7,婦)-객(8,客)-부(1,父)-남(2,男)…순으로 입관과 하관 당일 날짜만큼 순행하여 확인한다.

만약 입관, 하관일이 음력으로 소월(29일, 28일)일 때는 모(1,母)에서 최초 1일을 출발해서 반시계방향으로 여(2,女)-사(3,死)-손(4,孫)-남(5,男)-부(6,父)…순으로 입관과 하관 당일 날짜만큼 반대 방향으로 회전하여 확인한다.

▫ 안장주당(安葬主堂)으로 본 입관, 하관 때 피해야 될 사람
- 안장주당 판단에서 사(死)에 해당되면 : 길(吉)하다.
- 안장주당에서 사(死)를 제외한 사람은 입관(入棺)과 하관(下官) 때 보지 않고 잠시 피하면 된다. 예를 들면 부(父)는 아버지, 남(男)은 아들, 손(孫)은 손자, 여(女)는 딸, 모(母)는 어머니, 부(婦)는 며느리, 객(客)은 조문객이 된다.

예를 들어 보자, 음력으로 2022년 10월 11일 입관, 하관을 한다면 2022년의 10월은 30일까지 있는 달이므로 대월(30일)이다. 따라서 부(1,父)에서 출발하여 남(2,男)-손(3,孫)-사(4,死)…의 시계방향으로 11번째를 적용해 보면 손(孫)에 해당되므로 망자(亡子)의 손자들은 망자의 입관이나 하관 때 보지 않으면 된다.

3. 입, 하관시 피해야 될 사람(회도살 판단법)

회도살(回到殺)이란?

초상 후 입관이나 하관하는 것을 바라보면 충살(沖殺)을 맞는다고 해서 호충(呼沖)이라고 한다. 따라서 희도살에 해당되면 관이나 유골을 땅에 닿는 순간 3분 전 후 만 잠시 보지 않으면 충살 즉 회도살(回到殺)을 피할 수 있다. 그래서 하관이나 입관 시 지관들이 OO띠는 보지 말라고 하는 것인데 회도살은 장일(葬日)이나 입관일(入棺日)의 날짜에 따라서 4가지 띠만 해당 되는 것으로 이것의 판단은 아래와 같다.

장일(葬日), 입관일(入棺日)	회도살(回到殺) 띠
자일(子日)	寅(호랑이), 申(원숭이), 巳(뱀), 亥(돼지)
축일(丑日)	子(쥐), 午(말), 卯(토끼), 酉(닭)
인일(寅日)	辰(용), 戌(개), 丑(소), 未(양)
묘일(卯日)	寅(호랑이), 申(원숭이), 巳(뱀), 亥(돼지)
진일(辰日)	子(쥐), 午(말), 卯(토끼), 酉(닭)
사일(巳日)	辰(용), 戌(개), 丑(소), 未(양)
오일(午日)	寅(호랑이), 申(원숭이), 巳(뱀), 亥(돼지)
미일(未日)	子(쥐), 午(말), 卯(토끼), 酉(닭)
신일(申日)	辰(용), 戌(개), 丑(소), 未(양)
유일(酉日)	寅(호랑이), 申(원숭이), 巳(뱀), 亥(돼지)
술일(戌日)	子(쥐), 午(말), 卯(토끼), 酉(닭)
해일(亥日)	辰(용), 戌(개), 丑(소), 未(양)

예를 들어보자, 장일(葬日)이 갑오일(甲午日)일 경우 오일(午

日)에 해당되므로 寅(호랑이), 申(원숭이), 巳(뱀), 亥(돼지)의 4가지 띠는 하관을 보지 말아야 된다. 입관도 동일하다.

원래 입관(入棺)이나 하관(下棺)때 피해야 될 사람들은 안장주당(安葬主堂)으로도 판단해서 적용하는데, 요즘은 친인척 및 상주 감소, 장례문화 간소화 등으로 독자들은 적절하게 활용해 주길 바란다.

이렇게 안장에 따른 기초 작업이 끝났으면 상주(喪主)들에 의한 취토(取土) 작업이 이루어진다.

4. 취토(取土)

취토(取土)란? 하관 후 시신을 덮기 전에 후손들에 의하여 흙을 덮거나 뿌리는 것을 말한다.

원래 취토는 하관시 최초 구덩이 속 즉 광중(壙中)때 맏상주가 상복 자락에 최초 흙을 세 번 받아 하관의 맨 위, 중앙, 그리고 아래쪽에 차례로 흙을 덮을 때 사용되는 흙을 생토방(生土方)이라고 하고, 이후 친척들이나 장례 참가자들에 의하여 흙을 덮고 묘지(墓地)를 만들 때 사용되는 흙을 사토방(死土方)이라고 한다.

생토방(生土方) 흙과 사토방(死土方) 흙은 하관월에 따라 측정된 방위가 다른데, 요즘은 간략하게 이루어지는 경우가 많다.

참고적으로 월별 하관에 따른 생토와 사토 때 사용되는 흙의 채취 방위는 아래와 같다.

하관월	1월	2월	3월	4월	5월	6월	7월	8월	9월	10월	11월	12월
생토방(生土方) 방위	子(북)	巳(남)	卯,辰(동,사방)	午(남)	申(서)	戌(사방)	午(남)	未(사방)	酉(서)	午(남)	申(서)	戌(사방)
사토방(死土方) 방위	午(남)	亥(북)	戌,亥(사방,북)	午(남)	寅(동)	辰(사방)	子(북)	丑(사방)	卯(동)	子(북)	寅(동)	辰(사방)

예를 들어보자, 음력으로 2022년 11월 11일 안장에 따라 사용되는 흙의 방위를 알아보자.

안장 즉 하관일은 11월이므로 최초 맏상주가 안장때 맨 위, 중앙, 그리고 아래쪽에 흙을 덮을 때 사용되는 생토방(生土方) 흙은 서쪽 즉 신(申) 방향의 흙을 사용하고, 이후에 묘지(墓地)를 만들 때 사용되는 사토방(死土方) 흙은 동쪽의 인(寅) 방향 흙을 사용하면 된다. 따라서 이곳에 있는 깨끗한 흙을 취토와 묘지 봉분(封墳)에 사용하면 된다.

5. 이장(移葬)시 주의점

- 묘지를 이장(移葬) 즉 개장(改葬)하는 날짜 즉 묘지 이장 택일은 매우 중요하기 때문에 복단일(伏斷日), 중상일(重喪日) 등의 나쁜 날짜에 옮기면 안되고, 윤달이나 손없는 날은 무조건 다 좋은게 아니라, 나쁜 날도 있기 때문에 반드시 종합적으로 판단해서 전문가와 상의해서 결정해야 된다. 그 이

유는 나쁜 날의 경우 파산과 질병을 얻는 경우가 있기 때문이다.

- 이장(移葬)이나 화장(火葬) 처리해야 되는 흉지 묘지 판단은 무덤 풀이 말라 죽고, 무덤이 이유 없이 가라앉는 경우, 뱀, 쥐, 벌레 구멍이 묘지에 많은 경우, 집안에 음행(淫行)이 발생 되고, 자손이 끊기거나, 어린 소년들이 죽거나, 고아, 과부, 불구자, 죄인, 패륜, 변사자, 가산 몰락, 사업 실패, 소송 발생, 자손들이 화합하지 못할 때 등이 발생 되는 경우이다. 또는 집안에 재물(財物)은 풍족하나 인물이 없는 경우에는 장풍(藏風)이 잘되는 따뜻한 곳을 찾고, 인물은 많으나 재물이 빈한 경우에는 수세(水勢)가 길한 곳을 찾는 것이다.

- 묘지〈음택〉를 썼는데 6년 안에 큰 재앙이 있으면 이장(移葬)해야 한다(※집〈양택〉은 이사 가서 3년 안에 큰 재앙이 생기면 이사해야 한다).

- 이장(移葬) 등으로 묘지(墓地)를 파묘(破墓) 했을 때 다음 사항일 경우에는 명당(明堂)이기 때문에 파묘를 중지하고 묘지를 다시 원래대로 덮어놓아야 한다. 즉 땅속에 흙이 밝고 건조하며 운기가 살아있는 경우, 유골이 황골(黃骨)되어 있는 경우, 나무뿌리가 관을 감고 있으나, 관속에는 하나도 침입되지 않는 경우, 자손들이 번성한 경우이다.

- 묘지 조성 때 목관(木棺)은 탈관하지 않고 매장하므로 나무뿌리, 개미, 쥐 등이 침범하여 목염(木炎)이나, 충염(蟲炎) 등의 침입을 받기는 쉽지만 명당(明堂)일수록 목관을 사용해야

만 탈골 후 땅의 지기(地氣)를 제대로 받을 수 있다. 그러나 석관(石棺)은 관이 썩지 않으므로 나무뿌리, 개미, 쥐 등의 목염이나 충염의 침입은 막을 수 있으나 돌의 차가운 성질로 인해서 결로(結露) 현상으로 물방울이 석관속에 맺히고 수분이 서리는 단점이 있다. 따라서 묘지 조성전 풍수 지형을 보고 목관(木棺)과 석관(石棺) 사용을 판단함이 올바른 것이다. 즉, 땅 토질이 양호하고 주위에 나무뿌리 등이 없는 경우의 명당(明堂) 일수록 목관(木棺)이 좋고, 땅 토질이 푸석푸석하여 충(蟲) 즉 벌레들이 있고, 주위에 나무뿌리 등이 있는 경우에는 석관(石棺)이 좋겠다.

- 묘지를 파다가(광중) 물이 나오는 경우에는 반드시 다른 장소를 물색해야 한다.
- 묘지 설정에 따른 좋은 흙은 흙도 아니고 돌도 아닌 비석비토(非石非土)로 만지면 고운 입자로 잘게 부서지는 흙이 좋고, 오방색 즉 황색, 적색, 청색, 흑색, 흰색의 흙이 좋다.
- 이장되는 곳은 정확한 감정에 의거 진행되어야 하며, 좋지 못한 곳에 옮기거나 또는 지형이나 조건에 맞지 않는 석물(石物) 혹은 묘지 치장에 문제가 발생된다면 화(禍)를 자초하게 되는 것이니 이장(移葬)은 세심한 주의가 필요하다.
- 파묘 후에는 완전 100% 유골을 수거해야 되고, 유골은 탈지면과 향수(香水, 향나무 삶은 물), 소독수, 알콜로 깨끗이 닦아서 이물질을 제거해야 한다.
- 새로 이장되는 장소에서의 유골은 원래 구묘의 시신 위치

순서에 맞게 정확하게 배열해서 안장해야 된다(유골 배열이 잘못되거나 혹은 치아 등 일부 뼈 조각이 구(舊) 묘 장소에 남아 있는 경우 그 부위의 잘못된 기(氣) 즉 동기감응이 발생되므로 후손에게 나쁜 영향을 미친다).
- 이장 시 묘지 석물(石物)도 같이 옮기나, 이 경우도 아무렇게 설치하는 것이 아니라, 반드시 이장된 묘지에서 석물 방향 즉 좌향(坐向)이 맞아야 한다(※나경 사용법 참조).
- 파묘 후 묘지를 없애는 경우의 석물(石物)은 가급적 묘지 주인의 이름을 지우고 폐기 처리해야 한다.
- 파묘(破墓)된 곳이 아무리 좋은 명당터일 경우라도 새로운 묘지를 파묘된 곳에 조성하지 않으며, 또한 파묘된 흙으로 새로운 묘지를 조성하지 않는다.
- 이장(移葬)이나 합장(合葬)은 처음 묘지 조성 때와 동일하게 회두극좌(回頭剋坐) 방향은 아니어야하고, 점혈(點穴) 즉 명당(明堂)이어야 한다.

6. 부부 합장(合葬), 쌍분(雙墳) 판단

합장(合葬)과 쌍분(雙墳)의 장단점은 합장(合葬)의 경우 같은 조건에서 좋은 혈(穴)에 놓을 수 있고 묘지 관리가 편리한 반면, 쌍분의 경우는 혈(穴)이 비켜 나갈 수 있는 단점이 있고, 묘지 관리가 다소 어렵다. 통상적으로 합장(合葬)의 경우 부부 금슬이 좋으면 합장하고, 그렇지 못한 경우는 쌍분으로 한다란 것은 모두 근거 없는 학설이며, 합장과 쌍분의 판단은 묘지 방향(方向)을 잡을 수 없는 회두극좌(回頭剋坐) 방향을 바탕으로 묘지(墓地)를 판단한다. 이와 관련된 부부 합장과 쌍분 판단 방법은 아래와 같다.

≪부부 합장과 쌍분 판단법≫
- 부부 중에 먼저 운명한 분의 묘지(墓地)가 있는데, 후에 운명한 분이 먼저 간 묘지 방향(方向)과 회두극좌(回頭剋坐)에 걸리지 않으면, 먼저 모신 분의 묘지는 그대로 두고 20cm~50cm 간격으로 여자의 오른쪽이 남자를 두고, 먼저 운명한 분의 묘지와 같은 좌향(坐向)으로 부부 합장(合葬)을 한다.
- 부부 중에 먼저 운명한 분의 묘지(墓地)가 있는데, 후에 운명한 분이 먼저 간 묘지 방향(方向)과 회두극좌(回頭剋坐) 방향에 걸리면, 먼저 모신 분의 묘지는 그대로 두고 옆에 새로운 좌향(坐向)을 잡아 먼저 운명한 분과 쌍분(雙墳)으로 한다.
- 부부 중에 먼저 운명한 분의 묘지가 흉(凶)하고 나중에 운명한 분이 회두극좌(回頭剋坐) 방향에 걸리는 경우 혹은 나중에 운명한 분의 묘지 위치를 먼저 운명한 분의 위치 주변에 놓을 수 없는 경우에는 다른 이장(移葬) 장지를 찾아 합장(合葬)과 쌍분(雙墳)을 선택한다.

≪부부 합장(合葬) 방법≫
- 누운 상태에서 여자의 오른쪽이 남자를 두며, 합장 묘지의 지형을 보고 회두극좌(回頭剋坐) 방향을 판단해서 합장

을 결정한다.
- 부인이 2명일 경우 3명의 합장 방법은 중앙이 남자이고, 남자의 왼쪽을 정실부인이며 남자의 오른쪽을 부실 부인을 합장한다.
- 부인이 3명일 경우 4명의 합장 방법은 중앙이 남자이고, 남자의 왼쪽을 첫째 부인을 남자의 오른쪽을 2째 부인을 안장하고, 남자의 머리 위쪽으로 3째 부인을 안장한다.

≪부부 쌍분(雙墳) 방법≫
- 누운 상태에서 여자의 오른쪽이 남자의 묘지(墓地)를 두며, 쌍분 묘지의 지형을 보고 회두극좌(回頭剋坐) 방향을 판단해서 쌍분을 결정한다.
- 지형 등으로 인해서 부득이하게 부부(夫婦)의 묘지를 수평(水平)으로 쌍분(雙墳)을 조성하지 못하고(누운 상태에서 여자의 오른쪽이 남자), 부부의 묘를 상하(上下) 혹은 부부의 위치가 좌, 우로 바뀌는 경우 즉 여자의 왼쪽이 남자인 경우에 쌍분 위치는 부인(夫人)의 묘(墓)가 남자의 묘보다 다소 산 위쪽에 둔다. 풍수(風水)적으로 본다면 부부(夫婦) 무덤은 좌, 우 혹은 우, 좌 남녀 위치가 바뀌었다고 해도 무해(無害)하다.
- 부인이 2명일 경우의 쌍분은 2명의 부인 중 회두극좌(回頭剋坐) 방향을 살펴 회두극좌가 아니 경우 정실 혹은 부실에 상관없이 1명은 남자와 합장으로 하고, 다른 한 명은 합장된 남편 묘의 왼쪽에 하나의 쌍분으로 한다.
- 부인이 2명일 경우의 3명이 모두 회두극좌(回頭剋坐) 방

향일 경우에는 3개의 쌍분으로 하는데 이때 중앙은 남자, 남자 왼쪽은 정실부인 그리고 남자 오른쪽은 부실 부인의 묘를 쌍분으로 조성한다.

특히 이장(移葬)이나 합장(合葬)은 시행 전 나쁜 중상일(重喪日), 중일(重日), 복일(復日) 등에 해당되는지 확인 후 진행하고, 시행 전 산신제(山神祭), 제사(祭祀) 등의 절차에 의거 진행한다. 합장(合葬)시 흉(凶)한 시간은 다음과 같다.

- 갑일일(甲乙일) ⇒ 　　　　신유시(申酉時) - 병정일(丙丁일) ⇒ 　　　축오신술시(丑午申戌時) - 무기일(戊己일) ⇒ 　　　　진술유시(辰戌酉時)	- 무계일(壬癸일) ⇒ 　　　　축묘사시(丑卯巳時) - 경오일(庚午일) ⇒ 　　　　축진사시(丑辰巳時)

7. 역장(逆葬) 및 묘지와 집의 방향

역장(逆葬)이란? 후손의 묘(墓)가 조상의 묘 위쪽에 위치하는 것을 말하는 것으로 지방에 따라서는 금기시한다.

그러나 율곡 이이(栗谷 李珥) 선생 등이나 다른 유명 인사들의 경우 조상의 묘지(墓地)보다 오히려 위쪽에 위치해 있다. 따라서 역사적으로 보면 역장(逆葬)의 경우도 자연스러운 장례 문화란 사실이다.

특히, 조심해야 될 사항은 묘지(墓地)와 집이 서로서로 정면으로 바라보고 있을 경우 기존의 것이 나쁘다. 예를 들면, 먼저 집이 존재하는데, 이후에 집의 정면을 바라보는 묘지를 쓰면, 묘지는 흥하고 집은 패절 한다.

이와 반대로 먼저 묘지가 있는데, 이후에 묘지 정면을 바라보는 집을 신축한다면, 묘지는 패절하고, 집은 흥한다.

그러나 묘지와 집은 서로서로 정면으로 바라보지 않는 경우에는 상관이 없다. 예를 들면 묘지(墓地) 뒷면에 묘지를 바라보는 집을 건축한다면, 묘지와 집은 서로서로 정면으로 마주 바라보지 않기 때문에 무방하다.

8. 장례(葬禮), 이장(移葬), 합장(合葬), 가족묘(家族墓), 납골당(納骨堂) 택일시 주의점

장례(葬禮) 행사 즉, 일상적 장례(葬禮), 이장(移葬), 합장(合葬), 가족묘(家族墓), 납골당(納骨堂) 조성에 따른 택일은 중상일(重喪日), 중일(重日), 복일(復日)을 제외하고 행(行)해야 한다. 그 이유는 이들 날짜의 경우 상(喪)에 따른 장례가 계속 이어진다고 해서 나쁜 일정으로 보기 때문에 중상일, 중일, 복일은 장례행사를 할 수 없다. 그러나 중상일, 중일, 복일이지만 부득이한 사정으로 3일장 혹은 5일장을 치르는 경우에는 이를 없애주는 중상일진압제살법(重喪日鎭壓制殺法)을 적용해서 장례행사(일상 장례, 이장 등)를 치르면 된다(※참고적으로 중상일(重喪日), 중일(重日), 복일(復日)의 경우 불교(佛敎)는 불교 방식대로 행하고, 개신교는 무시함).

□ 중상일(重喪日), 중일(重日), 복일(復日)

월(음)	1월	2월	3월	4월	5월	6월	7월	8월	9월	10월	11월	12월
중상일 (重喪日)	갑 (甲)	을 (乙)	기 (己)	병 (丙)	정 (丁)	기 (己)	경 (庚)	신 (辛)	기 (己)	임 (壬)	계 (癸)	기 (己)
중일 (重日)	사해 (巳亥)	사해 (巳亥)	사해 (巳亥)	사해 (巳亥)	사해 (巳亥)	사해 (巳亥)	사해 (巳亥)	사해 (巳亥)	사해 (巳亥)	사해 (巳亥)	사해 (巳亥)	사해 (巳亥)
복일 (復日)	경 (庚)	신 (辛)	무 (戊)	임 (壬)	계 (癸)	무 (戊)	갑 (甲)	을 (乙)	무 (戊)	병 (丙)	정 (丁)	무 (戊)

예를 들면, 장례날이 음력 2025년(乙巳年) 1월 14일(辛亥日)일 경우를 판단해 보자. 14일은 신해일(辛亥日)이기 때문에 1월의 해(亥)에 해당되어 중일(重日)에 해당되기 때문에 장례는 물론 이장, 합장, 가족묘 조성 등의 행사를 치를 수 없는 날이다. 이 경우는 중상일진압제살법(重喪日鎭壓制殺法)을 적용시키면 된다.

□ 중상일진압제살법(重喪日鎭壓制殺法)

일상 장례(葬禮), 이장(移葬) 등을 치르는 날이 장례를 치를 수 없는 중상일(重喪日), 중일(重日), 복일(復日)일 경우 중상일진압제살법(重喪日鎭壓制殺法)을 적용시켜서 장례를 치르면 된다. 이것은 월별로 쓰여진 중상일진압제살법의 내용을 경명주사(붉은 글씨)로 두 장을 써서, 한 장은 시신(屍身) 우측 부위에 놓고, 나머지 한 장은 하관하기 전 시신 밑바닥 좌측 가슴 부위 쪽에 놓으면 나쁜 중상일, 중일, 복일이 제거된다. 월별로 적용시키는 중상일진압제살법은 아래와 같다.

구분	중상일진압제살법
1, 2, 6, 9, 12월에 중상일, 중일, 복일일 경우	육(六) 경(庚) 천(天) 형(刑)
3월에 중상일, 중일, 복일일 경우	육(六) 신(辛) 천(天) 정(廷)
4월에 중상일, 중일, 복일일 경우	육(六) 임(壬) 천(天) 뢰(牢)
5월에 중상일, 중일, 복일일 경우	육(六) 계(癸) 천(天) 옥(獄)
7월에 중상일, 중일, 복일일 경우	육(六) 갑(甲) 천(天) 복(福)
8월에 중상일, 중일, 복일일 경우	육(六) 을(乙) 천(天) 덕(德)
10월에 중상일, 중일, 복일일 경우	육(六) 병(丙) 천(天) 양(陽)
11월에 중상일, 중일, 복일일 경우	육(六) 정(丁) 천(天) 음(陰)

9. 회두극좌(回頭剋坐) 방향 판단

회두극좌란?

사람이 우주에 태어나면서 24방위 중 머리를 둘 수 없는 흉(凶)한 방향(方向)을 회두극좌라고 한다. 회두극좌 방향 판단은 남녀의 구분이 없으며 양택(陽宅) 즉 집의 방향은 물론 잠잘 때 침대 방향과 사업장 및 책상 방향도 회두극좌 방향으로 머리를 둘 수 없으며, 죽어서 땅에 묻힐 때도 머리를 두어서는 안 되는 방향을 말한다. 즉 천하의 명당(明堂)을 잡고서도 그 사람의 회두극좌(回頭剋坐) 방향에 해당 되면 그 자리에 묘를 쓰지 못하거나 혹은 방향(方向)을 달리해야 된다. 만약 조상의 묘지(墓地)가 회두극좌 방향이라면 산 사람에게는 흉(凶)하고 장자와 장손은 살충(殺沖)을 받아 패절한다.

특히 회두극좌(回頭剋坐)는 부부의 묘를 쌍분(雙墳), 합장(合

葬) 혹은 몇 개의 묘(墓)로 결정 할것인가?를 판단하는 절대적인 기준으로 활용되고 있다. 회두극좌의 판단은 아래와 같이 태어난 년(年)과 양력(陽曆)을 기준으로 한다.

출생년(양력)	머리를 둘 수 없는 회두극좌(回頭剋坐) 방향	
■ 기사(己巳), 무인(戊寅), 정해(丁亥), 병신(丙申), 을사(乙巳), 갑인(甲寅), 계해(癸亥)년에 태어난 사람	•임향(壬向), 자향(子向), 계향(癸向) 방향	북쪽
■ 경오(庚午), 기묘(己卯), 무자(戊子), 정유(丁酉), 병오(丙午), 을묘(乙卯)년에 태어난 사람	•미향(未向), 곤향(坤向), 신향(申向) 방향	남서쪽
■ 신미(辛未), 경진(庚辰), 기축(己丑), 무술(戊戌), 정미(丁未), 병진(丙辰)년에 태어난 사람	•갑향(甲向), 묘향(卯向), 을향(乙向) 방향	동쪽
■ 임신(壬申), 신사(辛巳), 경인(庚寅), 기해(己亥), 무신(戊申), 정사(丁巳)년에 태어난 사람	•진향(辰向), 손향(巽向), 사향(巳向) 방향	동남쪽
■ 계유(癸酉), 임오(壬午), 신묘(辛卯), 경자(庚子), 기유(己酉), 무오(戊午), 갑자(甲子)년에 태어난 사람	•중궁(中宮)으로 흉(凶)한 방위가 없다 (※나쁜 방향이 없다).	중(中) ※나쁜 방향이 없다
■ 을축(乙丑), 갑술(甲戌), 계미(癸未), 임진(壬辰), 신축(辛丑), 경술(庚戌), 기미(己未)년에 태어난 사람	•술향(戌向), 건향(乾向), 해향(亥向) 방향	서북쪽
■ 병인(丙寅), 을해(乙亥), 갑신(甲申), 계사(癸巳), 임인(壬寅), 신해(辛亥), 경신(庚申)년에 태어난 사람	•경향(庚向), 유향(酉向), 신향(辛向) 방향	서쪽
■ 정묘(丁卯), 병자(丙子), 을유(乙酉), 갑오(甲午), 계묘(癸卯), 임자(壬子), 신유(辛酉)년에 태어난 사람	•축향(丑向), 간향(艮向), 인향(寅向) 방향	동북쪽

■ 무진(戊辰), 정축(丁丑), 병술(丙戌), 을미(乙未), 갑진(甲辰), 계축(癸丑), 임술(壬戌)년에 태어난 사람	• 병향(丙向), 오향(午向), 정향(丁向) 방향	남쪽
※〈참고〉 회두극좌(回頭剋坐)는 머리 방향만을 판단해서 24방위를 적용시키는 것이지, 일직선 상에 놓여 있는 다리 방향은 머리 방향이 아니기 때문에 회두극좌 방향에 포함시키지 않는다. 예를 들면 무진(戊辰)생의 경우 회두극좌의 머리 방향은 병향(丙向) 즉 남쪽이지만, 다리 방향에 해당되는 북쪽은 기사(己巳), 무인(戊寅) 생들에게 회두극좌가 해당되는 방향이 된다.		

예를 들면 기사(己巳)생은 임(壬), 자(子), 계(癸) 방향 즉 북쪽은 머리를 둘 수 없는 회두극좌(回頭剋坐) 방향이 되어 자신의 집 방향과 묘지(墓地) 방향 그리고 부부 합장(合葬), 침대, 사무실, 사업장, 책상 등의 머리 방향을 둘 수 없다.

10. 묘지(墓地) 이장, 사초(莎草), 비석, 합장 작업 판단법(동총운 판단법)

묘지(墓地)를 이장(移葬)하거나 혹은 사초(莎草, 잔디 및 봉분 작업) 즉 묘지가 허물어져 새로운 봉분과 잔디 작업을 해야 되는 경우 혹은 새로운 비석(碑石)이나 석물(石物)을 묘지에 조성하는 경우 또는 이장(移葬) 혹은 합장(合葬)을 해야 되는 경우가 발생되는데, 이때의 결정은 반드시 동총운(動塚運)으로 판단하고, 그 결과에 따라서 결정해야만 화(禍)를 막을 수 있다.

동총운 판단은 반드시 묘지(墓地) 현장에서 패철(나경)로 4

층 자오정침 즉 지반정침(地盤正針)으로 남북(南北)을 맞춘 후 정확한 묘지 좌향(坐向) 즉 방향(方向)을 판단해서 결정해야 된다(※풍수지리 나경 사용법 참조). 동총운(動塚運) 판단은 아래와 같다.

묘지의 방향 (패철로 판단)	壬子坐->丙午向 癸丑坐->丁未向 丙午坐->壬子向 丁未坐->癸丑向	乙辰坐->辛戌向 巽巳坐->乾亥向 辛戌坐->乙辰向 乾亥坐->巽巳向	艮寅坐->坤申向 甲卯坐->庚酉向 坤申坐->艮寅向 庚酉坐->甲卯向
대리운(大利運) (길함)	辰, 戌, 丑, 未 年	②寅, 申, 巳, 亥 年	子, 午, 卯, 酉 年
소리운(小利運) (평함)	子, 午, 卯, 酉 年	辰, 戌, 丑, 未 年	③寅, 申, 巳, 亥 年
중상운(重喪運) (흉함)	①寅, 申, 巳, 亥 年	子, 午, 卯, 酉 年	辰, 戌, 丑, 未 年

동총운(動塚運) 판단 결과 흉(凶)한 년도에 해당되는 중상운(重喪運)이면 당해 년도에서는 이장, 사초, 비석, 합장 작업은 할 수 없고, 대리운(大利運)이나 혹은 소리운(小利運)이면 이장, 사초, 비석, 합장 작업을 할 수 있다.

이제 동충운 판단법을 예를 들어 보자.

2022년은 임인년(壬寅年)이다. 이때 이장(移葬)할 수 있는가?

풀이) 임인년(壬寅年)은 지지(地支)가 ①寅(인)이므로 이장될 묘지의 방향(좌향)이 壬子 → 丙午, 癸丑 → 丁未, 丙午 → 壬子, 丁未 → 癸丑 방향의 경우 흉한 중상운(重喪運)에 해당되고, 乙

辰 → 辛戌, 巽巳 → 乾亥, 辛戌 → 乙辰, 乾亥 → 巽巳인 경우는 ②寅(인)은 길한 대리운(大利運)에 해당되며, 艮寅->坤申, 甲卯 → 庚酉, 坤申 → 艮寅, 庚酉 → 甲卯인 경우에는 ③寅(인)은 평한 소리운(小利運)에 해당 된다.

따라서, 2022년은 임인년(壬寅年)에서는 묘지의 방향이 壬子 → 丙午, 癸丑 → 丁未, 丙午 → 壬子, 丁未 → 癸丑 방향인 경우 흉한 중상운(重喪運)에 해당되므로 묘지 이장(移葬)은 물론 사초, 비석, 합장 작업을 할 수 없다.

그러나 2023년 계묘년(癸卯年)에서는 묘지 방향이 壬子 → 丙午, 癸丑 → 丁未, 丙午 → 壬子, 丁未 → 癸丑인 경우에는 지지 묘(卯)가 소리운(小利運)에 해당되므로 이장(移葬)할 수 있다.

독자들은 이장이나, 사초, 비석, 합장을 할 경우 반드시 동총운(動塚運)을 판단후 실시해 주고, 비록 동총운이 맞다고 하더라도 이장(移葬)이나 합장(合葬)을 할 경우는 자손들 간에 서로 의견이 일치해야 하고, 또한 문중의 합의를 얻어야 한다는 사실을 잊지 말자.

11. 이장(移葬), 가족묘(家族墓), 납골당(納骨堂), 자연장(自然葬) 준비 절차

요즘은 묘지(墓地) 관리가 어려워 처음부터 화장(火葬)을 하거나 혹은 개인적 구성원으로 만든 가족묘(家族墓), 납골당(納骨堂), 납골 평장의 석물(石物)은 물론 자연장(自然葬)으로 조성하는 경우가 많다. 따라서 기존의 매장된 묘지를 파묘(破墓)

후 화장(火葬)하거나 혹은 다른 곳으로 이장(移葬)하여 경우가 많다. 이제 이러한 준비 절차를 알아보자.

 기존의 묘지(墓地)를 파묘(破墓)하여 화장하거나 혹은 다른 장소로 이장(移葬)하는 경우에는 관할 동, 면사무소 혹은 시청, 공원묘지 관리소 등에서 발급하는 '개장신고서'를 먼저 접수하여 허가를 받아야 된다.

 이때 필요한 준비 서류는 다음과 같다.

- 직계가족 신청자의 도장, 주민등록증
- 망자의 제적등본 혹은 가족관계 증명서
- 묘지 현장 사진(비석이 있는 경우 쓰여진 글자가 보일 수 있게 촬영한다)
- 묘지의 지번과 주소

※〈참고〉 원래 최초 묘지(墓地) 조성 후 30일 이내 관할 동, 면사무소 혹은 시청에 신고(장사 등에 관한 법 8조1항)해야 되는 것이 원칙이다. 이 경우 차후 행정처리 발생시 쉽게 업무를 볼 수 있다. 그러나 이것이 잘 이루어지지 않고 있는 실정이다.

 설사 자신의 산이나 땅으로 이장(移葬)을 진행하는 경우에도 개장신고서로 허가를 받아야만 차후 어떤 행정 사항(발전지구 등)으로 변경될 경우 합법적인 조건을 성립시킬 수 있다. 특히 파묘(破墓)후 유골을 화장장(火葬場)에서 화장처리 할 경우에는 반드시 관할 동사무소에서 허가받은 개장신고서가 있어야만 화장 처리할 수 있다.

12. 파묘(破墓)에서 이장(移葬) 진행 절차(산신제, 제사, 제문)

최초 파묘(破墓)에서 화장, 가족묘, 납골당, 납골 평장, 자연장에 따른 산신제(山神祭)는 물론 이장(移葬)=개장(改葬)의 진행 절차는 다음과 같다.

(1) 파묘전 가장 먼저 구묘(舊墓)의 묘지 앞에서 묘지를 보았을 때 묘지 오른쪽 위의 위치에서 산신제(山神祭)를 올린다.
  - 산신제 올리는 음식은 보통 3색 과일 대추(조, 棗), 밤(율, 栗), 곶감 혹은 감(시, 柿)을 기본으로 여기서 배(이, 梨)를 추가하면 되고, 북어, 막걸리, 식혜, 돗자리, 양초 등이다.
  - 산신제 제문을 읽은 후 대표 가족과 풍수 지관만 산신제 제사를 지낸다(※3배 반절을 한다. 즉 1번은 야간 구부려 예의를 갖추고, 실질적인 절은 3번 하는 것).
  - 산신제 제문(사토지)은 아래와 같다.

(사토지 제문)
維(유)   歲次庚子五月辛巳朔十五日己酉(세차경자오월신사삭십오일 기유)

幼學(權洙)(敢昭告于)(유학근수감소고우)
土地之神(토지지신)　兹有(자유) 顯考(郡守)綾城具公(현고군수능성구공)　卜宅兹地 (복택자지)
恐有他患(공유타환) 將啓窆遷于(장계폄천우) (謹以)(근이) 淸酌脯醯(청작포혜)
祗薦于神(지천우신)　神其佑之(신기우지)　尙(상)　饗(향)

(해석) 경자년 5월 15일에 (근수)는 감히 토지 신께 고하나이다. 아버지(군수)능성구공의 묘를 이 땅에 썼더니 다른 근심이 두려워서 장차 관을 열어서 다른 곳으로 옮기려고 하와 삼가 맑은 술과 포혜를 신께 천신하오니 신께서는 도와 주시옵소서 라는 뜻이다.

※〈참고〉
- 庚子年(경자년), 辛巳月(5월), 己酉日(15일) ⇒ 파묘전 산신제 지내는 날
- 權洙(근수) ⇒ 산신제 지내는 제사자 이름(대표 직계가족 이름)
- 敢昭告于(감소고우) ⇒ 삼가 고한다의 뜻으로 산신제 올리는 제주보다 고인이 항렬이 높으면 敢昭告于(감소고우), 낮으면 敢(감)자를 버리고 昭告于(소고우)만 쓴다(※아내는 昭告于(소고우)만 쓰며, 아우 이하는 告于(고우)만 쓴다).
- 郡守(군수) ⇒ 조상(祖上)의 관직이나 직함에 맞게 기재하는데, 직함이 없는 남자 조상은 학생(學生)으로, 여자 조상은 유인(孺人)으로 기재한다. 직함이 있으면 이들(학생, 유인) 대신 직함을 기재한다. 직함이 군수(郡守)였던 아버지는 현고군수능성구공(顯考郡守綾城具公)으로, 직함이 없는 조부(祖父)는 현조고학생부군지묘(顯祖考學生府君之墓)로, 직함이 없었던 어머니는 현비유인○○김씨지묘(顯妣孺人○○金氏之墓)로 한다. 이때 앞부분

은 제사 지방과 동일하게 기재 한다.
- (謹以)(근이) ⇒ 산신제 제주보다 고인이 항렬이 높으면 근이(謹以), 항렬이 낮으면 자이(玆以)로 기재한다(※참고 부인은 자이로 기재한다).

※제문은 한글로 써서 사용해도 무방하며, 아울러 자신이 사용할 경우는 산신제 지내는 날, 산신제 지내는 제사자, 고인의 관직(제사 지방), 감소고우, 근이 등을 변경하면 된다.

(2) 산신제 후 파묘될 묘지(墓地)에서 제사를 지낸다.
 - 파묘될 묘지에서 올리는 제사 음식은 보통 3색 과일 대추(조, 棗), 밤(율, 栗), 곶감 혹은 감(시, 枾)을 기본으로 여기서 배(이, 梨)를 추가하면 되고, 나물 종류는 3색 나물(고사리, 도라지, 시금치)를 기본으로 조기, 명태포 종류 및 약주, 양초 등을 준비하면 된다.
 - 파묘될 묘지에서 제사 제문을 읽고 제사를 지낸다(※2배 반절을 한다. 즉 1번은 약간 구부려 예의를 갖추고, 실질적인 절은 2번 하는 것).
 - 제사 제문(당위고사)은 아래와 같다.

(당위고사 제문)
維(유) 歲次庚子五月辛巳朔十五日己酉(세차경자오월신사삭십오일기유) 寬容親(郡守)綾城具公(관용친군수능성구공)　　幼學(槿洙)(유학근수) (敢昭告于)(감소고우) 顯考(郡守)綾城具公(현고군수능성구공)

體魄托非(체백탁비) 其地恐有(기지공유) 意外之患驚(의외지환경) 動先靈不勝(동선령불승)
憂懼將卜以是(五月十五日)改葬于鐵岩山所(우구장복이시오월십오일개장철암산소)
謹以(근이) 酒果用伸虔告謹告(주과용신건고근고)

(해석) 경자년 5월 9일에 관용 아버님께 근수는 감히 고하나이다. 체백을 위탁하실 땅이 아니므로 뜻밖에 근심이 있어서 신령이 경동하실까 두려워서 근심이 되고 황공(惶恐, 황홀하고 두렵다)함을 이기지 못하여 장차 5월15일에 날짜를 가리어서 철암산으로 개장을 하겠사옵기에 주과(酒果, 술과 과일)로서 그 사유를 고하나이다. 라는 뜻이다.

※〈참고〉
- 庚子年(경자년), 辛巳月(5월), 己酉日(15일) ⇒ 파묘될 묘지에 제사 지내는 날
- 寬容(관용) ⇒ 고인의 자손(子孫)
- 槿洙(근수) ⇒ 파묘 제사자 이름(대표 직계가족 이름)
- 郡守(군수) ⇒ 조상(祖上)의 관직이나 직함에 맞게 기재하는데, 직함이 없는 남자 조상은 학생(學生)으로, 여자 조상은 유인(孺人)으로 기재한다. 직함이 있으면 이들(학생, 유인) 대신 직함을 기재한다. 직함이 군수(郡守)였던 아버지는 현고군수능성구공(顯考郡守綾城具公)으로, 직함이 없는 조부(祖父)는 현조고학생부군지묘(顯祖考學生府君之墓)로, 직함이 없었던 어머니는 현비유인○○김씨지묘(顯妣孺人○○金氏之墓)로 한다. 이때 앞부분은 제사 지방과 동일하게 기재 한다.
- 鐵岩山(철암산) ⇒ 파묘후 이장될 산 이름

※제문은 한글로 써서 사용해도 무방하며, 아울러 자신이 사용할

경우는 제사 올리는 날, 고인의 이름, 제사자 이름, 고인 관직, 이장될 산 이름 등을 변경하면 된다.

(3) 파묘될 묘지(墓地)에서 제사 후 아래와 같이 파묘 제문을 읽는다.

(파묘 제문)
維(유)　歲次庚子五月辛巳朔十五日己酉(세차경자오월신사삭십오일기유) 寬容親(郡守)綾城具公(관용친군수능성구공)　　幼學(權洙)(敢昭告于) (유학근수감소고우) 顯考(郡守)綾城具公(현고군수성구공) 葬于玆地(장우자지) 歲月滋久(세월자구) 體魄不寧(체백불녕) 今將改葬(영장개장) 伏惟尊靈(복유존영) 不震不驚(불진불경)
(해석) 경자년 5월 15일 관용 부친께 근수는 감히 고하나이다. 장지를 이 곳에 만든 지 오랜 세월이 흘러 혼백과 시신이 편안하지 못하여 새로운 산소를 만들어 드리고자 이 산소를 파게 되오니 천둥 같은 소리가 들리더라도 놀라지 마시옵소서 라는 뜻이다.

※〈참고〉
■ 庚子年(경자년), 辛巳月(5월), 己酉日(15일) ⇒ 파묘 시작되기 전
■ 寬容(관용) ⇒ 고인의 자손(子孫)
■ 朴槿洙(박근수) ⇒ 파묘 제사자 이름(대표 직계가족 이름)
■ 郡守(군수) ⇒ 조상(祖上)의 관직이나 직함에 맞게 기재한다.

> 직함이 군수(郡守)였던 아버지는 현고군수능성구공(顯考郡守綾城具公), 직함이 없는 조부(祖父)는 현조고학생부군지묘(顯祖考學生府君之墓), 직함이 없었던 어머니는 현비유인○○김씨지묘(顯妣孺人○○金氏之墓)로 기재 한다(※앞부분은 제사 지방과 동일).
> ※ 제문은 한글로 써서 사용해도 무방하며, 아울러 자신이 사용할 경우는 제사 올리는 날, 고인의 이름, 제사자 이름, 고인의 관직 등을 변경하면 된다.

(4) 파묘 제문을 읽은 후 파묘될 묘지의 맨 위에 삽으로 한 번 찍으면서 '파묘'라고 외치고, 다음 묘지의 양옆을 각각 삽을 찍으면서 '파묘'라고 외친 후 산소를 파 들어가기 시작한다(포크레인).

(5) 관이 나오기 시작하면 유골이 훼손되지 않도록 조심하면서 사람이 파 들어간다.

(6) 관을 열고 유골을 두상부터 시작하여 수습하는데, 유골 모두를 칠성판(널판지 혹은 일반판)에 올려놓은 후 탈지면과 소독수, 알콜 혹은 향수(香水, 향나무를 삶은 물)로 깨끗이 닦아서 이물질을 제거하고, 창호지(창호지나 한지는 20여장 준비)로 1차 염습을 하고(닦은 유골을 창호지로 싼다), 그리고 최종적으로 삼배(20자 1필)로 유골 전체를 싼 후 개장관(유골모시는 관)에 넣는다. 유골

이 흔들리지 않게 꽃이나 화장지 등으로 가득 채운다.

(7) 특히 유골은 신체 구조에 의거 머리, 가슴, 왼쪽 팔, 오른쪽 팔, 왼쪽 다리, 오른쪽 다리 등은 혼동되지 않도록 각각 백지에 싼 후 반드시 매직이나 싸인펜으로 적어서 섞이지 않아야 되며, 유골은 100% 수습이 되어야 한다. 그 이유는 파묘(破墓)시 유골 일부가 남아 있거나 혹은 이장(移葬)하는 동안 유골의 위치가 바뀐 상태의 경우 동기감응(同氣感應)의 혼란으로 인해서, 후손들에게 큰 해(害)를 미치기 때문에 원래 시신 위치 되로 유골은 모두 수습되어야 하고, 이장되어야 한다.

(8) 척추뼈는 미리 준비해간 노끈으로 흐트러지지 않게 아래로부터 꿰어놓는다.

(9) 일반적으로 육탈 기간은 토양이 중성이나 알카리성 그리고 매장의 깊이에 따라서 다르나 3~5년 혹은 길게는 약 15년으로 보고 있다. 그러나 수맥이 있거나 시신이 물에 떠 있는 경우는 수십년이 되어도 육탈되지 않는다. 따라서 육탈되지 않는 시신은 일반관(큰관)을 준비해서 화장장(火葬場)에서 처리하는 경우도 있다.

(10) 만약 이장(移葬)이나 화장(火葬)을 하기 위하여 파묘를 하였는데 아직 일부분 육탈이 되지 않은 상태라면 대

나무 칼로 시신의 살을 발라내고 유골만 수습한다.

(11) 유골이 수습되고 나면 아직 썩지 않은 파묘된 관과 수의 등은 태워버린다.

(12) 유골 수습이 끝나면, 파묘(破墓)된 곳은 땅을 다시 평평하게 만들거나 혹은 나무 등을 심어 놓는다.

(13) 파묘(破墓) 후 이장(移葬)에 따른 새로운 묘지로 이동하거나 혹은 화장장(火葬場)으로 이동할 경우에는 영구차를 이용하는 것이 조상에 대한 예의이다.

(14) 이장(移葬)할 묘지 장소 앞에서 묘지를 보았을 때 묘지의 오른쪽 위에 가서 먼저 산신제(山神祭)를 올린다.
  - 산신제 올리는 음식은 보통 3색 과일 대추(조, 棗), 밤(율, 栗), 곶감 혹은 감(시, 柿)을 기본으로 여기서 배(이, 梨)를 추가하면 되고, 북어, 막걸리, 식혜, 돗자리, 양초 등이다.
  - 산신제 제문을 읽은 후 대표 가족과 풍수 지관만 산신제 제사를 지낸다(※3배 반절을 한다. 즉 1번은 야간 구부려 예의를 갖추고, 실질적인 절은 3번 하는 것).
  - 이장될 묘지 산에서 산신제 제문은 아래와 같다.

(이장될 묘지 산에서 산신제 제문)

維(유) 歲次庚子五月辛巳朔十·五日己酉(세차경자오월신사삭십오일 기유)
幼學(樸洙)(유학근수) (敢昭告于)(감소고우)
土地神(토지신) 今爲(금위) 顯考(郡守)綾城具公(현고군수능성구공)
宅兆不利宅(조불리) 將改葬于此(장개장우차) 神其保佑(신기보우비)
無後艱(비무후간)
(謹以)(근이) 淸酌脯果(청작포과) 祗薦于神(지천우신) 尙(상) 향(饗)

(해석) 경자년 5월 15일 근수는 감히 토지신께 고하나이다. 아버지(군수)능성구공의 무덤이 불리하여 여기에 새로이 묘를 만들겠사오니 신께서 보호하시고 후환이 없게 하여 주시길 바라와 주과를 올리오니 흠향하시옵소서 라는 뜻이다.

※〈참고〉
- 庚子年(경자년), 辛巳月(5월), 己酉日(15일) ⇒ 새롭게 이장될 묘지 산신제 지내는 날
- 朴槿洙(박근수) ⇒ 산신제 지내는 제사자 이름(대표 직계가족 이름)
- 郡守(군수) ⇒ 조상(祖上)의 관직이나 직함에 맞게 기재한다. 직함이 군수(郡守)였던 아버지는 현고군수능성구공(顯考郡守綾城具公), 직함이 없는 조부(祖父)는 현조고학생부군지묘(顯祖考學生府君之墓), 직함이 없었던 어머니는 현비유인○○김씨지묘(顯妣孺人○○金氏之墓)로 기재 한다(※앞부분은 제사 지방과 동일).
※ 제문은 한글로 써서 사용해도 무방하며, 아울러 자신이 사용할 경우는 제사 올리는 날, 제사자 이름, 고인의 관직 등을 변경하면 된다.

(15) 이장될 곳에 약 1.5m 땅을 파고 새로운 묘지를 만든다.

(16) 묘지 맨 밑바닥에 잘게 부순 참숯(땅바닥의 악기와 습기 제거)을 넣은 후 황토로 덥고 다시 벌레 곤충들이 침범하지 못하게 유황이나 석회를 썩은 흙을 엷게 깐 후 황토흙으로 덥는다(※석회 썩은 흙으로만 사용하는 경우도 있다).
이때 수맥(水脈) 제거용으로 동(銅)파이프를 박고, 수맥 중화 키트를 사용하는 경우도 있다.

(17) 하관 후 혈토를 덮어주면서 묘지의 봉분과 바닥은 잔디를 심어 완성한다.

(18) 상석을 놓지 않는 경우는 묘지 앞에 토석을 만드는데, 이때는 패철 등으로 방위(方位)를 맞추어 놓는다(※풍수지리 패철 사용법 참조).

(19) 이렇게 이장(移葬)한 묘지의 봉분 만들기와 주변 정리가 다 마무리되면 새로 만든 이장된 묘지에서 제사를 지낸다.
  - 이장된 묘지에서 올리는 제사 음식은 보통 3색 과일 대추(조, 棗), 밤(율, 栗), 곶감 혹은 감(시, 柿)을 기본으로 여기서 배(이, 梨)를 추가하면 되고, 나물 종류는 3색 나물(고사리, 도라지, 시금치)를 기본으로 조기, 명태포

종류 및 약주, 양초 등을 준비하면 된다.
- 제문을 읽은 후 이장한 묘지에 제사를 지낸다(※2배 반절을 한다. 즉 1번은 약간 구부려 예의를 갖추고, 실질적인 절은 2번 하는 것).
- 이장한 묘지에서 제사 제문(이장한 묘지를 다 만든 후 제사 제문)은 아래와 같다.

(이장된 묘지에서 제사 제문)

維(유) 歲次庚子五月辛巳朔十五日己酉(세차경자오월신사삭십오일기유)
孝子(槿洙) (敢昭告于)(효자근수감소고우)
顯考(郡守)綾城具公(현고군수능성구공)
之墓(지묘) 新改幽宅(신개유택) 事畢封瑩(사필봉영)
伏惟尊靈(복유존영) 永安體魄(영안체백)

(해석) 경자년 5월 15일에 효자 근수는 아버님께 감히 고하나이다. 지금 산소를 이곳의 새로운 유택을 마련하여 일이 끝나 존령에 엎드려 바라옵건데 영원히 평안 하옵소서 라는 뜻이다.

※〈참고〉
■ 庚子年(경자년), 辛巳月(5월), 己酉(15일) ⇒ 이장된 현장 묘지가 완성된 날
■ 槿洙(근수) ⇒ 제사자 이름(대표 직계가족 이름)
■ 郡守(군수) ⇒ 조상(祖上)의 관직이나 직함에 맞게 기재하는데, 직함이 없는 남자 조상은 학생(學生)으로, 여자 조상은 유인(孺人)으로 기재한다. 직함이 있으면 이들(학생, 유인) 대신 직함을 기재한다. 직함이 군수(郡守)였던 아버지는 현고군수능성구

공(顯考郡守綾城具公)으로, 직함이 없는 조부(祖父)는 현조고학생부군지묘(顯祖考學生府君之墓)로, 직함이 없었던 어머니는 현비유인○○김씨지묘(顯妣孺人○○金氏之墓)로 한다. 이때 앞부분은 제사 지방과 동일하게 기재 한다.

※ 제문은 한글로 써서 사용해도 무방하며, 아울러 자신이 사용할 경우는 제사 올리는 날, 제사자 이름, 고인의 관직 등을 변경하면 된다.

(20) 이장(납골당, 가족묘지, 자연장 등)이나 묘지(墓地) 조성을 마무리하고 지내는 제사 즉 우제(虞祭)에는 3번의 제사를 말하는데, 장례를 마치고 돌아온 첫날 저녁에 집에서 지내는 초우 제사가 있고, 초우제를 지낸 다음 날 아침에 지내는 재우 제사 그리고 재우 제사를 지낸 다음날 현장 묘지(墓地)에서 지내는 삼우 제사가 있다. 그러나 요즘은 장례 간소화로 우제(초우, 재우, 삼우제) 중 초우, 재우 제사를 생략하고 삼우제만 지내는 경우와 초우, 재우, 삼우제를 구분하지 않고, 묘지 안장 완료 후 혹은 이장이 완료된 후 현지 묘지(墓地)에서 지내는 1번의 탈상(脫喪) 제사로 모두 끝내는 경우도 있다.

- 일반 집에서 제사 지내는 것처럼 우제(虞祭) 제사 음식은 보통 3색 과일 대추(조, 棗), 밤(율, 栗), 곶감 혹은 감(시, 柿)을 기본으로 여기서 배(이, 梨)를 추가하면 되고, 나물 종류는 3색 나물(고사리, 도라지, 시금치)를

기본으로 조기, 명태포 종류 및 약주, 양초 등을 준비하면 된다.
- 우제 제문을 읽은 후 제사를 지낸다.
- 우제 제사의 제문은 아래와 같다.

(우제 제문)
維(유) 歲次庚子五月辛巳朔十五日己酉(세차경자오월신사삭십오일기유) 孝子(효자) (權洙)(근수) (敢昭告于)(감소고우) 顯考(郡守)綾城具公(현고군수능성구공) 親改幽宅(친개유택) 窆禮已畢(폄례기필) 夙夜摩寧(숙야마녕) 啼號罔極(제호망극) 謹以淸酌(근이청작) 庶羞祗薦(서수지천) 虞事(우사) 尙(상) 饗(향)
(해석) 경자년 5월 15일에 효자 근수는 감히 아버님께 고하나이다. 이번에 아버님의 유택을 새로이 마련하고 목놓아 울어보아도 애틋한 마음 금할 길 없사옵니다. 편안하시길 바라와 맑은 술을 올리오니 흠향 하시옵소서 라는 뜻이다.
※〈참고〉 ■ 庚子年(경자년), 辛巳月(5월), 己酉日(15일) ⇒ 이장 후 최초 집에서 우제(虞祭) 지내는 날 ■ 權洙(근수) ⇒ 제사자 이름(직계가족 이름) ■ 郡守(군수) ⇒ 조상(祖上)의 관직이나 직함에 맞게 기재한다. 직함이 군수(郡守)였던 아버지는 현고군수능성구공(顯考郡守綾城具公), 직함이 없는 조부(祖父)는 현조고학생부군지묘(顯祖考學生府君之墓), 직함이 없었던 어머니는 현비유인○○김씨지묘

(顯妣孺人○○金氏之墓)로 기재한다(※앞부분은 제사 지방과 동일).
※ 제문은 한글로 써서 사용해도 무방하며, 아울러 자신이 사용할 경우는 제사 올리는 날, 제사자 이름, 고인의 관직 등을 변경하면 된다.

(21) 만약 묘지 그 자리 혹은 다른 장소에서 화장(火葬) 후 가족묘, 납골당 등의 가족 석물(石物)을 만들어 전 가족의 유골을 모시거나 혹은 석물(石物)을 세울 때는 먼저 묘지 앞에서 묘지를 보았을 때 묘지의 오른쪽 위쪽에서 산신제(山神祭)를 올린 후 해당 묘지 앞에서 제사를 올리면 된다.
- 산신제 올리는 음식은 보통 3색 과일 대추(조, 棗), 밤(율, 栗), 곶감 혹은 감(시, 柿)을 기본으로 여기서 배(이, 梨)를 추가하면 되고, 북어, 막걸리, 식혜, 돗자리, 양초 등이다.
- 산신제 제문을 읽은 후 대표 가족과 풍수 지관만 산신제 제사를 지낸다(※3배 반절을 한다. 즉 1번은 야간 구부려 예의를 갖추고, 실질적인 절은 3번 하는 것).
- 석물 세울 때 산신제 제문은 아래와 같다.

(석물 세울 때 산신제 제문)

維(유) 歲次庚子五月辛巳朔十五日己酉(세차경자오월신사삭십오일 기유)

幼學(槿洙)(유학근수) (敢昭告于)(감소고우)
土地之神(토지지신)　今爲(금위)　顯考(郡守)綾城具公(현고군수능성구공)
謹具石物用表墓道(근구석물용표묘도)　神其保佑(신기보우)　비無後艱(비무후간)
(謹以)酒果(근이주과)　祗薦于神(지천우신)　尙(상)　향(饗)

(해설) 경자년 5월 15일에 유학 박근수는 감히 산신께 고하나이다. 아버지 군수 능성구공의 묘소에 삼가 석물을 갖추어 세우고자 하오니 신께서 도와주셔서 아무 후환이 없도록 하여 주시옵길 바라와 주과를 올리오니 흠향하시옵소서 라는 뜻이다.

※〈참고〉
- 庚子年(경자년), 辛巳月(5월), 己酉日(15일) ⇒ 묘지에 석물을 세우는 날
- 槿洙(근수) ⇒ 제사자 이름(대표 직계가족 이름)
- 郡守(군수) ⇒ 조상(祖上)의 관직이나 직함에 맞게 기재하는데, 직함이 없는 남자 조상은 학생(學生)으로, 여자 조상은 유인(孺人)으로 기재한다. 직함이 있으면 이들(학생, 유인) 대신 직함을 기재한다. 직함이 군수(郡守)였던 아버지는 현고군수능성구공(顯考郡守綾城具公)으로, 직함이 없는 조부(祖父)는 현조고학생부군지묘(顯祖考學生府君之墓)로, 직함이 없었던 어머니는 현비유인○○김씨지묘(顯妣孺人○○金氏之墓)로 한다. 이때 앞부분은 제사 지방과 동일하게 기재 한다.

※ 제문은 한글로 써서 사용해도 무방하며, 아울러 자신이 사용할 경우는 제사 올리는 날, 제사자 이름, 고인의 관직 등을 변경하면 된다.

(22) 석물(石物) 세울 때 제문

(석물 세울 때 제문)
維(유) 歲次庚子五月辛巳朔十五日己酉(세차경자오월신사삭십오일기유) 孝子(槿洙)(효자근수) (敢昭告于)(감소고우) 顯考(郡守)綾城具公(현고군수능성구공) 伏惟尊靈是照是安(복유존영시조시안)
(해석) 경자년 5월 15일에 효자 근수는 아버님께 감히 고 하나이다. 석물을 세웠사오니 존영께서는 편안히 계시옵소서 라는 뜻이다. ※〈참고〉 ■ 庚子年(경자년), 辛巳月(5월), 己酉日(15일) ⇒ 묘지에 석물을 세우는 날 ■ 槿洙(박근수) ⇒ 제사자 이름(대표 직계가족 이름) ■ 郡守(군수) ⇒ 조상(祖上)의 관직이나 직함에 맞게 기재하는데, 직함이 없는 남자 조상은 학생(學生)으로, 여자 조상은 유인(孺人)으로 기재한다. 직함이 있으면 이들(학생, 유인) 대신 직함을 기재한다. 직함이 군수(郡守)였던 아버지는 현고군수능성구공(顯考郡守綾城具公)으로, 직함이 없는 조부(祖父)는 현조고학생부군지묘(顯祖考學生府君之墓)로, 직함이 없었던 어머니는 현비유인○○김씨지묘(顯妣孺人○○金氏之墓)로 한다. 이때 앞부분은 제사 지방과 동일하게 기재 한다. ※ 제문은 한글로 써서 사용해도 무방하며, 아울러 자신이 사용할 경우는 제사 올리는 날, 제사자 이름, 고인의 관직 등을 변경하면 된다.

(23) 묘지 사초(莎草, 잔디 및 봉분 작업) 작업 때 제문

(사초 시작하기 전 산신제(山神祭) 제문)
維歲次 (干支) (某)月 (干支)朔 (某)日 (干支) 유세차 (간지) (모)월 (간지)삭 (모)일 (간지) (奉仕者 이름) (敢昭告于) 土地之神 今爲 (某貫某公) 塚宅崩頹 將加修治 (봉사자 이름) 감소고우 토지지신 금위 (모관모공) 총택붕퇴 장가수치 神其保佑 碑無後艱 (謹以)酒果 祇薦于神 尙饗 신기보우 비무후간 근이주과 지천우신 상향 (해석) 모년 모월 모일 (아무개)는 감히 토지지신에게 고하나이다. 이제 (모관모공)의 무덤이 허물어져 장차 수리하겠습니다. 신께서 보우하사 후환이 없게 하옵소서. 삼가 주과를 차려 공경하오니 흠향하옵소서 라는 뜻이다. ※〈참고〉모관모공(某貫某公) : 본관과 성씨, 관직을 기재(※직함이나 관직이 없는 남자 조상은 학생(學生)으로, 여자 조상은 유인(孺人)으로 기재한다.

(사초 시작하기 전 묘지에서 지내는 제문)
維歲次 (干支) (某)月 (干支)朔 (某)日 (干支) 유세차 (간지) (모)월 (간지)삭 (모)일 (간지) 孝子(奉仕者 이름) 敢昭告于 顯考(某貫)府君之墓 歲月滋久 草衰土碑 효자(봉사자 이름) 감소고우 현고(모관)부군지묘 세월자구 초쇠토비 今以吉辰 益封改莎 伏惟尊靈 不震不驚 謹以酒果 用伸虔告 謹告

금이길신 익봉개사 복유존령　불진불경 근이주과 용신건고 근고
(해석) 모년 모월 모일 효자(아무개)는 감히 아버님의 묘에 고하
　　　 나이다. 세월이 오래되어서 묘에 풀도 없어지고 흙도 무너
　　　 졌습니다. 오늘이 길한 날이라 봉분을 더하고 떼를 다시
　　　 입히려 하옵니다. 엎드려 바라오니 존령께서는 진동하거
　　　 나 놀라지 마소서. 삼가 주과를 공경하게 펴놓고 고하나이
　　　 다 라는 뜻이다.
※〈참고〉 모관(某貫) : 관직 기재(※관직이 없으면 남자 조상(祖
上)은 학생(學生)으로, 여자 조상(祖上)은 유인(孺人)으로 함). 예를
들어 부(父)가 군수(郡守)인 경우 현고군수능성구공(顯考郡守綾城
具公)으로, 관직이 없었던 아버지는 현고학생부군지묘(顯考學生府
君之墓)로, 관직이 없었던 모(母)는 현비유인○○김씨지묘(顯妣孺
人○○金氏之墓)로 한다(※앞부분은 제사 지방과 동일).

　　　　　　　(사초를 끝낸 후 묘지에서 지내는 제문)

維歲次 (干支) (某)月 (干支)朔 (某)日 (干支)
유세차 (간지) (모)월 (간지)삭 (모)일 (간지)
孝子(奉仕者 이름) 敢昭告于 顯考(某貫)府君之墓 旣封旣莎 舊宅維新
효자(봉사자 이름) 감소고우 현고(모관)부군지묘　기봉기사 구택
유신
伏惟尊靈 永世是寧
복유존령 영세시녕
(해석) 모년 모월 모일 효자 (아무개)는 감히 아버님의 묘에 고하
　　　 나이다. 이미 봉분을 보수하고 새로 잔디를 입혔으니 옛집
　　　 이 새로워졌습니다. 엎드려 바라오니 존령께서는 영세토
　　　 록 편안하소서 라는 뜻이다.

> (사초를 끝낸 후 산신제 지내는 제문)
>
> 維歲次 (干支) (某)月 (干支)朔 (某)日 (干支)
> 유세차 (간지) (모)월 (간지)삭 (모)일 (간지)
> (奉仕者 이름) (敢昭告于) 土地之神 今爲 (某貫某公) 旣封旣莎 舊宅維新
> (봉사자 이름) 감소고우 토지지신 금위 (모관모공) 기봉기사 구택유신
> 神其保佑 碑無後艱 謹以酒果 祇薦于神 尙饗
> 신기보우 비무후간 근이주과 지천우신 상향
> (해석) 모년 모월 모일 (아무개)는 감히 토지지신에게 고하나이다. 이미 봉분을 보수하고 새로 잔디를 입혔으니 옛집이 새로워졌습니다. 신께서 보호하시어 후한이 없게 하옵소서. 삼가 주과를 차려 공경하오니 흠향하옵소서 라는 뜻이다.
> ※〈참고〉모관모공(某貫某公) : 본관과 성씨, 관직을 기재(※직함이나 관직이 없는 남자 조상은 학생(學生)으로, 여자 조상은 유인(孺人)으로 기재한다).

　※〈참고〉 파묘(破墓), 이장(移葬)에 따른 가족묘, 납골당, 납골 평장 등으로 묘지(墓地)를 조성하는 것에 따른 순서와 산신제(山神祭), 제사(祭祀) 등의 적용은 위에서 열거된 내용 들을 응용해서 행(行)하면 된다.

　지금까지 변화되는 시대적 장례문화에 따라, 이장(移葬), 화장(火葬) 그리고 이에 따른 제반 처리 사항들을 알아보았다.

　장례를 지내고 좋은 일은 없고, 나쁜 일과 우환(憂患)이 겹치며 자손이 끊기거나, 불구자, 가산 몰락, 사업 실패, 원인 규명을 알 수 없는 병(病), 암(癌), 소송 발생, 자손들이 화합하지

못할 경우에는 조상 묘지(墓地) 상태를 살핀 후 수맥(水脈) 등은 물론 흉지(凶地)에 묘지(墓地)를 이장(移葬)하였거나, 혹은 반대로 길지(吉地)에 묘지를 선택했을 경우부터는 신기하리만큼 씻은 듯 완치됨은 물론 사업이 번창함을 체험한 사람들이 주위에도 절대적으로 많이 있다. 이것은 현대 과학(科學)에서 입증되고 증명된 동기감응(同氣感應) 현상에 따른 것이다. 따라서 독자들은 자신의 조상(祖上) 묘지 관리에 다시 한번 확인해 주길 바란다.

13. 제사지방(祭祀紙榜)과 제사제문(祭祀祭文)

제사지방은 제사의 조상(祖上)을 표시하는 것으로 제사 때 혹은 차례(추석, 명절)때 사용하며, 제사제문(祭祀祭文)은 제사 때 조상에 대한 추모(追慕)의 뜻을 표현하는 것을 말한다. 제사(祭祀)는 보통 3대(증조부)까지 지내는 경우도 있고, 4대(고조부)부터는 묘제(墓祭)로 올리는 경우도 있다. 묘제는 봄이나 가을에 현장 묘지에서 지내나 요즘은 집에서 올리는 경우도 있다. 제사 지방과 제문에 대해서 알아보자.

(1) 제사지방

제사지방의 크기는 가로*세로(6*22센치)로 지방 틀 크기에 맞게 깨끗한 한지나 백지로 검정 붓 종류로 작성하는데, 요즘은 문방구에서 작성된 지방을 구입하여 사용하면 편리하다. 지방을 쓰지 않는 경우에는 영정 사진으로 대신하며, 한글이나 한자 지방 모두 상관이 없다. 일반적으로 조상 한 분 제사 때는 단설 지방(1개 지방)을 사용하나, 명절 때는 합설 지방(조상 부부의 경우 2개 지방을 하나로)을 사용하며 또한 종교적으로 개신교식 지방을 사용하기도 한다. 그리고 묘제(墓祭)는 묘지 현장에서 지내는 관계로 지방을 사용하지 않는다. 지방은 지방을 놓는 지방 틀이 있어야 한다. 지방 쓰는 방법은 아래와 같다.

고조부모 (합설)	증조부모 (합설)	조부모 (합설)	부모 (합설)	남편 (단설)	처 (단설)
顯高祖考學生府君神位 顯高祖妣孺人安東金氏神位	顯曾祖考學生府君神位 顯曾祖妣孺人全州李氏神位	顯祖考學生府君神位 顯祖妣孺人光山金氏神位	顯考學生府君神位 顯妣孺人密陽朴氏神位	顯辟學生府君神位	亡室孺人慶州金氏神位

※〈참고〉
1. 명절 때 사용되는 합설 지방의 경우 제사상 앞에서 보았을 때 남자는 왼쪽 여자는 오른쪽에 위치한다.
2. 아버지 부(父)는 현고학생부군신위(顯考學生府君神位), 어머니 모(母)는 현비유인○○김씨신위(顯妣孺人○○金氏神位)으로 하고, 여자 조상(祖上)은 본관 성씨 즉 ○○김씨 등이 들어간다. 그리고 앞부분의 경우 조부(祖父)는 현조고(顯祖考), 조모(祖母)는 현조비유인(顯祖妣孺人) 남편은 현벽(顯辟), 아내는 망실

(亡室)로 기재한다.
3. 남자 경우 학생(學生)이라고 쓰고, 부인의 경우는 유인(孺人)을 쓴다. 생전에 관직이나 직함이 있는 남자는 학생(學生) 대신 직함을 쓰고(예, 도지사, 군수 등), 부인의 경우는 유인(孺人)대신 직함을 쓴다.
4. 제사가 끝난 후에는 지방을 소지(燒紙) 즉 소원을 빌면서 불에 태워 없앤다.

(2) 제사제문

제사제문은 가로 24cm, 세로 36cm 정도의 깨끗한 종이에 검정 붓 종류로 작성한다. 특히 제사제문은 조상의 일상적인 제사 때 사용하고, 명절(추석, 설날)에 지내는 차례 제사 때는 제사제문을 사용하지 않는다. 제사 축문 역시 아래와 같이 한글이나 한자 모두 무방하다.

구분		제사제문(祭祀祭文)
부모 (父母)	한글 제사 제문	○○년 ○월 ○일 효자 ○○○는 감히 고하나이다. (아버님), (어머님) 해가 바뀌어서 (아버님), (어머님) 돌아가신 날이 다시 오니 영원토록 사모하는 마음과 하늘같이 크고 넓은 은혜를 잊지 못하여 삼가 맑은 술과 여러 가지 음식으로 공손히 전을 드리오니 흠향하시옵소서.
조부모 (祖父母)	한글 제사 제문	○○년 ○월 ○일 효자 ○○○는 감히 고하나이다. (할아버지), (할머니) 해가 바뀌어 (할아버지), (할머니) 돌아가신 날이 다시 돌아오니, 영원토록 사모하는 마음을 이기지 못하여 삼가 맑은 술과 여러 가지

| 부(父) | 한자 제사 제문 | 음식으로 공손히 전을 드리오니 흠향하시옵소서.
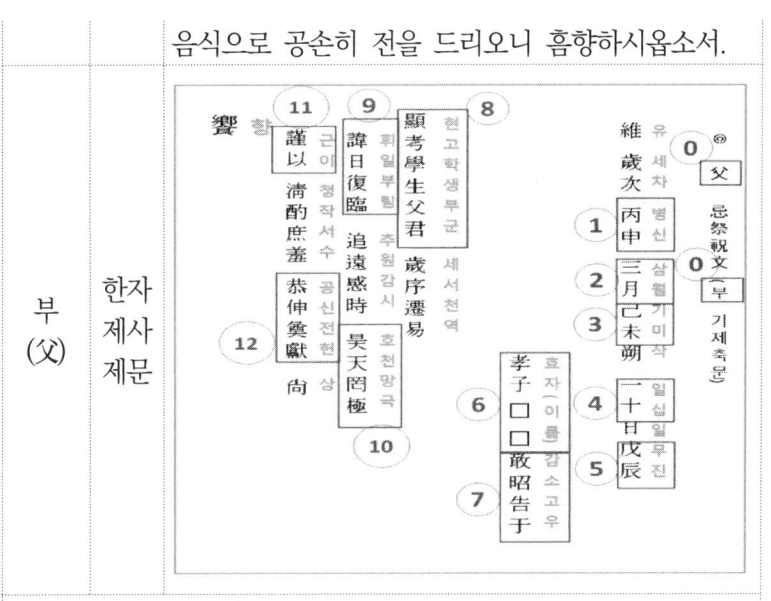 |

※〈한자 제사제문 참고〉
1. ①~⑤ 제사 지내는 날의 년, 월, 일을 기재한다. 병신(丙申), 기미(己未), 무진(戊辰)은 제사 지내는 날의 년(年), 월(月), 일(日)의 60갑자이다(※달력이나 만세력 참고).
2. ⑥ 제사 올리는 사람의 이름을 기재한다. 조부모는 효손(孝孫) ○○, 부모는 효자(孝子) ○○, 남편은 주부(主婦) ○○, 아내는 부(夫) ○○로 기재한다.
3. ⑦敢昭告于(감소고우): 삼가 밝게 고한다는 뜻으로, 제주보다 고인이 항렬이 낮으면 敢(감)자를 버리고 昭告于(소고우)만 쓴다 (※아내 즉 처상(妻喪)에는 敢(감)자를 버리고 昭告于(소고우)만 쓰며, 아우 이하는 告于(고우)만 쓴다).
4. ⑧현고학생부군(顯考學生府君)⇒신위(神位)를 제외한 제사 지방과 동일하게 쓴다. 예를 들면 조부(祖父)는 현조고학생부군(顯祖考學生府君), 조모(祖母)는 현조비유인○○김씨(顯祖妣孺人○○

金氏), 아버지는 현고학생부군(顯考學生府君)으로 한다. 생전에 관직이나 직함이 있는 경우 남자 조상(祖上)은 학생(學生) 대신 직함을 쓰고(예, 도지사, 군수 등), 여자 조상(祖上)은 유인(孺人) 대신 직함을 쓴다.

5. ⑨부인의 경우만 망일부지(亡日復至)라고 기재하고, 나머지 고증조부, 할머니, 부모, 남편, 형님 등은 휘일부림(諱日復臨)으로 기재한다.

6. ⑩부모는 호천망극(昊天罔極), 조부모는 불승영모(不勝永慕), 남편은 불승감창(不勝感愴), 아내는 불승비념(不勝悲念)으로 기재한다.

7. ⑪ 고인이 제사 올리는 사람보다 항렬이 높으면 근이(謹以), 항렬이 낮으면 자이(玆以)로 기재한다(※참고 부인은 자이로 기재한다).

8. ⑫부인의 경우만 진차전의(陳此奠儀)라고 기재하고, 나머지는 고조, 고조모, 증조, 증조모, 부모, 남편, 형님 등 모두는 공신전헌(恭伸奠獻)으로 기재한다.

제9장
장수(長壽), 부귀(富貴), 행복(幸福)은 전원주택(田園住宅)의 기(氣)를 잡는 것이다!

풍수(風水)에서 음택(陰宅)과 양택(陽宅)은 모두 동일하다. 단지 사람이 살고 있는 주택(住宅)과 묘지(墓地)의 차이일 뿐이다.

요즘은 전원주택(田園住宅)이 대세(大勢)이다.

어떻게 하면 장수(長壽)할 수 있을까?

어떻게 하면 부귀(富貴)를 잡을 수 있을까?

어떻게 하면 행복(幸福)하게 살 수 있을까?

이것들은 오래 전부터 인간(人間)에게 주어진 희망(希望)인 것이다. 사람에게 적용되는 기(氣)의 흐름은 우주(宇宙)의 근본(根本)이며, 이미 1960년 노벨 화학상을 수여 받은 미국의 윌러드 리비(Willard Frank Libby) 박사에 의한 동기감응(同氣感應)에서도 기인한다.

이러한 기(氣)의 흐름을 찾아서, 일상생활(日常生活)에 활용시킨다는 것은 풍수(風水)를 배우는 이유이기도 하다.

따라서, 장수(長壽), 부귀(富貴), 행복(幸福)을 직접적으로 좌우하는 명품 전원주택(田園住宅)에서 살아가고 있다면 이것이야말로 천기(天氣)와 지기(地氣)를 얻어서 부귀영화(富貴榮華)를 얻는 지름길인 것이다.

결국 이것은 본인(本人)에게 작용되는 가장 좋은 기(氣)의 흐름을 잡는 것이다.

아무리 좋은 터에서 좋은 기(氣)가 흐른다고 한들 본인(本人)의 사주(四柱) 오행(五行)에 맞지 않는다면, 이것이야말로 오히려 흉물(凶物)에 불과한 것이기 때문이다.

즉, 사주(四柱) 용신(用神)이 화(火)인 사람이, 전원주택에서는 금(金)기운의 주택에서 살고 있다면 이것은 단명(短命)의 지름길이다.

따라서,

명품 전원주택이란? 개인(個人)의 사주(四柱) 용신(用神) 오행(五行)을 통해서, 좌향(坐向)은 물론 용(龍), 혈(穴), 사(砂), 수(水), 수맥(水脈), 본명궁(本命宮), 물형(物形), 점혈(點穴), 회두극좌(回頭剋坐) 등을 통해서 본인(本人)에게 맞는 최적(最適)의 천기(天氣)와 지기(地氣)를 제공해 주는 전원주택으로 설계해야 된다.

그래서 우리는 사주(四柱)를 배우고 개인(個人) 용신(用神) 오행(五行)을 풍수(風水)에 적용해 줌으로써 명품 전원주택(田園住宅)이 비로소 완성되는 것이다.

따라서, 본 《《명품 전원주택 풍수》》를 토대로 장수(長壽), 부귀(富貴), 행복(幸福)을 잡을 수 있는 전원주택(田園住宅) 설계는 다음과 같다.

장수(長壽)!, 부귀(富貴)!, 행복(幸福)!은 전원주택의 기(氣)를 잡는 것이다.

사주 용신(用神) 오행	주택	건물	산	전원주택 모양	평면도	색상 (외, 내장)	체질
수(水)						흑색, 청색 적색, 노랑 흰색	소양, 소음 태양, 태음
목(木)						흑색, 청색 적색, 노랑 흰색	소양, 소음 태양, 태음
화(火)						흑색, 청색 적색, 노랑 흰색	소양, 소음 태양, 태음
토(土)						흑색, 청색 적색, 노랑 흰색	소양, 소음 태양, 태음
금(金)						흑색, 청색 적색, 노랑 흰색	소양, 소음 태양, 태음

이와 같이 본인(本人)에게 가장 좋은 천기(天氣)와 지기(地氣)를 얻기 위한 맞춤식 전원주택(田園住宅)은 다음과 같다.

1. 사주 용신(用神) 오행(五行)이 수(水)인 경우

⟨⟨특징⟩⟩
- 변덕스럽지만, 변화에 민감하고, 대응능력을 잘한다.

⟨⟨조건⟩⟩
- 사주 용신(用神)은 수(水)이고, 희신(喜神)은 금(金)이다.
- 삼합(三合) 좌향(坐向)은 수국(水局)이 좋다.
- 방위는 북(北)쪽이다.
- 계절은 겨울이다.

- 전원주택(田園住宅) 형태는 수형(水形)이어야 한다.
- 흑색(黑色)이다.
- 비대신소(肥大腎小)의 소양인(少陽人)이다.

〈〈전원주택 형태〉〉

2. 사주 용신(用神) 오행(五行)이 목(木)인 경우

〈〈특징〉〉
- 적극적이고 진취적이며 리더쉽이 있다.

《〈조건〉》
- 사주 용신(用神)은 목(木)이고, 희신(喜神)은 수(水)이다.
- 삼합(三合) 좌향(坐向)은 목국(木局)이 좋다.
- 방위는 동(東)쪽이다.
- 계절은 봄이다.
- 전원주택(田園住宅) 형태는 목형(木形)이어야 한다.
- 색상은 청색(靑色)이다.
- 간소폐대(肝小肺大)의 태양인(太陽人)이다.

《〈전원주택 형태〉》

3. 사주 용신(用神) 오행(五行)이 화(火)인 경우

〈〈특징〉〉
- 정열적이고 적극적이다.

〈〈조건〉〉
- 사주 용신(用神)은 화(火)이고, 희신(喜神)은 목(木)이다.
- 삼합(三合) 좌향(坐向)은 화국(火局)이 좋다.
- 방위는 남(南)쪽이다.
- 계절은 여름이다.
- 전원주택(田園住宅) 형태는 화형(火形)이어야 한다.
- 색상은 적색(赤色)이다.
- 비소신대(肥小腎大)의 소음인(少陰人)이다.

〈〈전원주택 형태〉〉

| 주택 | 건물 | 산 |

전원주택 모양			평면도
			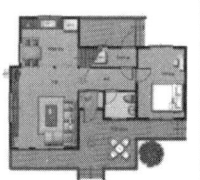

4. 사주 용신(用神) 오행(五行)이 토(土)인 경우

《《특징》》
- 모두를 포용하고, 중화하며, 친화력이 풍부하다.

《《조건》》
- 사주 용신(用神)은 토(土)이고, 희신(喜神)은 화(火)이다.
- 삼합(三合) 좌향(坐向)은 토국(土局)이 좋다.
- 방위는 동서남북(東西南北)의 사방(四方)이며 중심부(中心部)이다.
- 계절은 사계절(四季節)이다.
- 전원주택(田園住宅) 형태는 토형(土形)이어야 한다.
- 색상은 노란색이다.
- 사상체질을 가지고 있다.

《〈전원주택 형태〉》

5. 사주 용신(用神) 오행(五行)이 금(金)인 경우

《〈특징〉》
- 의협심이 강하고, 완벽함을 추구한다.

《〈조건〉》
- 사주 용신(用神)은 금(金)이고, 희신(喜神)은 토(土)이다.
- 삼합(三合) 좌향(坐向)은 금국(金局)이 좋다.
- 방위는 서(西)쪽이다.
- 계절은 가을이다.

- 전원주택(田園住宅) 형태는 금형(金形)이어야 한다.
- 색상은 백색(白色)이다.
- 간대폐소(肝大肺小)의 태음인(太陰人)이다.

《〈전원주택 형태〉》

 이렇게 본인(本人)에게 맞는 천기(天氣)와 지기(地氣)를 얻어서 장수(長壽), 부귀(富貴), 행복(幸福)을 추구해 줄 수 있는 나에게 맞는 전원주택(田園住宅)은 어떻게 하면 건립할 수 있을까?
 지금부터 방법을 확인해 보자.

- 본인(本人)의 사주 용신(用神) 오행(五行)을 판단해서 전원

주택의 형상과 색상 등을 판단한다〈※본문 1, 2장 참조〉.

- 전원주택 터에 수맥(水脈)을 판단하고, 명당탐지기(천기룡, 관룡자/심룡척)를 통해서 좋은 기(氣)가 흐르는 곳인지를 판단한다. 또한 혈토탐침봉으로 홍황자윤(紅黃紫潤)에 비석비토(非石非土)한 흙 즉 오색토(五色土)는 물론 습기(濕氣) 여부를 판단 한다〈※본문 3장 참조〉.

- 풍수지리(風水地理)의 요건 즉 용(龍), 혈(穴), 사(砂), 수(水)를 통한 지기(地氣)는 물론, 본인에게 맞는 좌향(坐向)을 선택해서 천기(天氣)를 얻어서 장수(長壽)의 발판을 마련한다.〈※본문 제6장, 7장 참조〉

- 가택구성법(家宅九星法), 황천살(黃泉殺), 황천수(黃泉水), 황천풍(黃泉風), 회두극좌(回頭剋坐), 납음오행(納音五行) 판단 한다〈※본문 제7장, 나경(패철) 사용법 참조〉.

- 나경(패철)의 8층(천반봉침 확인)으로 가장 먼저 방향(方向) 즉 좌향(坐向)은 88향법으로, 우선수(右旋水)에 좌선룡(左旋龍) 원칙 혹은 좌선수(左旋水)에 우선룡(右旋龍) 원칙에 따라 판단하는데, 이때 도심(都心) 지역의 경우 파구(破口)가 없기 때문에 지형(地形)의 고저(高低)로 파구를 판단하든지 혹은 패철 3층 삼합(三合)으로 좌향(坐向)의 위치를 측정해서 파구의 위치를 찾아서 좌향(坐向)을 결정한다

〈※본문 나경(패철) 8장 참조〉.

- 본명궁(本命宮)에서, 동서사택 판단 및 가택구성법(家宅九星法)으로부터 대문, 거실, 우물, 자녀 공부방, 사무실, 안방, 화장실 배치 및 주위 배경에 따른 길흉지 판단, 오행(五行)에 따른 외, 내부 구조 판단, 현관, 거실 소파 그리고 안방과 침실(침대), 주방, 창문, 액자, 벽지, 소파, 장식품, 조경수를 선택 한다〈※본문 제5장, 양택(집)을 판단하자. 참조〉.

- 전원주택(田園住宅)에 따른 이사(移徙) 길일(吉日)은 물론, 집을 신축 때 집터를 닦을 때 길일 즉 기지길일(基地吉日)은 물론 주택 신축 때 건축 대들보 공사 길일 상량길일(上樑吉日), 우물을 파거나 수도를 고치는 길일의 천정일(穿井日), 장 담그는 길일의 조장일(造醬日), 화장실(변소) 신축 길일인 작측일(作厠日), 가축 축사 신축 및 수리 길일의 작축사일(作畜舍日)을 판단한다〈※본문 제5장, 양택(집)을 판단하자. 택일(擇日) 참조〉.

따라서, 본인(本人)의 사주(四柱) 용신(用神) 오행(五行)에 맞는 지기(地氣)와 천기(天氣)를 얻고, 이를 통해서 전원주택(田園住宅)에서 살아간다는 것은 장수(長壽), 부귀(富貴), 행복(幸福)을 얻는 지름길이 된다는 사실을 잊지 말자.

제10장
개운법을 실천하자

인간(人間)은 타고난 운명(運命)을 얼마든지 바꿀 수 있다. 이러한 근간에는 사주(四柱)와 풍수지리(風水地理)가 있다. 여기에 소개하는 개운법(開運法)은 사주와 풍수의 총론이다. 과거, 현재, 미래는 일치한다. 근묘화실(根苗花實) 즉, 뿌리(根, 초년기)가 있어야 싹(苗, 청년기)이 트고, 싹이 있어야만 꽃(花, 장년기)이 피며, 꽃이 피어야만 열매(實, 노년기)를 맺는 법이다. 따라서 현재는 과거의 결과물이며 미래는 현재의 결과물이다.

부디 독자들은 개운법(開運法) 실천으로 사랑스러운 후손(後孫)은 물론 자신에게 맞는 기운(氣運)을 채워 성공인(成功人)으로서 당당한 인생길을 걷기 바란다.

■ 개운(開運) 실천법

개운(開運)이란? 자신에게 주어지 나쁜 운(運)은 물론 후손(後孫)들에게 행복(幸福)하고 복(福)된 인생(人生)길을 제공해 주기 위하여 타고난 운명(運命)을 개선시키는 것을 말한다.

즉, 자신의 타고난 사주(四柱)를 바꾸거나 혹은 후손들에게 행복한 인생길을 걸어갈 수 있게 개선시켜 보고자 제시된 방법은 동서고금(東西古今)을 막론하고 예전부터 지금까지 이어지고 있다.

따라서, 본 책에서는 지금까지 설명된 내용만으로 개운법을 풀이하고 해석(解析)하여 누구나 실천할 수 있는 방법을 제시하였다.

저자는 현대교육(現代敎育)은 물론 학문(學問)을 연구(硏究)하여 후학(後學)을 가르치는 교사(敎師)이지만 지금까지 성공인(成功人)들의 사주(四柱)와 풍수(風水) 그리고 그들의 생활환경(生活環境)을 확인해 본 결과 모두 성공할 수 있는 조건(條件)을 갖추고 있었다는 사실을 확인할 수 있었다.

왜, 나는 직업이 없고, 출세(出世)하지 못하는가?

왜, 나는 사업에 성공하지 못하고 돈과 거리가 먼가?

왜, 나는 노력(努力)은 열심히 하는데 되는 일은 없는가?

왜, 나는 자녀는 물론 부부(夫婦)간 행복이 찾아오지 않는가?

왜, 나는 건강(健康)하지 못한가?

독자들은 이러한 의문을 찾는 것은 우리 주변에서도 어렵지 않게 발견할 수 있고 찾을 수 있다.

인간(人間)은 자신의 타고난 운명(運命)대로 살아가는 것이다.

그러나 자신에게 주어진 나쁜 운명을 마냥 방치할 수는 없는 것이다.

이제 독자들은 사주(四柱)와 풍수(風水)에서 제시된 개운(開

運) 실천을 통하여 사랑, 재물(財物), 명예(名譽), 건강(健康)을 찾음은 물론 성공인(成功人)으로서 당당하고 행복한 인생길을 걸어가길 바란다.

첫째, 자녀 출산 시 사주(四柱) 출산 택일을 정한다.

 인간의 운명(運命)은 우주 순환 작용에 의한 목기(木氣), 화기(火氣), 토기(土氣), 금기(金氣), 수기(水氣)에 의하여 길흉(吉凶)이 결정되기 때문에 세상에 태어나면서 첫 호흡 할 때 이러한 기상학(氣象學)에 의하여 운명이 결정된다. 이것을 해석(解析)하는 것이 사주(四柱)이다.

 따라서, 자연 출산이나 혹은 제왕절개 수술이나 태어난 시간이 동일한 경우라면 같은 사주(四柱)로 판단한다.

 훌륭한 부모가 되기 위한 첫 번째 조건은 자녀 출산은 반드시 사주 출산 택일에 의거하여 결정해야 한다. 그러기 위해서는 사주를 정확하게 판독하고 해석(解析)할 수 있는 능력을 갖추어야 하지만, 부모로서 이러한 능력을 갖춘다는 것은 어렵다.

 사실 출산 택일은 한정된 시간에 년(年)과 월(月)이 이미 결정되어 있고, 날짜와 시간(時間)을 결정하는 것이기 때문에 1일 기준으로 보면 지지(地支)에 해당되는 12개의 시간을 고려하고, 남아(男兒) 혹은 여아(女兒)에 대한 조건이 맞아야 됨은 물론 산부인과 의사들의 활동 시간과 나쁜 사주(四柱), 혹은 나쁜 살(殺) 그리고 용신(用神)을 바탕으로 대운(大運)의 운로

(運路)가 특히 중요한 것인데 이러한 것들을 모두 만족할 수 있는 출산 택일을 결정한다는 것은 쉬운 것만은 아니다. 그러나 저자의 경험으로 출산 택일을 결정할 때, 국가에 관록(官祿)을 먹을 수 있는 관인상생(官印相生), 살인상생(殺印相生), 시상편관격(時上偏官格), 시상정관격(時上正官格), 살장관로(殺藏官露), 관장살로(官藏殺露) 사주를 기준으로 삼아 선택해 주면, 출산 택일을 쉽게 판단하고 결정할 수 있는 이점이 있다.

따라서, 출산 택일은 능력 있고 믿을 수 있는 사주 명리학자(命理學者)에게 도움을 받는 방법이 가장 현명한 판단법이다.

가끔 우리 주위에 보면 겉치레만 그럴듯하게 미사여구(美辭麗句)로 표현된 엉터리 사주 출산 택일을 결정하는 경우를 종종 볼 수 있는데 이러한 행위는 명리학자(命理學者)로서 도리(道理)가 아니다.

따라서, 개운(開運) 중에서 부모로서 가장 확실하고, 실천해야 될 사항이 바로 자녀 출산 택일인데 이것은 반드시 좋은 사주를 선택하여 자녀들에게 결정해 주어야 됨을 잊지 말자.

둘째, 양택(집)과 음택(조상묘)은 풍수(風水)로 결정한다.

집이나 apt 혹은 전원주택(田園住宅) 등의 양택(陽宅)이나 혹은 음택(陰宅) 즉 조상묘(祖上墓)의 조건(條件)들은 자신(주인)의 사주(四柱)에 맞게 결정되어야 한다.

자신의 사주가 이상이 없는 경우 운세(運勢)가 막힐 때는 풍수(風水) 즉 음택(陰宅)과 양택(陽宅)에서 해답을 찾는다.

이러한 이유는 양택이나 음택의 경우 주변 환경은 물론 자신의 사주와 상호 균형(均衡) 그리고 조건에 맞아야 하고, 수맥(水脈)이 없는 점혈(點穴) 즉 명당(明堂)이어야 발복(發福)할 수 있다. 특히 조상묘에 해당되는 음택의 경우 이곳에서 발생되는 동기감응(同氣感應)의 영향은 후손들에게 막대한 악(惡)영향을 미치게 된다.

동기감응은 화장(火葬)을 하게 되면 고온으로 인해서 없어지므로 나쁜 기운은 더 이상 후손(後孫)들에게 해를 미치지 못한다. 때문에 명당(明堂) 터가 아니라면 화장(火葬)이 원칙이다. 요즘은 수목장, 풍장, 납골당 등 다양하게 장례문화가 이루어지나 기존의 묘지의 경우도 명당이 아니라면 화장이나 다른 곳에 이장(移葬)을 통하여 나쁜 동기감응을 없애 주는 것이 현명한 판단이다. 특히 현재 거주하는 apt는 물론 전원주택(田園住宅)을 신축하는 경우 함부로 결정하고 짓는 것이 아니라, 주변 환경은 물론 자신에게 맞는 조건의 실내인테리어를 구성시켜야 한다(※본 책의 풍수지리 참조).

셋째, 결혼(궁합)과 이름(상호) 판단은 사주(四柱)로 결정한다.

부부간 서로 노력하고, 양보하며 훌륭한 가정을 이끌어야 될 시기에 가정파탄, 이혼, 질병, 우환, 싸움, 송무, 사건 등이 발생된다면 불행한 삶이 된다.

행복한 결혼생활은 상대방의 외모나 권력(權力) 그리고 재물(財物)이 아니라, 상대방과 궁합(宮合)으로 결정된다.

사람은 누구나 자신에게 맞는 인연과 배필이 존재한다. 세상사 남에게 조금 양보하고, 조금의 노력만으로 불행(不幸)을 막고 부부간 행복을 찾을 수 있다면 얼마나 좋겠는가? 그렇지만 세상사 어디 그게 쉽게 이루어질 수 있는 문제가 아니다.

남녀 간 서로에게 맞는 인연을 찾는 것은 사주(四柱) 공부를 조금이라도 해본 사람이라면 어렵지 않게 찾을 수 있다.

또한 자신과 자녀들의 이름은 물론 사업의 경우 발복(發福)할 수 있는 상호와 숫자, 로고가 따로 존재하기 때문에 이들 역시 자신(주인)의 사주(四柱) 조건에 맞아야만 한다.

그래야만 사업이 번창(繁昌)되고 행운(幸運)을 가져다주기 때문이다.

혹자는 그까짓 이름이나 상호가 무슨 삶에 영향을 주는가? 라고 반문할지 몰라도 이것 역시 절대 그렇지 않다. 만약 잘못된 이름이나 상호의 경우 개명(改名)을 통하여 고치는 것이 현명한 방법이다.

넷째, 조상(祖上)을 천도(薦度)한다.

조상을 천도한다는 것은 자신에게 해(害)로운 조상을 선별해서 천도해 주는 것을 말한다.

사실 이것을 믿느냐? 혹은 믿지 않느냐? 이것이 중요한 것이 아니라, 자신에게 해를 주는 조상을 천도한 후 불치병에서 벗어남은 물론 마음의 안전을 찾고, 가정의 행복과 사업을 성공적으로 이룬 사람들이 많다는데 있다.

따라서, 자신의 사주 구성에서 천도할 조상을 정확하게 찾고 판단할 수 있는 능력을 우선적으로 갖추고 이를 실천하길 바란다.

다섯째, 생활(生活)과 관련된 것들은 사주(四柱)에 맞게 실천한다.

삶에 있어서 가장 중요한 성공(成功)과 출세(出世), 재물(財物) 그리고 건강(健康)은 본인의 사주(四柱)에 작용 되는 기운(氣運)의 흐름과 일치한다. 이것은 풍수(風水) 원리와도 같은 것이다.

따라서, 자신의 사주 용신(用神) 오행(五行)을 바탕으로 맞는 방향(方向), 위치, 옷 색상, 사주(행운) 도장 등은 물론 집안의 인테리어 역시 자신의 용신 오행에 맞아야 한다. 특히, 개인 사업의 경우 금고(金庫), 계산대, 경리 책상은 물론 간판, 창문, 출입문, 보조문, 환기창 등의 방향(方向)은 자신(주인)에게 맞는 조건(條件)으로 설정해 주길 바란다.

여섯째, 덕(德)을 베풀고, 선행(善行)하자.

과거, 현재, 미래에 발생 되는 일이나, 사주(四柱) 명리학에서의 초년, 청년, 장년. 노년기의 삶의 흐름과는 일치한다.

이것은 근묘화실(根苗花實)이다. 즉, 뿌리(根, 초년기)가 있어야 싹(苗, 청년기)이 트고, 싹이 있어야만 꽃(花, 장년기)이 피며, 꽃이 피어야만 열매(實, 노년기)를 맺는 이치가 된다. 현재는 과거의 결과물이며 미래는 현재의 결과물이다.

저자의 경우 수천 명의 사주(四柱)를 분석해 보았지만, 사주가 나쁜 사람 모두는 과거 즉 조상 때 이미 몰락되었다는 사실을 확인할 수 있었다.

즉, 뿌리가 없기 때문에 싹이 틀 수가 없고, 열매를 맺을 수 없다.

이러한 사실은 지금 상태가 좋아야만 후손(後孫)은 물론 대대손손(代代孫孫) 미래를 보장받을 수 있는 이치(理致)이기도 하다.

그러기 위해서는 남들에게 선행(善行)을 하고 음덕양보(陰德陽報) 즉 남이 모르게 덕행을 쌓아야만 복(福)을 받는다. 이처럼 덕(德)을 베풀어야만 후손(後孫)은 물론 밝은 미래가 보장된다는 사실이다.

또한 지성감천(至誠感天)처럼 몸과 마음을 온전히 바쳐 선행(善行)을 실천하고 정성(精誠)을 다하면 하늘이 감동하여 뜻을 이룰 수 있다는 사실을 잊지 말자.

명품 전원주택 풍수

인쇄일	2025년 9월 20일
발행일	2025년 9월 22일
저 자	황국현
발행처	뱅크북
신고번호	제2017-000055호
주 소	서울시 금천구 가산동 시흥대로 123 다길
전 화	(02) 866-9410
팩 스	(02) 855-9411
이메일	san2315@naver.com

* 지적 재산권 보호법에 따라 무단복제복사 엄금함.
* 책값과 바코드는 표지 뒷면에 있습니다.

ⓒ 황국현, 2025, Printed in Korea